OSEZ L'IMPOSSIBLE

Conseil éditorial : Marie-Cécile Germiyanoglu
pour Reworld Media Edition
Rédaction : Caroline Bapt et Lucie Strack

Correction : Hélène Meurice et Fred Colantonio
Relecture : Agnès de Livron Duhamel
Couverture et maquette : Elisabeth Chardin
Photos de couverture : © Rodolphe Bled (principale),
© Lucie Strack (arrière-plan)

une marque des éditions Leduc
76, boulevard Pasteur
75015 Paris – France
ISBN : 978-2-37935-464-9

NICOLAS FELGER

OSEZ L'IMPOSSIBLE

Les clés pour dépasser vos limites
et réaliser vos rêves

ALISIO

SOMMAIRE

PRÉFACE

Pour moi Nicolas, c'est un aventurier de *Koh-Lanta*. On s'est rencontrés en 2006 au Vanuatu…

Ensuite, nous nous sommes un peu perdus de vue avant que je découvre qu'il était devenu un homme multiple, un aventurier de la vie, un explorateur d'expériences enrichissantes, un insatisfait sans cesse avide de nouveaux défis pour se sentir chaque jour encore plus vivant que la veille.

Dans son cas, il y a deux possibilités : soit vous restez dans votre coin enchaînant les défis comme des perles sans en faire profiter les autres, pour surtout satisfaire votre ego, soit vous vous ouvrez de plus en plus aux autres pour transmettre votre énergie, pour partager et pour aider ceux que vous côtoyez à se transcender, à croire en eux et en leur potentiel.

Nicolas Felger n'a pas hésité, il a choisi la seconde solution, son livre en est la preuve éclatante.

Il est essentiel, je crois, de pouvoir s'appuyer sur l'autre pour devenir meilleur, pour aller plus vite, plus loin et plus haut.

On a tous besoin de stimuli, d'exemples afin de croire plus en nous. On a tous, sans exception, des talents cachés, ou qu'on n'ose pas mettre en lumière, faute de motivation ou de confiance, on aspire à une existence plus exaltante.

On rêve de vibrer, d'être transportés, emportés même par notre imaginaire. Encore faut-il oser !

Voilà pourquoi ce livre, *Osez l'impossible*, est l'antidote à l'immobilisme, à la morosité, une commode pleine de tiroirs où à l'intérieur de chacun vous trouverez des clés pour mettre du piment dans vos vies, voire de la folie.

Faites preuve d'audace, ayez le courage de prendre des risques, ce livre vous y encourage avec des exemples concrets. N'ayez pas peur d'échouer. Révélez la puissance que vous avez en vous et que vous ignorez probablement…

La vie est belle, elle mérite d'être vécue à fond... Même si rien n'est magique, rien n'est linéaire ou écrit, au contraire.

Ce que dit Nicolas, c'est que vous êtes maître de votre destin, il n'idéalise pas, il vous propose un cadre, des exemples vécus, des réflexions concrètes. Elles ne vous sont pas toutes destinées. Alors piochez pour aller trouver ce qui sommeille en vous pour ne pas dire, ou le moins souvent possible, j'aurais pu, j'aurais dû…

Ce livre représente un vent d'optimisme. Il donne la pêche. Il confirmera sûrement plein de sentiments que vous gardez en vous et de questions que vous vous posez… mais quand on les partage avec Nicolas et ses écrits, on gagne en assurance, j'en suis persuadé. Et même les obstacles rencontrés deviennent des étapes enrichissantes.

Nicolas… et si c'était *Koh-Lanta* qui avait illuminé l'aventurier de la vie qui sommeillait en toi ?

Fort de tes expériences, tu nous emmènes avec toi… et tu m'as donné envie de conjuguer le verbe oser au présent.

J'ose, tu oses, il ose, nous osons, vous osez, ils osent ! OSONS TOUS !

Ne perdons pas de temps, la vie est si courte… mais si grisante.

Denis Brogniart

Journaliste sportif, animateur de télévision et de l'émission Koh-Lanta *sur TF1*

AVANT-PROPOS

OSEZ L'IMPOSSIBLE, MON HISTOIRE

J'aurais pu être « comme tout le monde ». J'aurais pu suivre un chemin tracé, sécurisé, raisonnable. Mais, depuis mon enfance, quelque chose en moi brûle d'un feu différent, un besoin viscéral d'aller voir au-delà des limites, d'aller explorer ce qui se passe de l'autre côté, en dehors de cette fameuse « zone de confort » ! Pourquoi ? Probablement pour comprendre pourquoi certaines personnes réalisent leurs rêves tandis que d'autres restent figées, prisonnières de leurs peurs.

Rien ne m'y prédestinait. Comme beaucoup, je grandis avec des étiquettes qu'on m'a collées, avec des croyances qui m'ont enfermé. À l'école, je suis plutôt « dernier de la classe », parce que ça ne m'intéresse pas. À 9 ans, mon institutrice me dit : « Nicolas, tu n'arriveras jamais à rien, et tu finiras en prison. » Cette phrase aurait pu me condamner, me faire abandonner avant même d'essayer.

Mais le moteur de la passion s'enclenche. La même année, je découvre le hockey sur glace, une révélation. Ça devient le centre de ma vie, je passe tout mon temps à la patinoire, ce qui n'arrange pas mon cas à l'école. Mais je m'investis à 100 % et les résultats sur la glace sont là. À 16 ans, je passe pro, puis je joue à haut niveau plusieurs saisons. Cette expérience me permet de comprendre très tôt qu'on ne peut exceller qu'avec le bon moteur. C'est aussi dans cette patinoire que j'ai mon premier coach, qui m'apprend à me dépasser physiquement, mais aussi à développer un mental de vainqueur.

J'avais trouvé ma voie. Le sport est au centre de ma vie. Contre l'avis de tous mes professeurs, qui sont toujours persuadés que je vais échouer, je décide d'intégrer l'université de sport STAPS. J'entends encore la proviseure du lycée dire à mes parents : « Il y a seulement 3 % de réussite pour entrer à l'université depuis sa filière, ses résultats sont médiocres, il n'y arrivera jamais ! » Sauf qu'elle n'a pas pris en compte le facteur X, le plus important. Avec la bonne motivation, nous sommes capables de faire des miracles. Et je réussis ! À partir de là, je suis au bon endroit, mes résultats deviennent brillants, jusqu'à mon master en Management du sport international avec mention ! Ne laissez personne vous faire croire à ce vieux dicton : « On ne peut pas faire d'un âne un cheval de course. » Nous avons tous un domaine dans lequel nous pouvons exceller !

Puis je décide de remettre en question l'impossible. À 26 ans, je tombe par hasard sur la finale de l'émission *Koh-Lanta,* basée sur le principe de survivre sur une île déserte pendant quarante jours et quarante nuits. Immédiatement, je ressens cet appel puissant : aller se confronter à cette hostilité, à cette absence de confort, de nourriture… Je veux aller voir ce qui se passe. Et, l'année d'après, j'y suis ! Dès le début, tout est hors normes. Après trente-six heures d'avion, quatre heures de 4x4 et trois heures de pirogue, nous atteignons enfin cette île isolée. La première nuit reste gravée dans ma mémoire. Des pluies diluviennes nous forcent à dormir collés les uns aux autres sur la plage, trempés jusqu'aux os. Malgré mon choix volontaire de participer, je me surprends à penser : « Nicolas, tu ne tiendras jamais. Quarante jours dans ces conditions, c'est impossible ! » Pas d'électricité, pas de chauffage, pas de lit, aucune hygiène, et presque pas de nourriture. Je perds près d'un kilo par jour. C'est la première fois que je sors aussi loin de ma zone de confort. En tant que sportif et compétiteur, j'ai conscience de la puissance de notre physique, mais là-bas, privé d'énergie, poussé dans mes derniers retranchements, je comprends que notre véritable force ne réside pas dans notre corps, mais dans le pouvoir de notre mental. Cette expérience marque un tournant dans ma vie.

Le pouvoir du mental me fascine. Je veux en savoir plus, comprendre les mécanismes profonds et aider les autres à utiliser ce pouvoir exceptionnel. J'entreprends donc une formation en PNL pour devenir coach professionnel certifié, et, pendant trois ans, j'étudie les mécanismes du développement personnel et du dépassement de soi. Puis, pendant plusieurs années, j'accompagne des centaines d'individus dans mon cabinet, j'aide des entreprises à résoudre des problématiques de capital humain. Fort de cette expérience, je crée ma conférence-spectacle pour pouvoir transmettre ces messages au plus grand nombre et impacter plus de cent cinquante mille personnes.

Je continue à me lancer des défis pour repousser mes limites toujours plus loin : gravir le plus haut sommet d'Afrique du Nord, défier le mont Blanc, relier trois continents à la nage, ou encore réaliser l'expédition hivernale des sept plus hauts sommets du Maroc de plus de 4 000 mètres en soixante-douze heures. Chaque défi est l'occasion de mieux comprendre les mécanismes derrière cette incroyable force mentale qui sommeille en chacun de nous. À chaque nouvelle frontière franchie, je me prouve que **les limites ne sont que des constructions mentales**.

Ce livre n'est pas uniquement le récit de mes aventures. Ce sont les clés pour vous amener à dépasser vos limites et à **explorer ce que vous êtes capable d'accomplir, même lorsque cela semble**

impossible. À travers mes expériences – des immersions dans des eaux glacées à la traversée du plus grand lac d'Europe à la nage – je partage avec vous les leçons que j'ai tirées de mes réussites, mais aussi de mes échecs. Parce que les échecs, les moments de doute, les envies d'abandonner, ce sont eux qui m'ont appris le plus. Ne vous y trompez pas : **je ne suis pas né avec une confiance inébranlable**. Et même si cette volonté de me dépasser est dans mon ADN, je n'ai pas toujours réussi, et bien heureusement d'ailleurs. Ce que j'ai accompli, je l'ai construit, étape par étape, en comprenant comment fonctionnent les mécanismes et les leviers du dépassement de soi.

Je sais que vous avez des peurs, des doutes, des freins. Et c'est normal. **Moi aussi, j'en ai eu, et il m'arrive toujours d'en avoir**, mais j'ai appris à les gérer et à les transformer en opportunités. Je sais aussi que si vous êtes en train de lire ces lignes, c'est que quelque chose en vous refuse de rester enfermé dans ces limites qui vous séparent de vos rêves. La méthode que je vous propose n'est pas une recette préfabriquée et identique pour tout le monde, c'est une expérience dont vous êtes le héros, car les solutions sont en vous ! Et je vais vous guider pour les trouver, pour que **ce que vous croyez impossible aujourd'hui puisse devenir votre réalité demain**. Et comme j'aime le dire :

> **« Si vous voulez ce que vous n'avez jamais eu, vous devrez oser ce que vous n'avez jamais osé. »**

C'est exactement ce que nous allons expérimenter ensemble. Nous allons explorer votre plein potentiel, dépasser vos limites pour découvrir cette incroyable sensation de se sentir vivant. Ce livre est le fruit de mon parcours. Un livre sur la résilience, l'audace et l'humanité. Il est là pour vous inspirer et vous accompagner dans la réalisation de vos rêves les plus profonds. Parce que, au fond, nous sommes tous des aventuriers et chaque pas, chaque défi, chaque victoire que nous réalisons nous rapproche de la meilleure version de nous-mêmes. Bien au-delà d'une simple lecture, c'est une expérience que je vous convie à vivre avec moi. Mais, pour cela, je vais vous demander deux choses : de croire en moi... et, surtout, de croire en vous !

INTRODUCTION

LES CLÉS POUR DÉPASSER VOS LIMITES ET RÉALISER VOS RÊVES

Chaque rêve prend source dans un désir, une envie d'aller goûter à l'inconnu, une aspiration à devenir meilleur, plus fort, plus épanoui, plus libre. Pourtant, la plupart d'entre nous restent prisonniers de leurs peurs, de leurs croyances limitantes et de cette petite voix qui murmure : « Tu ne peux pas, ce n'est pas pour toi. » Si vous avez déjà ressenti cela, si cette voix vous a déjà empêché de réaliser vos rêves, alors ce livre est pour vous. Ce que je m'apprête à partager ici n'est pas une formule magique, ni une théorie abstraite. C'est bien plus qu'un recueil de principes ou de conseils. Ce livre est le résultat d'années d'expériences, forgé par des victoires exaltantes, des épreuves intenses et des échecs transformateurs.

Chaque sommet atteint, chaque échec encaissé, chaque moment de doute ont contribué à bâtir ce chemin. Un chemin né de la vie, taillé dans le réel, et tourné vers une seule ambition, **vous aider à atteindre votre propre sommet**. Tout au long de mon parcours, j'ai découvert que les limites ne sont souvent que des créations de l'esprit. Qu'elles soient façonnées par nos peurs, nos croyances ou nos doutes, elles ne sont ni immuables ni définitives. Avec la bonne approche, elles se transforment en opportunités, ouvrant la voie à une version de nous-mêmes que nous n'aurions jamais osé imaginer. Ce qui me motive le plus, c'est de partager mon expérience et d'inspirer les autres à se dépasser à leur tour. Ma méthode ne fonctionne pas seulement pour moi. Elle a accompagné de nombreuses personnes, qu'il s'agisse de cadres désireux de réinventer leur carrière, ou d'hommes et de femmes cherchant à dépasser leurs limites et à surmonter leurs peurs. Que ce soit lors de mes conférences en entreprise, de mes programmes d'aventures en pleine montagne, ou de mon spectacle *RÉVÉLATION*, où chacun est invité à franchir l'impossible, chaque participant a le courage de relever ses propres défis.

Ce livre est conçu comme une expérience à vivre dans la « vraie vie ». Une invitation à comprendre ce qui vous freine et ce qui vous limite, à identifier ces croyances et ces peurs qui vous paralysent. Mais, surtout, **une invitation à agir**. Pas à pas, étape par étape, avec des exercices pour briser vos barrières intérieures et redéfinir ce que vous pensez possible. C'est là que cette méthode excelle. Elle vous apprend à transformer vos obstacles en opportunités, à cultiver une confiance solide et à adopter une stratégie d'actions progressives. Pas après pas, vous bâtirez la résilience et l'assurance nécessaires pour atteindre vos objectifs et réaliser vos rêves les plus profonds, si ambitieux soient-ils.

Pour bâtir votre transformation, il faudra poser les fondations. Grâce à **un parcours structuré en huit chapitres**, vous apprendrez à déconstruire les croyances limitantes qui vous freinent, à embrasser l'inconnu, et à transformer vos peurs et vos limites en moteurs de progression. Puis vous vous connecterez à ce qui compte réellement pour vous, à vos valeurs, à vos aspirations pour construire votre vision. Ce socle est essentiel, car, sans lui, toute stratégie, si brillante soit-elle, risque de s'effondrer. Vous définirez des objectifs clairs, et apprendrez à avancer méthodiquement et avec audace. Vous découvrirez comment évaluer vos avancées, ajuster votre cap, et, enfin, célébrer vos réussites, qu'elles prennent huit jours ou huit ans à se concrétiser. Chaque chapitre vous donnera des outils concrets et des exercices pratiques pour progresser à votre rythme. Parce que ce qui rend ce processus si fascinant, c'est qu'**il n'existe pas qu'une seule voie pour réussir**. Que vous soyez de ceux qui aiment tout transformer en un éclair et tout révolutionner en une journée ou que vous préfériez avancer à petits pas et prendre votre temps, la clé réside dans votre « Pourquoi » et votre capacité à passer à l'action. Elle ne vous impose pas un modèle rigide ; au contraire, elle vous offre des outils, une structure adaptable, un canevas, des exercices pour avancer et un cap clair pour progresser à votre rythme et à travers vos propres expérimentations. Parce que, en fin de compte, le véritable succès naît de l'authenticité de votre démarche. La vraie question n'est donc pas de savoir *si* vous allez réussir, mais *comment* et à *quel rythme* vous choisissez de le faire. Une semaine ? Deux mois ? Cinq ans ? C'est votre engagement, vos choix et votre discipline qui donneront le tempo. Avec ce livre, le résultat est entre vos mains.

Je vous invite à passer à l'action, à explorer la carte de votre potentiel avec cette promesse que si vous vous engagez pleinement, si vous acceptez de regarder vos peurs en face, de rêver plus grand et d'agir avec intention, alors, au bout de ce chemin, vous serez plus fort, plus confiant, et **prêt à conquérir des sommets que vous pensiez inaccessibles**. Réussir à dépasser ses limites et réaliser ses rêves, ce n'est pas un sprint, mais un marathon. Ce sera inconfortable. Il faut accepter de passer par chaque étape, même celles qui semblent difficiles, douloureuses ou insurmontables. Car c'est ce processus progressif qui, à terme, permet de transformer vos peurs en forces, vos doutes en certitudes, et vos rêves en réalité.

Vous êtes désormais au début du chemin de tous les « POSSIBLES », où chaque pas vous rapproche de votre rêve. Deux options s'offrent à vous : rester spectateur de votre vie, ou choisir de l'écrire vous-même.

Êtes-vous prêt à commencer cette aventure pour aller là où vous n'auriez jamais imaginé ? Osez l'impossible... ça commence maintenant !

CHAPITRE 1

IDENTIFIEZ ET DÉPASSEZ VOS LIMITES

IMPOSSIBLE = LIMITES

Vous savez quoi ? Je fais le pari que vous avez forcément dit un jour, même sans y réfléchir : « C'est impossible. » Une phrase anodine, quasi automatique, qu'on utilise pour rejeter une idée, une ambition, ou un rêve, comme si l'histoire s'arrêtait là. **Et si l'impossible était surtout le reflet des limites que nous nous imposons** ? Est-ce une barrière infranchissable, une réalité figée, ou bien... une construction de notre esprit ? Voici le point de départ de notre réflexion : **qu'est-ce qui définit réellement l'impossible** ?

L'IMPOSSIBLE... Ce mot que l'on craint, que l'on fuit parfois, mais qui en réalité n'est qu'un miroir de nos propres limites, de nos propres croyances. Ce n'est pas une réalité absolue, c'est une perception. Et si cette perception changeait, que feriez-vous si l'impossible disparaissait ? Si vous n'aviez plus aucune limite ? **Votre vie serait-elle différente si vous n'aviez pas eu peur de prendre certaines décisions** ? Seriez-vous au même endroit, dans le même travail, avec la même personne ? Est-ce que ce rêve, enfoui au fond de vous, serait enfin une réalité ? Quand on parle de limites, de quoi parle-t-on ? Ni de mort ni de solitude. On parle de limites universelles, comme **ne pas être à la hauteur** ou **ne pas être aimé**. Ces freins invisibles, si puissants et qui influencent presque toutes nos décisions, grandes ou petites. Toutes ces limites qui nous bloquent prennent racine dans nos peurs, nos croyances, nos habitudes, nos comportements... ou encore dans l'influence des autres et de la société. Dans notre éducation, on nous a appris que certaines choses « ne sont pas possibles », « ne sont pas pour nous », ou sont carrément hors de portée. Et si ces limites étaient surtout des illusions ou le reflet des propres limites des autres (parents, amis, famille, professeurs, etc.) ? La vie m'a appris qu'elles ne sont pas gravées dans le marbre. Elles sont mouvantes, subjectives, et, surtout, personnelles. Ce qui semble impossible pour certains peut être une évidence pour d'autres. **L'impossible, au fond, c'est un seuil.** Une barrière. Cette barrière n'est pas là pour nous emprisonner. Elle est là pour nous inviter à nous questionner et à regarder au-delà. Pour nous inciter à progresser, à continuer d'apprendre et nous permettre d'accéder à notre plein potentiel. Parce qu'à chaque fois que nous franchissons l'un de ces seuils, nous découvrons une version de nous-mêmes plus forte, plus capable, plus libre.

Dans ce chapitre, nous allons explorer cette idée que l'impossible n'existe pas en tant que tel. Ce sont nos limites qui le créent. Pour déconstruire ces limites, il faut d'abord les reconnaître.

- Quelles croyances ou peurs vous freinent actuellement ?
- Quels schémas inconscients vous empêchent d'avancer ?

Comprendre cela, c'est ouvrir un champ des possibles immense. Et c'est là que réside la véritable magie. À chaque fois que vous dépassez une limite, vous réalisez que ce que vous pensiez **impossible hier est devenu votre réalité aujourd'hui**. Pensez à un moment de votre vie où tout a changé : un déménagement, une nouvelle aventure professionnelle, une séparation. Ces peurs étaient là, elles vous ont murmuré des questions lourdes de conséquences : « Et si je n'y arrive pas ? Et si je ne suis pas accepté ? » Vous vous êtes senti inconfortable, vous avez ressenti de la résistance, de l'hésitation, voire l'envie de renoncer. Et pourtant, c'est précisément dans ces instants d'incertitude que la magie opère. **Se sentir vivant passe par l'audace d'aller vers l'inconnu.** C'est dans l'inconfort, dans cette zone où tout semble flou, que nous nous découvrons réellement.

Ce qui différencie ceux qui dépassent leurs limites de ceux qui restent figés, ce ne sont pas des talents extraordinaires ou des superpouvoirs. **C'est le courage et l'audace de faire le premier pas et passer à l'action.** Ce petit pas, presque insignifiant, est la clé. Parce qu'une fois franchi, il ouvre la voie à une spirale positive. Il vous prouve que vous êtes capable, que vous pouvez avancer. Et c'est là que tout commence. Un déclic. Une certitude nouvelle : vous êtes plus fort que vos limites. Parce que la limite n'est pas un mur infranchissable. C'est un défi. Un appel à aller plus loin, à découvrir vos propres forces.

À partir d'aujourd'hui, écoutez cette petite voix en vous. Pas celle qui tremble, qui vous diminue, qui vous dissuade. Non, celle-là, vous l'écoutez déjà assez. Apprenez à écouter et à re-découvrir celle qui sait que vous êtes capable de plus. Parce que vous l'êtes. Qui que vous soyez. Où que vous en soyez dans votre vie et quels que soient vos défis, faites-lui confiance. Faites-vous confiance. Osez, testez, tombez, relevez-vous. Mais, surtout, avancez. Car ce n'est pas dans la théorie que vous changerez votre vie, mais dans l'action. **L'impossible n'est finalement qu'une opportunité que vous n'avez pas encore saisie.**

Êtes-vous prêt à faire ce voyage intérieur ? À franchir vos barrières et à découvrir tout ce qui vous attend de l'autre côté ? Parce que là où vous voyez aujourd'hui de l'« impossible » se cache un horizon rempli de potentiel. Et je suis là pour vous accompagner sur ce chemin.

« Le meilleur moyen de réaliser l'impossible est de croire que c'est possible. »

Tim Burton (né en 1958), réalisateur, scénariste et producteur américain.
Tiré du film *Alice au pays des merveilles*, 2010.

MON IMPOSSIBLE DEVENU POSSIBLE : RELIER L'EUROPE À L'AFRIQUE À LA NAGE

L'un des premiers grands défis de ma vie a été de relier l'Europe à l'Afrique à la nage, en traversant le détroit de Gibraltar. Une expérience qui, au-delà de l'exploit physique, a totalement redéfini ma vision des limites.

Dès le début de ma préparation, beaucoup de personnes de mon entourage, interloquées, me demandent : « Mais, Nicolas, pourquoi fais-tu ça ? Pourquoi prendre autant de risques, pourquoi te mettre autant en danger, pourquoi aller aussi loin ? » La réponse est simple : ce que je m'apprête à faire va bien au-delà d'un simple défi physique. C'est avant tout une façon pour moi de repousser mes limites personnelles, d'aller là où je n'ai jamais osé aller. Mon but n'est pas juste de nager, mais d'aller chercher des ressources au plus profond de moi, de me découvrir, de grandir et d'accéder à un nouveau niveau de conscience ! Tout commence par une idée, une pensée qui, à première vue, semble folle et surréaliste : traverser à la nage le détroit de Gibraltar, ce canal qui sépare l'Europe et l'Afrique. Ce n'est pas un petit lac, c'est le lieu de rencontre de deux eaux, l'océan Atlantique et la mer Méditerranée, créant des turbulences permanentes. Il est connu pour ses courants puissants, ses eaux froides et ses conditions climatiques quelquefois extrêmes, souvent imprévisibles, et parfois dangereuses. C'est aussi une voie maritime très fréquentée et une zone de navigation complexe avec des centaines de bateaux qui la traversent chaque jour.

À chaque fois que j'y pense, des doutes viennent me tourmenter : suis-je prêt ? Ai-je le physique et le mental pour y arriver ? Et si je n'arrive pas à aller au bout ? Quelles surprises la mer va-t-elle me réserver ? La peur et l'excitation se mélangent dans ma tête. La peur de l'échec, de ne pas tenir face aux courants imprévisibles qui vous embarquent dès que vous y mettez un pied. La peur du danger aussi : cette zone abrite différents mammifères marins (requins, orques, baleines, dauphins, raies) qui nagent dans ses profondeurs, et toutes sortes d'animaux marins qui rendent le parcours risqué. Clairement, mes barrières les plus fortes sont surtout psychologiques. Comme tout défi. Rien que l'idée de devoir traverser ce détroit en plein océan me paraît insurmontable. Et, pourtant, je décide de me lancer. Je prends LA décision de réaliser ce rêve.

La veille de la traversée, je suis incapable de fermer l'œil de la nuit. 05 h 30, le réveil sonne, c'est le jour J. Je suis assommé par cette nuit blanche. Il me faut de l'énergie mais impossible de manger. Mon corps n'en veut pas, mon ventre est noué. Mais je me force, je vais aller au bout de cette traversée, coûte que coûte !

06 h 45, nous sommes sur le port, à côté du bateau, le soleil ne s'est pas encore levé, il fait froid et je me sens fragile. Mais, c'est maintenant, après deux ans de préparation, il n'y a plus de triche. Plus d'hésitation. Plus de place pour les excuses. C'est moi avec moi-même, face à l'océan.

07 h 15, je plonge. Dès la première demi-heure, je comprends que la véritable bataille ne va pas se jouer dans l'eau, mais dans ma tête. Les courants sont bien présents, et je le sais, c'est l'océan qui décide. Pourtant, mon plus grand ennemi n'est pas le courant, mais mes propres pensées. Des pensées qui essaient de me freiner : vais-je réussir ?

Tout se joue au mental. Je me focalise sur mon objectif : toucher les terres marocaines. Et à n'importe quel prix. Petit à petit, chaque coup de bras me porte plus loin et me prouve que ces pensées ne sont qu'une illusion. J'avance et j'ai même par moment cette sensation indescriptible de voler sur l'eau. Plus rien ne compte, plus rien n'existe en dehors de ce moment. Je ne ressens aucune douleur, aucune fatigue, ni même le poids de l'effort. Je suis dans cet état de flow, dans une concentration absolue, en parfaite harmonie avec l'océan. Je me sens insubmersible. Je me rapproche du but.

Le dernier kilomètre. Les côtes sont à portée de main. Mais les courants forts m'empêchent d'avancer. Il reste à peine 500 mètres, presque rien, mais ils sont interminables ! Après nous avoir portés, l'océan se met en colère, juste au moment de l'arrivée. Je redouble d'efforts, la côte est là, juste au bout de mes doigts, je vais réussir !

Au bout de trois heures et cinquante-huit minutes, je touche le continent africain. Ce jour restera gravé dans ma mémoire à jamais. Deux ans de préparation, deux ans de sacrifices qui se concrétisent. Je viens d'oser l'impossible. Je me sens envahi d'une force surhumaine : ce que je croyais impossible n'existe plus, désormais, tout devient possible !

VIDÉO : Relier l'Europe à l'Afrique à la nage

Ce que j'ai appris de cette expérience est fondamental. **Nos limites sont surtout mentales** avant d'être physiques. Avant de commencer, je m'étais involontairement convaincu que c'était un exploit presque inhumain. Mais, en affrontant mes limites, j'ai découvert que mon esprit était le véritable obstacle à surmonter. **Chaque barrière franchie repousse l'impossible.** À chaque coup de bras, ce défi irréalisable est devenu un peu plus atteignable. Et, au final, ce que j'ai pu croire être hors de ma portée est devenu possible.

Qu'est-ce qui vous paraît impossible aujourd'hui, mais que vous rêveriez de vivre ou de réaliser dans votre vie ? Tout commence dans votre esprit. Si vous croyez que c'est hors de portée, vous trouverez mille raisons d'abandonner avant même d'essayer. Mais si vous choisissez d'y croire, si vous pensez être capable, cela deviendra votre réalité de demain. Votre futur ne dépend que d'une chose : votre décision.

Ce que j'ai fait lors de cette traversée, vous pouvez le faire dans votre propre vie. Le chemin ne s'arrête pas aux limites de ce que vous croyez. Il va bien au-delà. La limite n'est qu'une partie de l'équation. Derrière elle, il y a des attentes culturelles, des pressions éducatives, des habitudes profondément ancrées. Ensemble, nous allons apprendre à les analyser, à les défier, et à les dépasser. Parce que, au final, **redéfinir l'impossible**, c'est redéfinir vos propres limites.

RÉFLEXION ET INTROSPECTION : « QUELLES SONT MES LIMITES ACTUELLES ? »

Nous portons tous en nous des limites, souvent invisibles, mais profondément enracinées. Elles influencent nos choix, nos actions, et parfois même nos rêves. Ces barrières, qu'elles soient issues de peurs, de croyances limitantes, ou de jugements extérieurs, définissent ce que nous considérons comme possible ou impossible. Le plus fou, c'est que la plupart des limites que vous croyez réelles... ne le sont pas. Ce sont des histoires. Des histoires qu'on vous a racontées, que vous vous êtes racontées, et que vous avez fini par croire. Que se passerait-il si vous décidiez de les observer de plus près ? Pas pour vous juger, mais pour ouvrir une porte. Une porte qui pourrait bien changer tout ce que vous pensez possible.

Tout au long de ma carrière de coach, l'expérience m'a montré que tout processus de changement commence par une réflexion et un travail d'introspection qui va transformer votre perception de l'impossible. C'est ce que je vous propose de faire maintenant à travers des questions. Mais ne continuez pas la lecture de ce livre en lisant les questions les unes à la suite des autres, ou en y réfléchissant juste rapidement. Non, prenez de quoi noter, et offrez-vous cet instant pour vous. Prenez le temps de vous poser ces questions, de comprendre ce qu'elles évoquent en vous et de trouver VOS réponses. Si la question vous dérange, ou que vous n'avez pas de réponse, creusez plus loin : plus l'inconfort est présent, plus la zone est sombre, plus le potentiel de transformation est important. Ne passez pas à autre chose ! Et rappelez-vous qu'il n'y a pas de bonne ou de mauvaise réponse, il n'y a QUE VOTRE réponse. Certaines de ces questions peuvent vous paraître faciles, pourtant prenez le temps de vous les poser, car ces questions sont importantes. Quand on veut travailler sur soi, on sonde souvent le mauvais endroit, en cherchant des réponses à l'extérieur de soi et notamment chez les autres, alors que la solution est en nous ! Se poser les bonnes questions, c'est le début du processus, c'est l'un des moyens les plus efficaces pour permettre d'ouvrir des portes, et, au bout de ce processus de questionnement, se trouvent les réponses que vous cherchez.

Je vous encourage vraiment, dans ce chapitre et dans les suivants, à faire cet exercice de réflexion et d'introspection à 100 %. C'est une partie essentielle de votre travail. Si cela peut vous aider à répondre, imaginez que vous êtes en séance de coaching avec moi et que je vous pose ces questions, et répondez sans filtre, sans limite et en toute sincérité. Je vais vous demander de prendre une heure – juste une heure – de votre vie pour vous asseoir, seul, sans distractions, sans vos enfants qui courent autour, sans répondre à vos e-mails, sans scroller sur votre téléphone… et vraiment réfléchir. Réfléchir à vos limites. Non pas à vos objectifs ni à vos réussites, mais à ce qui vous freine. Je ne parle pas de les balayer sous le tapis ou de vous dire : je m'en sors très bien malgré tout. Non, je parle de mettre un nom dessus. Parce que tant que vous n'avez pas regardé ces limites en face, elles continueront à dicter vos choix et à saboter vos ambitions, souvent en silence.

PRENDRE CONSCIENCE DE VOS LIMITES POUR TRANSFORMER L'IMPOSSIBLE

Posez-vous cette question : si je n'avais pas de limites, ferais-je toujours ce que je fais aujourd'hui ?

Si votre réponse est NON, bravo. Pas pour avoir répondu « non », mais pour le courage et l'honnêteté de le reconnaître. Parce que ce mot évident ouvre un espace. Et cet espace, regardons-le de plus près :

- Pourquoi cette réponse ?
- Quels freins ou obstacles intérieurs vous retiennent ?
- Quelles croyances sur vous-même limitent vos actions et vos décisions ?

En vous engageant dans cette réflexion de manière honnête, vous commencerez à mettre en lumière ce qui, dans votre perception, constitue l'impossible. Cette perception, loin d'être une vérité immuable, est façonnée par vos propres freins intérieurs. Des peurs, des croyances inculquées, ou des expériences passées qui vous ont convaincu que certaines choses ne sont pas à votre portée. Ne vous cachez pas. Allez-y franchement. C'est votre moment, et considérez-le comme un cadeau.

COMPRENDRE D'OÙ VIENNENT VOS CROYANCES ET COMMENT ELLES FAÇONNENT VOTRE RÉALITÉ

Prenez un instant de réflexion

- Quels sont les domaines de votre vie où vous vous dites « je ne peux pas » ?
- D'où vous vient cette croyance ? Est-ce une expérience, une parole, une peur ?
- D'où vient cette peur ? Suis-je en train de rejouer un scénario du passé ?
- À quel moment avez-vous commencé à penser que cela était hors de votre portée ?

Observez votre quotidien

- Votre travail, vos relations, vos activités, votre train de vie, votre environnement, etc. Y a-t-il des endroits où vous vous sentez bridé ? Pourquoi ?

Creusez encore

- Si vous deviez nommer la plus grande barrière qui vous freine actuellement, quelle serait-elle ? Et si cette limite n'existait pas, agiriez-vous différemment ou de la même manière ?

En explorant ces questions, vous réaliserez que vos limites ne surgissent pas de nulle part. Parfois, ce sont même des habitudes qui s'installent et finissent par ressembler à des vérités. Mais voilà, ces « vérités » ne sont que des perceptions. Des filtres. Elles nous font croire que certaines choses sont hors de notre portée. Elles nous mentent. Une peur, une remarque entendue, un échec vécu... Et, peu à peu, vous en arrivez à penser : je n'ai pas les compétences ; ce n'est pas pour moi ; je vais échouer, alors pourquoi essayer ? Mais est-ce réellement la vérité ?

Après avoir identifié l'origine de ces croyances et la manière dont elles ont façonné votre réalité, il est temps d'aller plus loin. Ces limites ne sont que des constructions mentales... mais que faire avec cette prise de conscience ? C'est là que le vrai travail commence. Regardez ces barrières en face, et choisissez de ne plus les laisser dicter vos actions.

OSER DÉFIER VOS LIMITES : RÉALITÉ OU ILLUSION ?

Posez-vous ces questions

- Quelle preuve concrète ai-je que cette limite est réelle ?
- Cette limite que je ressens, est-elle une réalité ou une croyance ?
- Si je devais prouver que cette limite est fausse, comment ferais-je ?
- Imaginez-vous devant un jury qui vous demande d'apporter des preuves irréfutables que vous ne pouvez pas dépasser cette limite... Que diriez-vous ?

- Si une personne que j'aime était confrontée à la même croyance, que lui dirais-je pour l'aider ?
- Ai-je déjà vu quelqu'un dépasser une peur ou une croyance similaire ? Qu'est-ce que cela m'inspire ?

Rien n'est figé. Vos freins d'aujourd'hui ne sont pas vos limites de demain. Mais, pour cela, encore faut-il accepter de questionner ces barrières. Et si ce que vous croyez être un mur n'était en réalité qu'une porte que vous n'avez jamais osé pousser ? Et si l'impossible n'était qu'un mot que vous vous imposez sans raison ? Changer sa perception ne se fait pas du jour au lendemain. C'est un chemin, un processus. Sachez que chaque question que vous osez poser à vos freins leur enlève un peu de leur pouvoir. Chaque doute que vous défiez, même légèrement, les fait reculer.

Quelle est la première limite que vous allez interroger aujourd'hui ?

Ce processus n'a pas pour but de tout changer en un instant. C'est une démarche progressive, qui commence par éclairer vos croyances limitantes, pour ensuite envisager des perspectives nouvelles et accessibles. Cette réflexion vous permet de mieux comprendre comment vos propres pensées façonnent votre réalité. Elle vous montre que vous avez déjà, en vous, les clés pour transformer votre perception de l'impossible. Et, surtout, souvenez-vous que vos limites ne sont pas gravées dans la pierre. Ce ne sont que des étapes sur le chemin de votre évolution. En prenant conscience de ce qui vous freine, vous ouvrez la voie à des possibilités insoupçonnées. Vous n'avez pas besoin de tout changer en une fois. Juste d'ouvrir cette porte, d'oser regarder au-delà, et de croire qu'un autre chemin est possible. Ce chemin n'est pas du tout fait pour être facile. Il est fait pour être transformateur. Soyez sincère avec vous-même dans ce cheminement. Cela va être confrontant, mais libérateur. En regardant vos freins en face, vous commencerez à voir ce qui est réellement possible pour vous. L'impossible commence à reculer quand vous osez l'interroger avec transparence et détermination. Quand vous osez le défier, même juste un peu, petit à petit !

OUTIL : LES TYPES DE LIMITES

Quand on parle de limites, il ne s'agit pas seulement d'un labyrinthe sans sortie apparente. Ce sont souvent des mécanismes subtils, presque invisibles, qui nous retiennent. Comprendre ces limites, c'est déjà les affaiblir. Les identifier, c'est commencer à les dépasser. Voici les **quatre grandes catégories** qui façonnent votre perception de l'impossible. Et, croyez-moi, tout le monde peut se retrouver dans l'une d'elles.

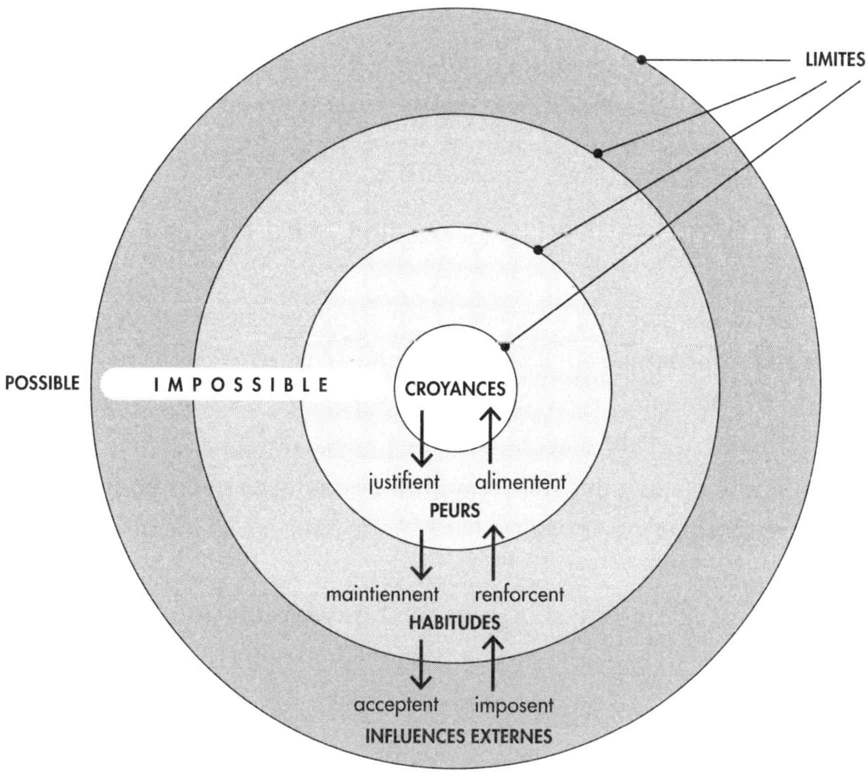

LES CROYANCES LIMITANTES : CES PETITES VOIX QUI NOUS MURMURENT...

« Tu ne peux pas, tu n'es pas capable. »
« Ce n'est pas possible pour moi. »
« Je ne suis pas assez bon. »
« Je n'ai pas les compétences. »

Elles sont insidieuses. Ce sont ces idées que l'on porte en soi comme des vérités absolues, mais qui ne sont que des perceptions erronées. Saviez-vous que beaucoup de ces croyances se construisent dans notre première phase identitaire (entre 0 et 6 ans), quand nous sommes sans filtres comme des éponges émotionnelles ? Ces croyances, issues de notre éducation, de certains modèles ou de nos premières expériences, façonnent ensuite nos décisions, souvent à tort. La bonne nouvelle ? Ce ne sont majoritairement que des **pensées, pas des réalités**. Une fois identifiées, elles peuvent être modifiées. **Vous avez le pouvoir** d'écrire une nouvelle histoire.

LES PEURS : LE PLUS GRAND FREIN UNIVERSEL

La peur. Ce mot qui, à lui seul, peut paralyser. Peur de l'échec. Peur de l'inconnu. Peur du rejet. Peur du jugement. Peur de ne pas être à la hauteur. Et parfois même des phobies bien spécifiques, comme la peur du vide, la peur de parler en public, la peur de l'avion. La peur nous pousse à **classer certains défis comme « impossibles »**, pour éviter le risque, le danger ou l'inconfort.

Mais rappelez-vous que **la peur n'est qu'une émotion**. Elle a le droit d'exister, mais elle ne doit pas prendre le contrôle sur nous-mêmes, car derrière chaque peur se cache une opportunité de grandir.

LES HABITUDES ET COMPORTEMENTS AUTOSABOTEURS : CE QUE L'ON FAIT (OU NE FAIT PAS)

Procrastination. Perfectionnisme. Fuite. Abandon. Ces comportements sont parfois nos pires ennemis. Pourquoi ? Parce qu'ils maintiennent le **statu quo**. On reste dans notre zone de confort, à répéter les mêmes schémas. Et au lieu de se poser la question : et si je faisais autrement ?, on s'enferme dans un cercle vicieux qui nous freine. **L'habitude est puissante, mais elle n'est pas immuable**. Si vous la changez, que ce soit petit à petit ou lors d'une décision radicale, vous pouvez transformer votre réalité.

LES INFLUENCES EXTERNES : QUAND L'EXTÉRIEUR DICTE L'INTÉRIEUR

C'est la pression sociale, la pression familiale, les avis des autres, et ces fameuses « normes » qui veulent définir ce qui est possible ou non. « Ce n'est pas fait pour toi » ; « Tu n'as pas assez d'expérience » ; « Personne ne réussit dans ce domaine ». Ces phrases, vous les avez sûrement déjà entendues des centaines de fois, elles ont d'ailleurs probablement eu un impact et une incidence sur vous, sur vos choix de vie, sur votre carrière ou encore sur vos rêves. Elles ont laissé une empreinte. Mais posons-nous cette question essentielle : est-ce une vérité ou une croyance collective ? **Le monde a besoin de rêveurs et d'audacieux qui sortent du cadre. Pourquoi pas vous ?**

Décodez vos limites

Pour avancer, commencez par vous poser cette question : quelle est la nature de ce qui me bloque ?

Identifiez ces quatre éléments comme des **piliers interconnectés** :

❶ La croyance limitante vous murmure que vous ne pouvez pas.

❷ La peur vous convainc de rester en retrait.
❸ L'habitude vous maintient dans le même schéma.
❹ Les influences externes vous disent que le chemin est impossible.

Maintenant que vous connaissez les quatre types de limites, vous pouvez identifier celles qui vous affectent le plus. Posez-vous ces questions qui résonneront avec votre introspection :

• **Croyances limitantes** : quelle phrase négative je me répète souvent sur moi-même ? Où ai-je appris cette idée ? Est-elle objectivement vraie ?

• **Peurs** : quels défis j'évite à cause d'une peur ? Si je l'affrontais, que se passerait-il ?

• **Habitudes autosaboteuses** : quels comportements récurrents me bloquent dans mon évolution ? Comment pourrais-je les modifier ?

• **Influences externes** : à quel point l'opinion des autres influence-t-elle mes choix ? Que ferais-je si personne ne me jugeait ?

En prenant conscience de vos limites, vous entamez un véritable dialogue avec vous-même. La clé est ici, **reconnaître vos freins pour les transformer en tremplins**. Ce schéma, facile en apparence, vous offre une boussole. À chaque fois que vous sentez un blocage, demandez-vous :
▸ À quel niveau de mes besoins se situe ce frein ?
▸ Est-ce une croyance ? Une peur ? Une habitude ? Une influence ?

Le changement commence par une prise de conscience. Et cette prise de conscience est à votre portée, dès aujourd'hui. **Vous êtes capable de gravir cette montagne, un pas après l'autre.**

Rappelez-vous que **les limites ne sont pas des murs. Ce sont des illusions que vous avez le pouvoir de traverser.**

> **« Rien n'est impossible, seules les limites de notre esprit définissent certaines choses comme inconcevables. »**
>
> Marc Levy (né en 1961), écrivain français.
> Tiré du roman *Et si c'était vrai…* (2000).

RETOUR D'EXPÉRIENCE

LA PHOBIE DE FRANÇOISE : TRANSFORMER L'IMPOSSIBLE EN POUVOIR PERSONNEL

Lors de l'une de mes conférences, Françoise est dans le public, assise au troisième rang, visiblement captivée par le sujet du dépassement de soi. Mais quand je demande : « Qui a une peur qu'il aimerait surmonter ? », elle ne lève pas la main. À cet instant, une voix dans la salle murmure : « Françoise, c'est pour toi. » Elle rougit, secoue la tête, et tout le monde la regarde. Je lui demande alors si elle veut monter sur scène avec moi. Dès qu'elle se lève, je vois l'hésitation dans son regard, les pas lourds de l'appréhension.

À la seconde où je lui révèle le bocal avec un serpent imposant, elle recule violemment en hurlant. Puis elle finit par dire, paniquée : « J'ai la phobie des serpents. » Ses mains tremblent, ses jambes vacillent, son cœur bat extrêmement fort, son souffle est court. Elle est dans un état de stress intense, dans une peur viscérale, littéralement paralysante. Je lui réponds avec un sourire encourageant : « Parfait, Françoise, tu es au bon endroit. »

Je lui explique qu'en dessous du serpent repose une clé qu'elle va devoir récupérer. Son visage se décompose. Ses yeux sont rivés sur le bocal comme si c'était une bombe prête à exploser. « Non, non, non… je ne peux pas, je ne mettrai jamais ma main là-dedans ! » répète-t-elle en secouant la tête. Je la regarde droit dans les yeux et je lui dis : « Françoise, c'est maintenant que le processus et que ton aventure commencent. Ce serpent n'est pas ton ennemi. Ce n'est qu'un symbole. Ton ennemi, c'est la peur. La question est donc de savoir ce que tu es prête à faire pour te libérer de ta peur. Nous allons changer le schéma dans lequel tu es depuis des années pour prouver à ton inconscient que si tu le veux, ce n'est pas la peur qui décide, mais définitivement toi, et toi seule ! Et tu es capable de le faire, nous le savons tous les deux, il n'y a absolument aucun doute ! Tu es prête à essayer avec moi maintenant ? »

Son rythme cardiaque a légèrement baissé, elle prend une grande inspiration, ses mains sont moites, son cœur bat si fort qu'elle me dit qu'elle peut l'entendre jusque dans ses oreilles. Les premières minutes sont un véritable combat. Elle s'approche du bocal, puis recule. Ses jambes tremblent, elle est au bord des larmes. Elle ferme les yeux et me dit : « Je ne peux pas. C'est trop dur. » Je lui réponds calmement : « Françoise, regarde-moi. Tu as le droit d'avoir peur et c'est logique. Mais tu as aussi le pouvoir de décider. Ton corps te dit "fuis", mais ton esprit peut te dire "avance". Rappelle-toi, chaque fois que tu choisis de faire face, tu deviens plus forte. La peur ne disparaîtra pas, mais toi, tu changeras. »

Je l'accompagne dans un processus pour aller chercher les ressources dont elle a besoin pour parvenir à mettre sa main dans ce bocal malgré le serpent. Un travail de visualisation pour trouver en profondeur sa source de motivation et sa force intérieure. Elle prend une grande inspiration, puis une autre. Et, après plusieurs longues minutes où elle oscille entre avancer et reculer… elle plonge sa main dans le bocal. Le silence dans la salle est total. Chaque personne retient son souffle. Elle sort la clé ! Ses mains tremblent encore, mais son visage se transforme. Elle pleure. Ce ne sont plus des larmes de peur, ce sont des larmes de fierté. Le public, ému, se lève pour l'ovationner avec des applaudissements. À cette minute, l'émotion sur son visage est presque indescriptible, un mélange de fierté, de libération et de paix intérieure. Françoise n'est plus la même personne. Il s'est produit quelque chose de puissant, un déclic, elle a réussi pour la première fois de sa vie à surmonter l'une de ses plus grandes peurs. Elle est si fière d'elle, car ce qu'elle croyait impossible s'est écroulé. Pour elle, c'était une certitude absolue, un « impossible » gravé dans le marbre. Et pourtant, ce soir-là, elle a fait l'inimaginable. Ce geste, en apparence anodin pour certains, a déclenché une révolution dans sa vie. Françoise a pris des décisions qu'elle repoussait depuis des années, elle part parcourir le monde seule, ce qu'elle n'avait jamais osé envisager auparavant. Elle a déjà visité une dizaine de pays. Son processus de transformation a été engagé par la prise de conscience que l'impossible n'est qu'une barrière mentale qu'on peut choisir de dépasser. Faire face à ses peurs ne signifie pas les éliminer mais les reconnaître, les comprendre et les défier. Comme Françoise l'a montré ce jour-là, ce n'est pas la peur qui définit notre vie, mais notre réaction face à elle.

« La plus grande découverte de notre génération a été de s'apercevoir qu'un homme peut changer sa vie en modifiant sa façon de penser. » Cette citation attribuée à William James (1842-1910), philosophe et psychologue américain, illustre avec force l'impact de notre état d'esprit sur notre destinée. Chaque fois que nous choisissons d'affronter une peur, nous nous prouvons que nous sommes capables de surmonter bien plus que nous ne le pensions. La peur ne disparaît pas. Mais nous,

VIDÉO : Expérience et témoignage de Françoise

nous changeons face à elle ! La question n'est pas de savoir si vous avez peur. **Tout le monde a peur** de quelque chose, c'est une émotion naturelle. La vraie question, c'est : que décidez-vous de faire face à cette peur ? L'expérience de Françoise montre que c'est en osant l'impossible qu'on révèle son véritable potentiel.

LA SYMBOLIQUE DE L'IMPOSSIBLE

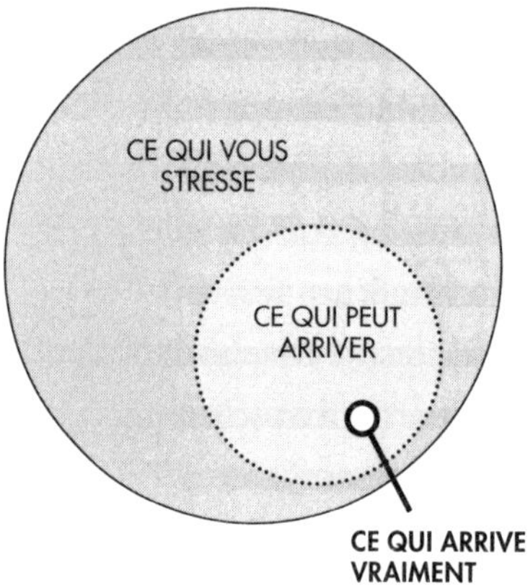

Explorons ensemble comment vous libérer de vos croyances limitantes et comment briser vos limites pour vous permettre de vivre une transformation profonde et durable. Imaginez que le grand cercle que vous voyez représente ce que vous croyez impossible « ce qui vous stresse », vos peurs et vos limites. Au début, elles peuvent vous sembler gigantesques. Mais quand vous observez de plus près, vous vous rendez compte que ce que vous avez pensé insurmontable est en réalité bien plus petit que ce que vous avez cru.

Les deux exercices que je vous propose ne sont pas juste des techniques pour repousser vos limites. C'est un voyage personnel, une exploration de ce que vous croyez être impossible. En observant, en transformant vos croyances limitantes et en brisant vos limites chaque semaine, vous allez commencer à voir des résultats tangibles. Les petites actions, accumulées chaque jour ou chaque semaine, vous permettront de vous libérer de vos peurs et de franchir des étapes que vous croyiez hors de portée. Parce que, en fin de compte, **l'impossible n'est qu'un point de vue**.

EXERCICES PRATIQUES

EXERCICE 1 : SE LIBÉRER DE SES CROYANCES LIMITANTES AVEC LES CROYANCES LIBÉRATRICES

L'auto-observation des croyances limitantes

Le premier pas vers la transformation de nos limites commence par l'auto-observation. Tout au long de la journée, nous avons tendance à avoir des pensées qui nous restreignent, des croyances qui nous disent « je ne peux pas », « je ne suis pas prêt », « je n'ai pas assez de temps », « je n'ai pas assez d'expérience », « je n'ai pas les moyens ». Ces pensées limitantes sont comme des chaînes invisibles qui nous empêchent d'avancer. Le but ici est de prendre du recul, de les identifier et de les noter dès qu'elles surviennent.

Par exemple, si vous vous dites « je n'ai pas le temps de faire du sport », c'est un signe qu'une croyance limitante s'est installée dans votre tête. Chaque fois que ces pensées limitantes ou négatives se manifestent, prenez un instant pour les noter par écrit. Cet acte conscient vous aidera à prendre conscience de la fréquence et de l'impact de ces croyances limitantes.

Attention : l'auto-observation seule n'est pas suffisante. Il faut agir ensuite ! Une fois que vous avez repéré ces croyances, il est temps de les transformer. C'est là que ***la technique des croyances libératrices*** *entre en jeu.*

Prenez votre croyance limitante, par exemple « je n'ai pas assez de temps pour faire du sport », et reformulez-la en une croyance libératrice, « je peux trouver une heure dans ma semaine pour faire du sport, et je m'y engage activement à partir d'aujourd'hui ». L'idée est de changer le focus de la pensée négative en une affirmation positive, qui ouvre de nouvelles possibilités. Chaque fois que vous observez une croyance limitante, transformez-la en une croyance qui vous donne de l'énergie et vous pousse à passer à l'action. **Notez ces affirmations libératrices et répétez-les** pour qu'elles deviennent une partie de votre nouvelle réalité. L'objectif est de réorienter votre mental pour vous concentrer et mettre le focus sur ce qui est possible.

EXERCICE 2 : BRISER SES LIMITES

L'observation et la transformation des croyances limitantes ouvrent la voie, mais c'est l'action qui fait TOUTE la différence. C'est pourquoi je vous propose le challenge suivant : **briser une limite chaque jour ou chaque semaine** (selon votre rythme). Cela peut être une petite action, mais l'important est d'identifier une de vos limites et de la défier. Par exemple, vous avez peur de parler en public. Alors, cette semaine, fixez-vous comme objectif d'**aller parler en public**, même devant un petit groupe. Peu importe si vous vous sentez nerveux, l'important est de passer à l'action, de franchir le pas. Cette action va réduire la puissance de votre peur et de votre limite. Et, rappelez-vous : chaque limite que vous franchissez repousse la barrière de l'impossible.

Une fois que vous avez accompli cette action, **créez une trace visuelle** de chaque limite franchie en remplissant un **tableau des limites brisées** où vous inscrivez chaque action. Vous pouvez noter par exemple : « Cette semaine, j'ai pris la parole devant un groupe de cinq personnes. » Vous ne faites pas cela juste pour vous prouver que vous avez du courage, mais pour constater votre progrès et ainsi voir l'impossible commencer à reculer.

DATE	LIMITE	ACTION RÉALISÉE

Comme je vous l'ai partagé, lorsque je me suis lancé le défi de ma première grande traversée à la nage en 2018 entre l'Espagne et le Maroc, mon niveau de peur était élevé. Si j'avais écouté mes peurs et mes croyances limitantes ce jour-là, je n'aurais jamais osé m'aventurer dans ce défi. Mais grâce à mon travail de préparation physique et mentale, et en mettant toute ma concentration et mon focus sur l'atteinte de mon objectif, j'ai pris conscience que mes peurs étaient largement disproportionnées. Une fois dans l'eau, j'ai constaté que mes capacités physiques et mentales étaient bien au-delà de ce que je pensais possible. **Et, en seulement quelques minutes, ce qui m'avait semblé impossible pendant des mois est devenu une réalité.**

Ce que vous croyez impossible, avec de la préparation, de la visualisation et des passages à l'action, vous pouvez le transformer. Ce que vous pensez être une montagne infranchissable aujourd'hui sera une petite colline demain. La clé réside définitivement dans l'action.

Pourquoi ces exercices sont cruciaux

- **Auto-observation des croyances limitantes** : observer vos pensées négatives vous aide à en prendre conscience. Sans cet état de vigilance, ces croyances continuent de contrôler votre perception du possible sans que vous en soyez pleinement conscient.

- **Transformation des croyances libératrices** : créer des pensées positives et constructives va vous permettre de réorienter votre mental pour rester motivé et engagé.

- **Briser une limite par semaine** : chaque semaine, engagez-vous à défier une croyance ou une peur. En agissant et en expérimentant, vous allez avoir la preuve et la certitude que ces limites ne sont que des constructions mentales, et non des vérités absolues. Cela va développer consciemment mais surtout inconsciemment votre estime de vous par rapport au fait de réussir à dépasser vos peurs et vos limites.

- **Tableau des limites brisées** : cet outil visuel devient une preuve tangible de votre progrès. Chaque fois que vous notez une limite brisée, vous constatez que ce qui vous a semblé impossible est devenu possible, renforçant votre capital confiance envers vos capacités à aller au-delà de vos limites et à atteindre vos objectifs/rêves.

Ce que vous devez retenir...

L'impossible est une barrière mentale, elle n'existe que dans les limites que vous vous imposez à vous-même. Vos peurs, vos croyances et votre perception de ce qui est faisable ou non sont autant de barrières que vous avez le pouvoir de dépasser. Chaque fois que vous identifiez ces freins/limites et que vous choisissez d'agir malgré eux, vous vous prouvez que tout est possible. Et, surtout, vous montrez que les limites ne sont jamais définitives. Elles ne demandent qu'à être redessinées.

Foncez, soyez audacieux et partez à la conquête de la plus belle des aventures qui soit, la vôtre ! N'ayez pas peur d'aller explorer ce qui se passe à l'intérieur, c'est là que tout se passe, surtout vos zones d'ombre, vos zones de fragilité, car nous en avons tous ! La solution est en vous, vous avez toutes les ressources nécessaires à l'intérieur pour transformer ce qui vous freine, pour briser vos propres chaînes. Même si vous ne le voyez pas encore, et que vous n'en avez pas encore pleinement conscience. Nous allons y aller ensemble, pas à pas, chapitre après chapitre ! Chaque petite victoire, chaque pas en avant, vous rapprochera un peu plus de la vie que vous rêvez de vivre. Et n'oubliez jamais : le pouvoir de rendre l'impossible possible réside en vous. Le choix de l'imaginer, d'oser et de passer à l'action vous appartient, personne ne pourra le faire à votre place.

CHAPITRE 2

RECONNECTEZ-VOUS AVEC VOS RÊVES PROFONDS – SURTOUT LES « IMPOSSIBLES »

LE FUEL = VOS RÊVES

Dans le premier chapitre, nous avons posé une question essentielle : **qu'est-ce qui vous limite** ? Nous avons exploré vos freins, vos croyances et ces barrières souvent invisibles qui vous empêchent d'avancer. Vous avez pris conscience que beaucoup de ces obstacles sont des constructions mentales, façonnées par vos expériences, vos peurs, ou même des croyances héritées de votre entourage. Vous avez commencé à ouvrir des portes et mis au défi certaines de vos limites, certains « je ne peux pas » se sont transformés en « et si c'était possible ? ». Vous avez initié un mouvement, une posture différente qui est celle de vous interroger avec sincérité sur ce qui vous freine et vous bloque dans vos actions ! **Maintenant, que fait-on de cette prise de conscience** ? Nous allons aller plus loin. Il est temps de vous reconnecter avec ce que vous avez de plus profond en vous, vos **rêves**, votre **essence**, cette part de vous qui sait ce que vous voulez vraiment, bien au-delà des attentes des autres ou des filtres imposés par la vie. Souvent, ces rêves sont enfouis sous des couches de doutes, de compromis, ou sous le poids des années. Mais si vous cherchez bien, vous constaterez qu'ils ne sont jamais partis. Ils sont là. **Souvent, nos rêves les plus profonds ne sont pas des créations de l'âge adulte. Ils nous viennent de l'enfance ou de l'adolescence.**

Quand nous étions enfants, nous étions libres d'imaginer sans limite. « L'impossible » n'avait aucun sens, tout était possible ! Le cerveau des enfants croit en la magie. Ils perçoivent le monde comme un éventail infini de possibilités. Quand vous les interrogez sur ce qu'ils veulent faire plus tard, ils ne se posent aucune limite. Ils n'ont pas encore appris à douter d'eux-mêmes. Pour eux, tout est possible ! C'est leur réalité ! Pourtant, des études révèlent que seulement 6 % des adultes font le métier dont ils rêvaient enfants. Mais pourquoi avons-nous arrêté de croire en nos rêves ? À quelle période avons-nous cessé de croire que « tout est possible » ? Pourquoi ces rêves, qui vous semblaient si naturels, sont-ils devenus « impossibles » ? En grandissant, vous avez peut-être troqué cette liberté intérieure contre des croyances externes comme « ce n'est pas réaliste », « passe ton bac d'abord et on verra après », « ce n'est pas pour toi », ou « ce n'est pas ce qu'il te faut », qui sont venues polluer votre vision, jusqu'à effacer l'accès à vos aspirations profondes. Au fil des années, nous avons laissé ces rêves s'effacer, et ces ambitions, qui paraissaient si naturelles jadis, se sont peu à peu transformées en rêves d'enfance. On vous a peut-être appris à rêver petit, ou, pire, à arrêter de rêver. À entrer dans des cases. À faire taire cette part de vous qui sait exactement ce qu'elle veut. Résultat : vous êtes peut-être devenu quelqu'un qui réussit selon les standards de la société, les standards des autres. Mais réussissez-vous selon vos propres aspirations, selon ce qui vous correspond vraiment ?

Votre route ne doit pas être prédéterminée et encore moins dictée par quelqu'un d'autre. Pour avancer vers vos rêves et vos objectifs les plus ambitieux, vous devez d'abord comprendre ce que vous voulez **vraiment**, loin des injonctions sociales, familiales ou financières. Aujourd'hui, je vous invite à reprendre le contrôle, à explorer, peut-être même à redécouvrir ces rêves, ceux que vous avez classés comme « impossibles », et à les remettre en lumière. Et, surtout, à leur donner un nouveau sens, parce qu'ils incarnent bien plus qu'une ambition. Ce sont des indices précieux sur votre **mission personnelle**, sur ce qui vous rend vivant, sur ce qui vous rend heureux.

Dans les pages qui suivent, vous découvrirez des outils et des stratégies pour déterrer ces aspirations oubliées et leur redonner vie. Ces aspirations sont les clés de votre transformation. **Le véritable voyage commence par la découverte de vous-même et de votre plein potentiel.** Quand vous savez clairement qui vous êtes, et que vous avez trouvé le sens de votre existence, votre cerveau crée naturellement un focus sur vos rêves pour avancer avec confiance et détermination. C'est le moment de vous reconnecter avec ces rêves que vous avez mis de côté, et, en osant regarder en face ce que vous avez cru impossible, vous posez les fondations d'une vie alignée, riche de sens et d'accomplissement. Votre voyage vers l'épanouissement commence ici, par une reconnexion à cette part de vous-même qui attend d'être libérée, pour révéler tout ce que vous êtes capable d'accomplir.

« Le seul endroit où les rêves sont impossibles, c'est dans votre tête. »

Citation attribuée à Robert H. Schuller (1926-2015), pasteur et auteur américain.

MON RÊVE PROFOND : MON SPECTACLE SUR SCÈNE AU THÉÂTRE

Mon rêve, je l'ai attrapé sur les genoux de ma grand-mère. Elle était souffleuse dans le théâtre de ma ville d'origine en Alsace. Imaginez-moi, petit garçon, les yeux émerveillés et absorbés par cette ambiance unique. Les coulisses, les chuchotements, cet instant merveilleux où le rideau se lève… C'est là que tout a commencé. Je ne l'avais pas encore compris à cet âge, mais quelque chose vibrait en moi. Je le savais, un jour, je serai sur scène, devant un public, à partager, à transmettre. C'est précisément là que mon rêve a pris racine, qu'il s'est gravé en moi, dans mes tripes, et qu'il est devenu solide comme un roc. Mais la vie ne vous déroule pas un tapis rouge vers vos rêves. Il m'a fallu six ans pour le réaliser. Oui, six années de persévérance, de doutes, de coups durs et de recommencements, de véritables montagnes russes où j'ai tout donné, pour le produire enfin.

Tout commence en 2018, une première rencontre avec une grande maison de production de spectacles. Le spectacle que je propose est mûr, et je suis convaincu que ce sont les bonnes personnes pour le produire. L'un des associés est séduit. Après m'avoir vu à Paris, il me dit : « Ça m'intéresse, mais il va falloir convaincre mes deux associés. » Nous sortons le grand jeu, une représentation à Montréal dans une salle prestigieuse, suivie d'une réunion dans une tour luxueuse. Ils sont conquis ! « On va faire de grandes choses ensemble », me disent-ils. Mais, après deux mois d'attente et de relance, le verdict tombe : sur les trois associés, un seul bloque pour des raisons de financement. Et il faut l'unanimité. Résultat, le projet est abandonné. Je repars de zéro et je contacte d'autres producteurs, dont un producteur à l'international qui adore le projet. Mais son modèle économique de production en tournée à l'étranger me demande de sacrifier trop de temps, d'énergie, et de vie personnelle pour des revenus dérisoires. Une analyse financière approfondie confirme que c'est une impasse.

Je continue mes recherches et je rencontre un super producteur parisien. Il comprend tout de suite le concept et on accroche bien l'un avec l'autre. Il est intéressé, mais il n'a pas les moyens de financer seul une aussi grosse production. Coup de chance : il connaît l'un des plus gros producteurs européens. Depuis longtemps, ils veulent réaliser une coproduction ensemble et celui-ci a envie de travailler sur un projet lié au développement personnel. Il est très intéressé par mon spectacle et il est prêt à me rencontrer le mois suivant. À ce stade-là, je me dis : « ça y est, j'ai enfin les bonnes personnes ! » Mais, là, le Covid tombe. Le Covid bouleverse beaucoup de choses dans le monde du spectacle en France. La pandémie balaye tout. Les producteurs se retrouvent incapables de prendre des risques, et mon projet, pourtant prometteur, reste en suspens. Cette opportunité est classée sans suite. Malgré tout, je ne veux pas lâcher. Je rencontre d'autres grands noms du métier, plusieurs viennent voir des représentations en entreprise. Tous sont curieux, intéressés, mais aucun n'ose dire « oui ». J'en ai ras le bol. Je me dis : « tu as deux options. Soit tu laisses définitivement ce projet mourir et tu ne feras jamais ce spectacle en grand public. Ou alors, tu te dis : ***f*ck*, je le fais tout seul**. » Après six ans, six producteurs et autant de désillusions, je prends une décision radicale. Je vais produire mon spectacle moi-même. Pourquoi attendre qu'un autre prenne le risque ? C'est mon rêve et je veux le réaliser, coûte que coûte. La production que je lance pour la première fois à Paris, je la prends à bras-le-corps avec mon équipe.

Pourquoi je ne lâche pas ? Parce que c'est dans mon ADN. Mais, surtout, parce que je crois profondément qu'un jour la bonne personne arrivera. J'ai vu tellement d'artistes galérer pendant des années, se heurter à des murs, avant qu'une seule personne, décide de leur donner une chance. Et ce jour ne viendra peut-être pas demain, peut-être dans dix ans, mais je sais qu'il arrivera, je n'ai aucun doute là-dessus. En janvier 2025, je monte sur scène avec mon spectacle *RÉVÉLATION*, pour plusieurs représentations au théâtre de la Gaîté-Montparnasse, produites avec nos propres moyens en interne. C'est une aventure exigeante, elle m'a appris une chose essentielle : ne laissez jamais mourir vos rêves profonds. Peu importe les obstacles, les refus ou les doutes des autres, la persévérance finit toujours par payer. À chaque fois que l'idée d'abandonner est venue frapper à ma porte, ce qui m'a tenu, c'est **mon « pourquoi »**. Pourquoi ce rêve est-il si important pour moi ? Parce qu'il n'est pas juste un rêve. **Il est une partie de moi.** Mon « pourquoi », c'est cette petite voix en moi qui me rappelle d'où je viens. Ces instants sur les genoux de ma grand-mère. Ces frissons dans les coulisses du théâtre. Ce rêve d'enfant, cette conviction de ne jamais abandonner. C'est ce que je souhaite partager avec vous : **le « pourquoi », c'est votre boussole intérieure**. Quand tout vacille, quand la fatigue vous submerge, quand les doutes s'installent, votre « pourquoi », c'est ce qui vous ramène sur le chemin. Et, un jour, mon rêve se réalise. Mon spectacle voit le jour. Pas par magie. Pas par chance. Mais par **persévérance et alignement profond.** Je monte sur scène, et, ce jour-là, je n'accomplis pas seulement un projet. Je prouve à cet enfant en moi qu'il a eu raison de rêver, même face à l'adversité. **Les rêves les plus fous peuvent se réaliser. Les paroles destructrices des autres ne peuvent pas définir votre valeur. Quand vous êtes connecté à votre « pourquoi », vous trouvez la force d'avancer, quoi qu'il arrive.**

Découvrez le spectacle *Révélation*

Vous aussi avez un rêve. Ce rêve que vous avez mis de côté, peut-être parce que quelqu'un vous a dit qu'il était impossible.

Celui que vous avez enfoui sous des couches de « je ne suis pas assez… », de « ça ne marchera jamais ». Mais n'ayez aucun doute : si **j'ai été capable de le faire, vous aussi pouvez y arriver.** Ce rêve, il est en vous pour une raison. C'est votre boussole. C'est ce qui vous guide, ce qui vous pousse à avancer, même dans les périodes de doute. Oui, c'est difficile. Oui, la vie va vous mettre des bâtons dans les roues. Mais ces obstacles ne sont là que pour tester votre détermination. Si j'ai transformé ce rêve d'enfant en réalité, c'est parce que j'ai refusé d'écouter les limites qu'on m'imposait, même parfois de mes plus proches, alors pourquoi pas vous ? Allez le chercher. **Ce rêve, il mérite que vous le sortiez du placard.** Il est toujours là. Il est temps de le vivre. **Reconnectez-vous à votre « pourquoi ».** Parce que c'est là que réside votre vraie force. **Et, croyez-moi, cette force peut déplacer des montagnes.** Êtes-vous prêt à plonger dans cette reconnexion ? à explorer vos rêves ? à redéfinir vos possibles et poser les premières pierres d'un futur qui vous ressemble ? Parce que se reconnecter à ses rêves profonds, c'est se reconnecter à soi-même.

RÉFLEXION ET INTROSPECTION : « PRÊT À EXPLORER VOS RÊVES PROFONDS ? »

Vous êtes-vous déjà donné la permission de rêver ? Pas juste de rêver comme on feuillette une revue de vacances, mais de rêver pleinement, avec audace, sans barrière, sans limite ? Aujourd'hui, je vous propose de faire ce pas vers vous-même. Non pas vers ce que les autres attendent de vous, ni vers ce que vous pensez devoir être, mais vers ce que vous désirez profondément être. Lors de mes spectacles, il y a une question que je pose systématiquement : « Qui dans la salle a un rêve qu'il n'a jamais réalisé ? » À votre avis, sur une salle de mille personnes, combien lèvent la main ? Le résultat est toujours le même : 100 %. Moi y compris. Nous avons tous un rêve, grand ou petit, qui attend d'être réalisé. L'admettre et oser regarder ce rêve en face, c'est déjà faire une première partie du chemin.

Connaissez-vous votre RÊVE ? Avez-vous réalisé vos rêves d'enfant ? Ces questions sont déterminantes pour votre avenir. C'est le moment de réapprendre à RÊVER ! Vous allez partir à la découverte de vos rêves enfouis, qui sont l'expression de vos désirs absolus. Parce qu'un rêve, c'est bien plus qu'une idée. C'est un moteur, une direction, une mission de vie et un appel à être pleinement soi. Avant de poursuivre, apportons quelques définitions du RÊVE.

- C'est un souhait « fabuleux », une aspiration profonde. C'est une vision audacieuse de l'avenir. C'est ce qui vous **transforme**. C'est ce qui a un **impact profond sur qui vous êtes**, sur votre manière de voir la vie, et sur votre progression en tant qu'être humain.

- Qu'il soit grandiose, ambitieux ou exaltant, un rêve fait ressortir le meilleur de vous-même. C'est quelque chose qui **résonne avec votre essence** et **donne du sens à votre vie**.

- Une quête qui vous fait pousser des ailes, et pour laquelle vous êtes prêt à déployer toute votre créativité et tous vos talents.

- Rêver, c'est se sentir libre de faire ce que vous aimez le plus au monde. C'est l'espoir de mener une vie hors du commun.

Votre rêve est un indicateur de ce qui vous fait vibrer dans la vie. Pour définir votre monde idéal, prenez un instant pour répondre honnêtement à cette question : **quel est votre rêve** ?

Pas ce que vous avez appris à dire pour plaire ou cocher des cases. Ni les réponses convenues comme « me marier », « acheter une maison », ou « aller à Las Vegas ». Ces aspirations, bien qu'importantes, restent souvent à la surface. Ici, vous devrez aller bien plus loin. Je vous invite à plonger dans votre essence, dans ce que vous avez de plus profond en vous.

Avant d'explorer ces nouvelles questions, souvenez-vous de ce que je vous ai dit dans le chapitre précédent. Ne vous contentez pas de survoler. Prenez de quoi écrire, et accordez-vous le temps de réfléchir en profondeur. Si une question vous met mal à l'aise ou reste sans réponse, ne l'ignorez pas. Plus l'inconfort est grand, plus le potentiel de transformation est puissant. Et rappelez-vous : une question en amène souvent une autre, comme un entonnoir qui vous guide vers la réponse. Les réponses que vous cherchez se trouvent en vous, mais elles ne viennent que si vous acceptez de poser les bonnes questions. Ce processus, c'est la clé. Prenez ce temps pour vous, sans filtre, sans limite.

- **Pourquoi êtes-vous ici** ?
- **Vous sentez-vous aligné avec ce que vous faites, avec qui vous êtes** ?
- **Qu'est-ce qui vous fait vibrer, au point de donner un sens profond à votre existence** ?

LEVEZ LES BARRIÈRES

Pendant quelques instants, oubliez les normes, les attentes des autres, et même vos propres peurs. Reprenez le pouvoir, imaginez un monde où tout est possible, où rien ni personne ne peut vous empêcher de suivre votre propre voie.

- Qu'est-ce que vous voulez profondément accomplir, construire, vivre ?

RÉVEILLEZ LES RÊVES ENDORMIS

Revenons un instant à votre passé. Quels sont ces rêves que vous aviez enfant ou adolescent et que vous avez laissés derrière vous ? Vous savez, ceux que vous avez enterrés sous des montagnes de « il faut être raisonnable », « ce n'est pas réaliste », ou encore « je n'y arriverai jamais ».

Questions à vous poser

- Quelles sont les choses dont je rêve en secret depuis longtemps, sans jamais oser les suivre ?
- Qu'est-ce qui m'a arrêté ? La peur ? Le manque de soutien ? Une croyance limitante ?

Ces rêves, même enterrés, ne meurent jamais. Ils attendent que vous leur donniez de l'espace pour exister. C'est le moment de les déterrer.

LIBÉREZ-VOUS DES CHAÎNES INVISIBLES

Imaginez : que feriez-vous si l'argent n'était pas un problème, si le jugement des autres disparaissait, si les attentes sociales n'existaient plus ? Prenez quelques minutes. Fermez les yeux et laissez votre esprit vagabonder. Voyez grand, soyez fou. Faites taire cette voix qui dit : « Ce n'est pas réaliste. »

Question à vous poser

- Que feriez-vous demain, si tout était possible ?

Vous partez autour du monde ? Vous ouvrez un atelier d'artiste ? Vous créez une ONG ? Peu importe. Notez la réponse. Soyez honnête. **Ce n'est pas ce que vous pouvez faire qui compte ici, c'est ce que vous rêvez de faire.**

IDENTIFIEZ VOS ZONES D'ALIGNEMENT

Prenez une autre direction. Pensez aux instants clés où vous vous êtes senti complètement **vivant**. Ces instants où le temps semblait s'arrêter, où tout semblait couler de source, où vous étiez aligné avec vous-même. Ce peut être un projet, une activité, une rencontre, un échange avec une personne...

Question à vous poser

- Quelles activités ou projets me donnent un sentiment de pleine satisfaction, de légèreté ?
- Quelles sont les choses qui, quand je les fais, ne ressemblent pas à un effort mais à un élan naturel ?

Ces zones d'alignement sont des indicateurs précieux. Elles montrent où résident vos talents, vos passions, votre essence profonde.

Vous avez désormais quelques réponses. Peut-être qu'elles vous bousculent. Peut-être qu'elles vous inspirent. Le but, ici, n'est pas d'agir immédiatement. C'est d'explorer. De regarder en face ce que vous avez laissé dans l'ombre. Et, souvenez-vous, ce n'est pas une contrainte externe qui vous empêche d'aller vers vos rêves. C'est souvent une croyance interne forgée par des influences externes. **C'est le moment de vous autoriser à rêver grand. À rêver vrai.**

Un rêve profond, ce n'est pas seulement une destination, mais un processus qui impacte tout ce que vous êtes. C'est ce qui vous pousse à **vous surpasser**, à évoluer, et à donner du sens à ce que vous faites.

OUTIL : LA BOUSSOLE DU « POURQUOI »

Imaginez-vous en pleine mer, sans terre en vue. Vous avez un bateau, mais pas de boussole. Chaque direction semble possible, mais aucune ne vous mène quelque part. C'est ce qui arrive lorsque vous poursuivez vos rêves sans un « pourquoi » clair.

La boussole du « pourquoi » est un outil qui permet de reconnecter avec les désirs et ambitions les plus profonds en définissant ce que l'on appelle son « pourquoi » – le moteur intérieur qui donne du sens à nos actions et oriente nos choix. Cette boussole explore vos motivations les plus authentiques, aligne vos choix sur vos valeurs et donne une direction claire à vos actions. Ce processus d'alignement est intense et transformateur. Il ne s'agit pas seulement d'atteindre des objectifs « raisonnables », mais de poursuivre ce qui vous fait vibrer, y compris les rêves que l'on pourrait juger irréalisables.

Elle permet de nourrir une motivation puissante et donne un sens profond à vos efforts pour accomplir des objectifs ambitieux, voire impossibles. Dans les moments d'incertitude, elle devient un ancrage puissant. Quand le doute, la fatigue ou les échecs surgissent, elle vous rappelle ce qui vous anime vraiment et pourquoi vous avez commencé. Même les rêves les plus audacieux deviennent atteignables lorsque vous marchez avec un cap bien défini.

À RETENIR : LA BOUSSOLE DU « POURQUOI »

La boussole du « pourquoi » est un levier puissant pour :

- Explorer vos motivations profondes.
- Donner du sens à vos actions.
- Rester aligné malgré les doutes et les peurs.
- Viser des rêves ambitieux et les concrétiser.

Elle ne vous dicte pas un chemin, mais vous aide à comprendre pourquoi vous l'empruntez. Et cette clarté change tout, car elle transforme un objectif en une aventure alignée avec ce que vous êtes réellement.

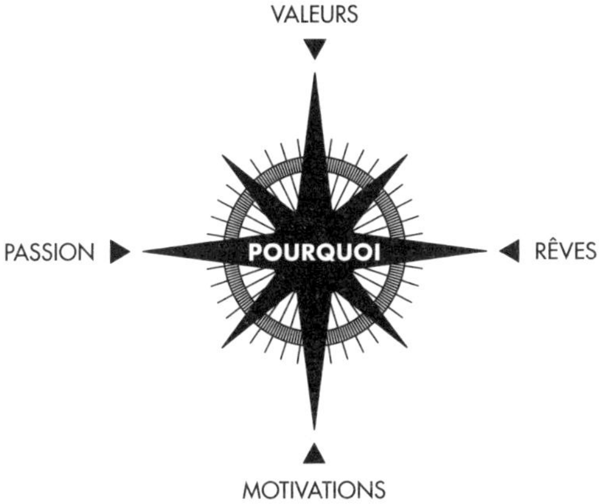

COMMENT FONCTIONNE LA BOUSSOLE DU « POURQUOI » ?

Tracez votre boussole et listez vos rêves

Dessinez votre boussole du « pourquoi » à votre manière. Puis reportez vos rêves à droite de la boussole. Vous pouvez noter les rêves que vous avez identifiés lors de votre introspection. Si vous voulez les trier, demandez-vous : ce rêve me fait-il vibrer ? Reflète-t-il ce qui compte vraiment pour moi ?

Clarifiez vos valeurs et vos motivations profondes

Il est temps d'identifier ce qui vous définit au plus profond de vous, c'est-à-dire **vos valeurs et vos motivations**.

Une valeur est une « idéologie » qui exprime ce qui est profondément important pour vous. La justice, le respect, la famille, par exemple, sont des valeurs qui influencent nos vies et guident nos choix. Elles vous indiquent si vous êtes dans la bonne direction, au bon endroit, avec les bonnes personnes. Elles jouent donc un rôle très important en vous guidant vers ce qui est en alignement avec votre identité et vos aspirations. La plupart d'entre nous ne connaissent pas vraiment leurs valeurs. Nous suivons ce que les médias, notre culture ou la société valorisent. Clarifier vos propres valeurs revient à reprendre le contrôle de votre vie. En identifiant vos valeurs, vous allez créer votre propre cadre de référence et agir selon vos motivations. Ce n'est pas une tâche rapide ou facile. Vous devez creuser.

FAITES UNE LISTE DES VALEURS QUI RÉSONNENT EN VOUS

Quelles valeurs sont essentielles et non négociables pour vous ?
Par exemple : liberté, impact social, excellence, créativité.
Quelles sont celles qui comptent le plus ?

Souvenez-vous aussi des moments où vous avez dit : « Plus jamais ! » Ces expériences négatives ont probablement été en conflit avec vos valeurs. Par exemple, si vous avez quitté un emploi parce que vous n'étiez pas respecté, c'est que le respect est essentiel pour vous.

Notez en haut de votre boussole les valeurs que vous avez identifiées.

Posez-vous ces questions

- Qu'est-ce qui me tient le plus à cœur ?
- Quelles expériences marquantes ont révélé ce qui m'importe profondément ?
- Qu'est-ce qui m'a procuré fierté et satisfaction ?
- Qu'est-ce que je veux vraiment apporter au monde ou à moi-même ?

Notez en bas de votre boussole les motivations que vous avez identifiées. Ces indices révèlent ce qui vous anime. En répondant à ces questions, vous définissez non seulement vos valeurs, mais aussi vos motivations profondes – celles qui ne se limitent pas aux réussites externes mais qui touchent à l'essence de ce que l'on souhaite être. Ces moteurs intérieurs vous poussent à agir, à rêver et à persévérer. Il ne s'agit pas seulement de réussir ou de gagner de l'argent, mais de comprendre pourquoi vous vous levez chaque matin.

Vos valeurs et vos motivations deviennent alors votre filtre décisionnel. C'est ce qui donne du sens à vos efforts. Elles expliquent pourquoi vous êtes prêt à traverser les défis, les obstacles et les moments de doute. Elles vous permettent de dire « oui » à ce qui vous ressemble et « non » à ce qui ne vous correspond pas. Le réel alignement arrive quand vos actions reflètent à la fois vos valeurs et vos motivations. Rappelez-vous que vos valeurs et motivations évoluent avec le temps. Ce qui était prioritaire à 20 ans ne l'est peut-être plus à 40. Prenez régulièrement le temps de les revisiter en vous demandant : suis-je toujours aligné avec ce qui compte pour moi ? Ne pas connaître ses valeurs et ses motivations, c'est comme construire une maison sans plan. Vous risquez de vous retrouver avec un résultat bancal qui ne vous ressemble pas. Mais une fois que vous avez défini ces fondations, tout s'éclaire, votre vie prend une direction claire et authentique. Vous savez **qui vous êtes, ce que vous voulez** et **comment avancer**. C'est en identifiant vos valeurs et vos motivations profondes que vous devenez **inarrêtable**. Vous ne suivez plus des rêves dictés par les autres, vous ne vous laissez plus distraire par ce qui ne vous correspond pas. Vous tracez votre propre chemin et, surtout, **vous avancez avec sens et intention**.

Alignez vos rêves et vos passions

Pour que vos rêves aient du sens et qu'ils ne deviennent pas des objectifs à cocher, ils doivent être en parfaite harmonie avec ce qui vous anime profondément : vos **passions**. Un rêve n'est pas seulement un objectif à atteindre, c'est un prolongement naturel de ce qui vous fait vibrer. **Les passions** sont les étincelles qui allument la flamme de vos **rêves**. Elles ne sont pas seulement des activités ou des intérêts, mais des éléments essentiels de votre essence. Elles sont souvent le reflet de ce que vous aimez faire, de ce qui vous procure de la joie et de l'énergie.

Comment faire en sorte que vos rêves soient alignés avec vos passions ?

❶ **Identifiez ce qui vous passionne réellement** : quels sont les sujets et/ou les activités qui vous donnent de l'énergie et du plaisir ? Que vous pratiquez sans voir le temps passer ? Ce sont souvent des indices sur vos passions profondes. Notez-les à gauche de votre boussole.

❷ **Vérifiez que vos rêves découlent de vos passions** : pourquoi voulez-vous atteindre ce rêve ? Est-ce pour vous-même ou pour prouver quelque chose à quelqu'un d'autre ? Est-ce par passion ou pour une autre raison ? Un rêve qui vous motive profondément doit être un reflet direct de ce que vous aimez faire. Si ce n'est pas le cas, vous pourriez vous égarer dans des objectifs qui, bien que réussis, ne vous apporteront pas une véritable satisfaction.

- **Un rêve aligné avec vos passions** n'est jamais une contrainte ; il se fait naturellement. Il vous pousse à avancer avec enthousiasme et passion.

- **Un rêve qui n'est pas en phase avec vos passions**, même s'il semble attrayant, risque de devenir, avec le temps, une tâche épuisante et contraignante, car il ne résonne pas profondément en vous. Il ne vous nourrira pas d'une énergie puissante et positive.

Si vous identifiez des rêves qui ne sont pas alignés avec vos passions, ou même vos valeurs, supprimez-les de votre boussole !

Exemple concret

Valeurs et motivations : altruisme, partage, entraide, apporter du bien-être et de l'équilibre aux autres.

Passions : la psychologie et la méditation.

Rêves : créer un centre de bien-être, lancer un podcast sur le développement personnel, écrire un livre.

Dans cet exemple, les rêves sont en parfait alignement avec les **passions**, car il s'agit de créer des opportunités pour partager une passion profonde (le bien-être et la psychologie) tout en étant lié aux valeurs et motivations personnelles (aider les autres à trouver l'équilibre).

Un rêve aligné vous donne de l'élan. Quand vos rêves, vos passions et vos motivations sont alignés, vous ressentez une forme de puissance intérieure. **Vous avancez avec clarté et détermination.** Vos rêves ne seront pas seulement des ambitions à atteindre, mais des sources continues de motivation, de satisfaction et de bonheur. Vous n'avez pas besoin de vous forcer à être motivé, car vous êtes porté par quelque chose de plus grand que vous.

Définissez un « pourquoi » qui vous propulse

Votre « pourquoi » est votre essence. C'est la raison qui vous donne envie de vous lever le matin, même quand tout semble contre vous. **C'est votre mission de vie.** C'est la flamme qui brûle en vous, celle qui vous fait avancer malgré les doutes et les épreuves. Ce n'est pas une phrase creuse ou empruntée à d'autres. C'est un appel viscéral, brut, authentique, qui résonne profondément en vous. Il doit vous **secouer** à l'intérieur, comme une évidence. Trouver ce moteur demande honnêteté et courage. Vous devez explorer vos vérités et répondre à une question simple mais percutante : **pourquoi est-ce que je fais tout cela ?**

Les trois caractéristiques d'un « pourquoi » puissant

❶ **Il vous bouleverse** : il doit provoquer une émotion forte chez vous. Il peut vous émouvoir, vous donner le sourire et l'envie de déplacer des montagnes.

❷ **Il est unique** : ce n'est pas un cliché ou une imitation. Il reflète ce qui vous rend singulier, pas ce que la société ou votre entourage attend de vous.

❸ **Il est clair** : en une phrase concise, il exprime l'essentiel, sans détour ni ambiguïté.

Exemple : Comparez ces deux formulations

• « Mon "pourquoi", c'est d'aider les gens. »

C'est vague. Ce pourrait être le « pourquoi » de n'importe qui. Comparez avec :

• « Mon "pourquoi", c'est de prouver à chaque personne qu'elle peut réaliser l'impossible, parce que j'ai moi-même appris à me relever quand personne ne croyait en moi. »

Vous sentez la différence ? Le second vous touche, parce qu'il raconte une histoire. C'est là que réside la force d'un vrai « pourquoi ». Il parle directement à votre cœur. Pour trouver votre « pourquoi », vous devez être honnête avec vous-même et poser des questions qui dérangent.

Trouvez votre « pourquoi » en quatre étapes

❶ **Revisitez les moments clés de votre vie.** Quels sont les instants où vous vous êtes senti vivant, aligné, ou transformé ? Les épreuves, les victoires, les tournants de votre histoire personnelle contiennent souvent des indices précieux sur ce qui vous anime profondément. Quand avez-vous ressenti un puissant sentiment d'accomplissement ? Quelles expériences vous ont marqué au point de changer votre perception du monde ?

❷ **Appuyez votre réflexion sur les quatre branches de votre boussole.** Le travail que vous avez fait jusqu'ici a posé des fondations solides pour trouver votre « pourquoi ». Puisez dans vos valeurs, vos rêves, vos missions et vos passions !

❸ **Creusez avec la question** : « **Pourquoi** ? » Ne vous arrêtez pas aux réponses superficielles. Pour aller au fond des choses, re-questionnez chaque réponse par un : « Pourquoi ? »

> *Exemple : « Je veux créer une entreprise. »*
> ***« Pourquoi ? »***
> *Réponse : « Pour être indépendant. »*
> ***« Pourquoi ? »***
> *Réponse : « Parce que je veux avoir la liberté de construire quelque chose qui a du sens pour moi. »*
> ***« Pourquoi je veux construire quelque chose qui a du sens ? À quel point la liberté est importante pour moi ? »***

❹ **Testez-le.** Une fois formulé, dites votre « pourquoi » à voix haute.

Essayez : « Mon pourquoi, c'est… » et : « Ma mission de vie, c'est… »

Provoque-t-il une réaction émotionnelle ? Pourrait-t-il vous faire avancer même dans les moments les plus sombres ? Pourriez-vous vous battre pour cela, même si tout le reste s'effondrait ?

Si la réponse est « oui », vous êtes sur la bonne voie, notez votre « pourquoi » au centre de votre boussole. Sinon, retournez creuser. Continuez jusqu'à ce que votre « pourquoi » vous touche profondément. Tant que ce n'est pas le cas, continuez à chercher. Si vous ne trouvez pas tout de suite, c'est normal. Prenez votre temps, c'est une quête profonde et identitaire, qui se construit aussi inconsciemment.

Évitez les faux « pourquoi »

- **Le « pourquoi emprunté »** : « Parce que mes parents m'ont toujours dit que je devais réussir. »

Ce n'est pas votre « pourquoi », c'est celui de vos parents, il ne tiendra pas dans les moments de doute.

- **Le « pourquoi matérialiste »** : « Parce que je veux être riche. »

L'argent n'est pas une source de motivation durable, mais une conséquence.

- **Le « pourquoi vague »** : « Parce que je veux aider les gens. »

C'est noble, mais insuffisant. Qu'est-ce qui vous motive à aider ? Pourquoi cela vous tient-il à cœur ?

Un « pourquoi » fort est votre meilleur ancrage dans les tempêtes. Quand tout va mal, il sera là pour vous rappeler : « **Voilà pourquoi tu as commencé.** » Il vous maintient sur le bon chemin. Il vous recentre, vous motive, et vous donne un cap précis. Chaque action que vous entreprenez, chaque rêve que vous décidez de réaliser, chaque choix que vous faites peut alors être évalué grâce à cette boussole intérieure. Quand vous suivez un « pourquoi » authentique, vous avancez avec intention, force et clarté. Prenez le temps d'explorer. Allez au bout de ce questionnement, jusqu'à ce que votre « pourquoi » vous fasse vibrer. C'est lui qui vous porte, fait battre votre cœur plus fort même dans les moments les plus difficiles, et vous donne la force de persévérer là où d'autres abandonnent.

C'est cette **alchimie entre le sens (votre pourquoi) et l'ambition (vos rêves) qui vous donne la force d'aller jusqu'au bout**, même quand le chemin est difficile. Vous vivrez une vie pleine de sens, où chaque étape vous rapproche non seulement de votre rêve, mais aussi de la version la plus authentique de vous-même.

Utilisez la boussole dans les moments de doute

Dans les moments de doute, votre boussole du « pourquoi » devient votre meilleur repère. Il est naturel de traverser des périodes d'incertitude, où vous vous demandez si vous êtes sur la bonne voie. Mais, plutôt que de vous laisser submerger, utilisez votre « pourquoi » comme un ancrage. Il vous aidera à retrouver votre cap et à avancer avec clarté. Ce doute n'est pas un échec, mais une invitation à vous recentrer sur l'essentiel. L'important, c'est de savoir comment retrouver votre chemin quand le doute frappe à votre porte. Grâce à votre « pourquoi », vous n'avez pas besoin de tout savoir ou de tout contrôler. Vous avez juste besoin de garder le cap, un pas après l'autre.

Imaginez une mère qui se bat pour offrir une vie meilleure à ses enfants. Son « pourquoi » est si fort qu'il lui donne la force de traverser les pires épreuves. C'est la même chose pour vous. Lorsque vous doutez, visualisez votre « pourquoi ». Ressentez l'émotion qu'il éveille en vous. Pensez à l'impact que vous voulez créer, aux rêves que vous voulez concrétiser, à la version de vous-même que vous construisez. Ce n'est pas juste une idée abstraite. C'est votre carburant.

Nous reviendrons plus en détail sur la gestion du doute au chapitre 7.

« Si l'on a son pourquoi dans la vie, on s'accommode presque de n'importe quel comment. »

Friedrich Nietzsche (1844-1900), philosophe allemand.
Tiré de l'ouvrage *Crépuscule des idoles* (1889).

RETOUR D'EXPÉRIENCE

LE RÊVE DE JULIEN : SE RECONNECTER À UN SENS PROFOND

Comme beaucoup d'entre nous, Julien a un rêve. Peut-être que, quelque part, vous vous reconnaîtrez en lui. Depuis toujours, il adore écrire. L'écriture, pour lui, c'est viscéral, c'est ce qui le fait vibrer. Pourtant, ce rêve, il l'a rangé dans un coin, bien au fond de lui , enfoui sous des obligations et des doutes. Pourquoi ? Parce qu'il s'est convaincu que ce n'est pas pour lui. Que devenir écrivain, c'est réservé à d'autres : des « élus », des personnes plus talentueuses, plus chanceuses, ou juste différentes de lui. Alors, comme tant d'autres, il met son rêve de côté, l'étouffe sous le poids des responsabilités et de ces fameuses « limites » qu'on s'impose à soi-même. Il vit sa vie, il coche les cases, il fait tout pour être « raisonnable ». Mais, au fond, il sent que quelque chose ne va pas. Il avance, mais il n'est pas aligné. Et peu à peu, ce décalage devient un fardeau.

Quand on a commence à travailler ensemble, Julien est coincé dans cette routine. Une vie confortable en apparence, mais vide de sens à ses yeux. Il n'a pas d'idée claire de ce qu'il veut. Du moins… c'est ce qu'il croit. Je lui pose alors cette question : « Qu'est-ce qui t'anime, Julien ? Qu'est-ce qui te manque ? » Il hésite. Il lutte avec ses doutes, ses peurs, ses « oui, mais… ». Vous avez déjà ressenti cela ? Ce moment où le simple fait de formuler son rêve à voix haute semble déjà un pas de géant ? Puis, enfin il se lance : « J'aimerais écrire… mais… » Stop. Pas de « mais ». Pas ici. Pas maintenant. Je l'encourage à aller plus loin. Pourquoi ? Pourquoi ce rêve d'écriture lui tient-il tellement à coeur ? Et c'est à cet instant que tout devient clair. Julien réalise que l'écriture n'est pas une simple envie ou un passe-temps. C'est une nécessité, une part essentielle de lui-même. Un moyen de s'exprimer, de laisser une trace. C'est son « pourquoi ». Le simple fait de poser des mots dessus le bouleverse.

Je lui demande : « Qu'est-ce qui t'empêche de commencer, Julien ? Pas dans un an, pas quand tu seras prêt. Maintenant. » Il réalise que l'obstacle, ce n'est pas la vie, les autres ou les circonstances. C'est lui. C'est cette petite voix intérieure qui lui répète depuis des années que ce rêve est trop grand pour lui. Parfois, on a des difficultés à démarrer quand le rêve semble trop grand, on se sent tout petit. Je lui suggère alors quelque chose : « Et si tu n'écrivais pas un livre, mais seulement la première page ? » Julien décide de faire un premier pas. Pas un saut spectaculaire, non. Un modeste pas. Il commence à écrire. Une page par jour, tous les matins. Dès les premiers jours, il sent quelque chose changer. C'est subtil, mais c'est là. C'est palpable, il se reconnecte. Ce cercle vicieux de frustration et de stagnation dans lequel il est enfermé se transforme en cercle vertueux d'action et d'épanouissement. Et chaque mot qu'il écrit le rapproche de lui-même.

Deux ans plus tard, Julien n'est plus le même homme. Il a écrit un livre. Il l'a publié. Il n'est pas (encore) un écrivain célèbre, mais il vit désormais de sa passion, avec une reconversion réussie en rédacteur. Le plus important, ce n'est pas ce qu'il a accompli. Non.

Le plus important, c'est qui il est devenu. Julien a compris que les limites qu'il voyait ne sont que des illusions. Et il s'est prouvé, à lui-même d'abord, qu'en se reconnectant à son « pourquoi » et en posant un premier acte, même petit, tout devient possible.

Si Julien a pu le faire, pourquoi pas vous ? Je vous pose la question : **quel est ce rêve que vous avez mis de côté** ? Ce rêve que vous pensez inaccessible, irréalisable, réservé aux autres ?

EXERCICES PRATIQUES

EXERCICE 1 : LA LETTRE À SOI-MÊME DANS DIX ANS

Prêt pour un voyage dans le temps ? Imaginez-vous dans une décennie. Où êtes-vous ? Que faites-vous ? Qui êtes-vous devenu ? Cet exercice n'est pas juste un petit jeu d'écriture, c'est une **porte ouverte vers vos aspirations les plus profondes.**

L'objectif : poser sur papier votre vision idéale de votre vie dans dix ans, sans aucune limite.

Pourquoi faire cet exercice ? Parce que, quand on se projette dans le futur, on libère son imagination et on se connecte directement à ce qui nous fait vibrer. En écrivant cette lettre, vous ne faites pas qu'imaginer, **vous clarifiez ce que vous voulez vraiment** et, souvent, vous révélez des envies enfouies qui ne demandent qu'à éclore.

Et pour le petit secret : ça peut même vous surprendre !

Mode d'emploi pour une lettre mémorable

Installez-vous au calme

Prenez un moment rien que pour vous. Un coin tranquille, une tasse de thé ou un café à la main, une playlist qui vous inspire en fond sonore (ou le silence, si c'est votre truc). Laissez de côté votre téléphone, vos e-mails, bref, tout ce qui pourrait interrompre cette bulle de calme et de sérénité.

Projetez-vous sans limites

Fermez les yeux et imaginez-vous **dans dix ans pile**. Rien n'est impossible. Pas de plafond de verre, pas de doutes, pas de « oui mais ». **Votre vie est comme vous la rêvez.** Visualisez votre quotidien, votre environnement, vos relations, vos accomplissements. Vous êtes totalement épanoui et aligné avec ce qui vous tient à cœur.

Décrivez tout, en détail !

Prenez votre carnet (ou ouvrez un document sur votre ordinateur) et commencez à écrire une lettre à **vous-même au présent**. Décrivez avec précision :

- **Votre quotidien** : à quoi ressemblent vos journées ? Où vivez-vous ? Quelle est votre routine ?
- **Votre métier ou projet** : que faites-vous ? Quel impact avez-vous sur le monde ?
- **Vos relations** : qui vous entoure ? Avec qui partagez-vous vos succès, vos rires, vos doux moments ?
- **Vos émotions** : quels sentiments remplissent vos journées ? Joie, fierté, gratitude, sérénité ?
- **Vos accomplissements** : quels rêves avez-vous réalisés ? Qu'avez-vous construit ? N'hésitez pas à être hyper détaillé. Les petites choses comptent autant que les grandes. Parlez de l'énergie que vous ressentez, de la maison dans laquelle vous vivez, des voyages que vous avez faits, etc.

Écrivez avec le cœur, pas avec la tête

Pas besoin d'être Shakespeare ou d'avoir une rédaction parfaite. Ce qui compte, c'est d'être honnête et authentique. Écrivez comme vous parleriez à un ami. Pas de filtre, pas de jugement, pas de « ça fait trop ». **Allez-y à fond.**

Lisez votre lettre à voix haute

Une fois la lettre terminée, écoutez vos mots, ressentez les émotions qu'ils éveillent en vous. **Est-ce que cela résonne profondément** ? Si oui, bingo. Si non, reprenez quelques passages pour que cela colle à 100 % avec ce que vous ressentez vraiment.

Pourquoi cet exercice change tout

Quand vous posez noir sur blanc vos rêves et vos aspirations, **vous leur donnez vie.** Ces mots, une fois écrits, deviennent un guide. Votre lettre, c'est comme un phare qui vous rappelle pourquoi vous vous battez, pourquoi vous avancez, pourquoi vous vous levez le matin, même quand c'est dur. Et, surtout, cet exercice permet souvent de révéler des rêves que vous n'osiez peut-être pas regarder en face. Ces rêves sont importants. **Ils sont votre boussole.**

> *Mon conseil : Une fois votre lettre terminée,* ***gardez-la précieusement.*** *Imprimez-la et mettez-la par exemple au-dessus de votre lit ou dans la salle de bain, un endroit où vous pouvez la voir tous les jours. Revenez-y régulièrement. Relisez-la quand vous doutez ou quand vous avez besoin d'un coup de boost.*

•

Prêt à rencontrer le « VOUS » de dans dix ans ? Lancez-vous. Prenez votre stylo et commencez à écrire. La vie dont vous rêvez va peut-être se réaliser beaucoup plus tôt que ce que vous pensez !

EXERCICE 2 : AUTORISEZ-VOUS UN RÊVE JUSQU'ALORS IMPOSSIBLE

Ce que vous allez faire maintenant, c'est ouvrir la porte à **ce rêve,** celui que vous gardez bien au chaud, celui que vous n'avez jamais osé exprimer pleinement. Pourquoi ? Parce que vous vous êtes dit que c'était impossible. Trop ambitieux, trop fou, trop risqué, trop... tout. **Et si vous vous trompiez** ?

Cet exercice va vous aider à **redonner vie à ce rêve,** à lui rendre sa juste place. Et croyez-moi, ce n'est pas un hasard si ce rêve continue de vous hanter.

Pourquoi cet exercice est essentiel

Nous avons tous un rêve caché, celui qu'on garde dans un coin de notre tête avec l'étiquette « Impossible et hors de portée ». Pourtant, ce rêve, c'est peut-être **la clé de votre épanouissement profond.** Le fait de le revisiter aujourd'hui, en conscience, va non seulement le faire remonter à la surface, mais aussi vous permettre de l'envisager d'une manière complètement différente.

Parce que, vous le savez désormais, **la plupart des limites ne sont que des histoires que l'on se raconte.**

Mode d'emploi : explorez votre rêve et son « pourquoi »

Prenez un moment pour vous

Trouvez un endroit calme, éteignez votre téléphone et plongez dans votre bulle. Prenez un carnet, un stylo, ou ouvrez une page blanche sur votre ordinateur. Cet exercice est un tête-à-tête avec vous-même.

Choisissez VOTRE rêve

Pensez à **un rêve que vous avez mis de côté.** Un rêve qui, rien que d'y penser, vous fait vibrer. Celui qui déclenche une étincelle, même si une petite voix vous chuchote « c'est impossible ».

> *Exemple : faire le tour du monde, vivre sur un bateau, écrire un livre, ouvrir un refuge pour animaux, devenir artiste, ouvrir mon entreprise, changer de carrière pour suivre ma passion... Peu importe ce que c'est, choisissez le rêve puissant qui sommeille en vous depuis des années !*

Notez ce rêve en détail

Écrivez-le noir sur blanc. Décrivez-le avec autant de détails que possible. À quoi ressemble votre vie si ce rêve devient réalité ? Imaginez-vous en train de le vivre, de l'accomplir. Comment vous sentez-vous ? Qu'est-ce que cela change dans votre vie ?

Analysez vos « limites »

Une fois votre rêve posé, prenez un instant pour lister **toutes les raisons** qui vous ont empêché de le poursuivre jusqu'ici :

- Est-ce la peur d'échouer ?
- La peur du regard des autres ?
- Un manque de temps ou de ressources ?
- La conviction que « ce n'est pas pour moi » ?

Soyez honnête avec vous-même. Identifiez ces fameuses « limites ». Elles ne sont souvent que des **barrières mentales.**

Identifiez votre « pourquoi »

Ensuite, reconnectez-vous à ce qui rend ce rêve si spécial. Pourquoi vous tient-il autant à cœur ? Est-ce une quête de liberté, un besoin de créer, un désir d'impact ou un besoin d'accomplissement personnel ? Écrivez ce « **pourquoi** ». C'est lui qui donne du sens et qui rend ce rêve impossible... possible.

Ce que vous allez en tirer

Cet exercice n'est pas là pour vous convaincre que tout est facile. **Il est là pour vous montrer que vos rêves, même les plus audacieux, méritent votre attention.** Peut-être qu'ils demandent du temps, des efforts, des ajustements, mais ils ne sont pas hors de portée.

Réalisez ceci : les limites que vous avez notées ne sont pas gravées dans le marbre. Elles sont majoritairement des histoires que vous vous racontez, influencées par vos peurs ou vos expériences passées.

Un dernier mot avant de vous lancer

Prenez le temps. Cet exercice n'est pas un sprint, c'est un marathon, une exploration. Une fois que vous l'aurez terminé, relisez ce que vous avez écrit. **Ressentez l'énergie de ce rêve**. Ce ne sera peut-être pas aujourd'hui ou demain, mais il pourrait devenir votre réalité. Et, pour ça, il suffit de commencer, un petit pas à la fois.

Êtes-vous prêt à affronter vos limites et à raviver cette « flamme », ce rêve que vous avez toujours porté en vous ?

Allez-y, écrivez. C'est maintenant, votre rêve vous attend.

CHAPITRE 3

DÉFINISSEZ DES OBJECTIFS CLAIRS ET AMBITIEUX

OBJECTIFS = TRANSFORMATION

Vous avez exploré vos désirs profonds, reconnecté avec vos rêves. C'est une étape essentielle. Passons à présent aux choses sérieuses. Parce que rêver, c'est important, mais agir, c'est l'étape cruciale ! Et, pour agir efficacement, il faut une cible. **Un objectif**.

Pourquoi est-ce essentiel ? Parce que, sans objectif, vous êtes comme un bateau, sans cap, perdu au milieu de l'océan. Vous flottez, vous dérivez, et, au bout d'un moment, vous vous retrouvez épuisé, sans avoir atteint quoi que ce soit. Sénèque avait raison : « Il n'est pas de vent favorable pour celui qui ne sait pas où il va. »

L'être humain a besoin d'un objectif pour avancer. Prenez l'exemple du sport, si vous ne vous dites pas « dans six mois, je cours mon premier 10 km » ou « d'ici trois mois, je veux soulever cent kilos », vous allez stagner et voir votre motivation s'éteindre progressivement. Un objectif, c'est ce qui aligne votre énergie, vos actions et votre volonté sur un seul et même point. C'est ce qui enclenche le processus de **transformation**.

Mais, attention, il ne s'agit pas juste de poser un vœu en l'air. Dire « je veux être riche » ou « je veux réussir », c'est flou. Un bon objectif est clair, spécifique, mesurable, atteignable, temporel. S'il vous paraît trop grand, **décomposez-le.** Faites-en une série d'étapes atteignables. Parce que oui, parfois, viser directement l'Everest peut décourager. Mais si vous commencez par atteindre le camp de base, puis le suivant, et ainsi de suite, vous finirez par arriver au sommet.

Pourquoi des objectifs ambitieux ? Parce que les petits objectifs sont rassurants, mais ils ne changent pas votre vie. Ce qui transforme, ce qui élève, ce qui fait que vous vous réveillez chaque matin avec une énergie puissante, c'est de viser haut. Et, ici, on ne parle pas seulement de gravir des montagnes ou de bâtir des empires. Votre objectif ambitieux, c'est **celui qui vous pousse à devenir une meilleure version de vous-même et d'accéder à votre plein potentiel.**

Nous allons donc identifier cet objectif qui vous fait vibrer. Trouver ce qui vous motive à avancer, même lors des jours de doute. Si c'est flou, pas de panique. Ce chapitre est là pour vous guider, pour transformer vos rêves en objectifs concrets, solides, qui vont devenir le moteur de vos actions.

Prêt à choisir votre cible ? Nous allons apprendre ensemble comment définir des objectifs qui vous propulsent. Des objectifs qui vous motivent, qui vous poussent à sortir de votre zone de confort. Ce n'est pas une banale liste de choses à faire. C'est un engagement envers vous-même. Parce que, à partir de maintenant, ce que vous écrivez devient le **point de départ de votre transformation**. Vous êtes à bord de votre bateau, la mer est vaste, et vous venez de lever l'ancre. Vous avez le cap. Il ne reste plus qu'à mettre les voiles.

« Un objectif est un rêve doté d'une échéance. »

Citation attribuée à Napoleon Hill (1883-1970), auteur américain spécialisé dans le développement personnel.

MON OBJECTIF TRÈS CLAIR ET POUR LE MOINS AMBITIEUX : RELIER LES CINQ CONTINENTS À LA NAGE

Mon rêve. Mon « pourquoi ». Mon objectif. C'est là que tout commence.

Me voilà debout, face à l'océan. Le premier continent est de l'autre côté. Je suis face à l'immensité, aux courants, aux vagues, aux mammifères marins... La question est évidente, je saute ou je reste figé sur le rivage ? Je décide de plonger ! Pourquoi ? Parce que je me suis fixé un objectif ! Un objectif clair et ambitieux qui est celui de nager jusqu'à l'autre continent ! Une fois que vous êtes dedans, quelque chose d'extraordinaire se passe, vous avancez. Un coup de bras et un battement après l'autre. Et quand vous regardez derrière vous, vous voyez que vous avez déjà avancé. Vous êtes déjà plus proche de votre objectif.

C'est ça l'histoire. Votre pourquoi est posé. Votre objectif est clair. Votre rêve devient réalité.

L'idée de vouloir relier les cinq continents à la nage peut sembler insensée. Quand on me demande pourquoi j'ai décidé de me lancer dans cette aventure, ma réponse est évidente. C'est bien plus qu'un défi sportif, c'est un engagement personnel, une quête de sens pour repousser mes limites **physiques et mentales** et continuer à explorer les capacités et le plein potentiel humain ! Dès le départ, ce projet n'est pas juste une lubie. C'est un **objectif**

clair, avec une vision précise : **nager d'un continent à l'autre, étape après étape. Parce que c'est aligné avec mon « pourquoi » profond.** Ce projet m'a appris une chose essentielle : **avoir un objectif clair, c'est être connecté à quelque chose de plus grand que soi.** Sans cette connexion, sans ce « pourquoi » fort, l'objectif risque de perdre son sens face aux obstacles. Je veux inspirer. Prouver que ce qui semble inatteignable peut devenir une réalité si on a le courage de rêver grand, de définir ses objectifs, de structurer ses actions et de persévérer.

La peur n'a aucune chance face à un objectif précis. L'objectif, c'est votre arme. C'est là toute la différence. Quand vous décidez de transformer un rêve en un objectif défini, vous enclenchez un mécanisme puissant. Vous passez du mode « rêve » au mode « action ». Vous passez de la théorie à la pratique, et chaque petite victoire vous rapproche de ce que vous voulez réellement. Chaque fois que j'ai sauté dans l'eau pour relier deux continents, il y avait cette petite voix : « Et si je ne réussis pas ? » ; « Et si c'est trop dur cette fois ? » Mais, à chaque traversée, une autre voix me répondait : « Tu l'as déjà fait. Tu sais que tu peux. C'est ton objectif, tu as fait des sacrifices pour ça. C'est maintenant, tu es dedans, profite de l'aventure et avance. »

Plus vous avancez, plus ces peurs reculent. Le froid ? Vous le gérez. Les courants ? Vous les comprenez. Les vagues ? Vous les domptez. Vous n'êtes plus dans l'inquiétude, vous êtes dans l'action. Et c'est là que vous vous rendez compte de la vraie leçon. Ce n'est pas le défi qui devient plus facile, c'est vous qui devenez plus fort. Bien sûr, il y a eu des moments où l'idée d'abandonner m'a traversé l'esprit. Des douleurs physiques intenses, des conditions météorologiques extrêmes, et l'épuisement psychologique. Mais, à chaque fois, c'est mon objectif et mon « pourquoi » qui m'ont ramené à l'essentiel. Ils sont devenus mon phare, ma source d'énergie, cette flamme intérieure qui ne s'éteint jamais.

Pour vous, c'est pareil. Quand un projet vous semble immense, commencez. Décomposez-le en objectif. Plongez dedans. La première action crée la confiance. La deuxième action nourrit la dynamique. Avant même que vous ne vous en rendiez compte, vous êtes déjà en train de construire votre rêve.

Relier les cinq continents à la nage, c'est bien sûr un exploit sportif et une succession de traversées, mais c'est surtout un chemin de transformation. C'est la preuve vivante que, quand vous avez une vision claire, un plan précis et un « pourquoi » qui vous anime, l'impossible devient possible.

Désormais, chaque fois que je suis confronté à un nouvel objectif, petit ou grand, je sais une chose : le plus dur, c'est de commencer. Une fois que vous êtes dedans, les choses prennent forme. Elles deviennent claires. Les obstacles ne disparaissent pas, mais ils deviennent gérables. C'est addictif. Plus vous progressez, plus vous réalisez que vous êtes capable de beaucoup plus que ce que vous croyez.

À travers mon expérience, j'aimerais que vous vous demandiez : « Et moi, quel est mon continent à relier ? » Fixez-vous un objectif, un vrai. Pas un souhait ou une idée, mais une cible claire et précise. Et regardez ce qui se passe. Plongez dedans. Ce que vous pensiez impossible devient soudainement accessible, parce que votre esprit et vos actions commencent à s'aligner naturellement avec cette vision. C'est là que tout commence, et vous verrez que tout ce que vous pensiez insurmontable ne l'est pas !

RÉFLEXION ET INTROSPECTION : « VOS OBJECTIFS SONT-ILS CLAIRS ? »

Votre rêve, votre « pourquoi », c'est votre boussole. Mais une boussole ne vous emmène pas là où vous voulez si vous ne définissez pas une destination claire. C'est là qu'intervient l'objectif. Un objectif, c'est comme un point sur une carte. Il est **précis, atteignable, et orienté vers ce qui compte pour vous**. La question est claire : **savez-vous où vous voulez aller** ? Pas dans vingt ans, pas où la vie pourrait vous mener par défaut, mais là où vous avez **choisi** d'aller, en accord avec ce qui vous fait vibrer, **là, tout de suite**, sur le chemin de votre rêve. Avez-vous un objectif précis qui incarne votre pourquoi ? Si votre réponse est floue, c'est le moment de clarifier les choses. Un objectif imprécis et sans clarté, c'est comme un bateau sans gouvernail, il flotte, mais il ne va nulle part.

Votre mission ici est claire : **explorer vos objectifs en profondeur et les aligner avec votre « pourquoi »**, avec vos rêves les plus audacieux. Ce processus est un voyage qui commence à l'intérieur de vous, un examen sincère de ce que vous voulez vraiment et pourquoi vous le voulez.

Avant d'aller plus loin, prenez de quoi écrire, et installez-vous confortablement. Ce moment est à vous. Pas de survol rapide, pas de demi-mesure. Chaque question compte, même celles qui piquent, dérangent ou bousculent. Surtout celles-là, d'ailleurs. Parce que c'est souvent dans ces zones d'inconfort, ces zones d'ombre, que les plus grandes révélations émergent. Laissez les réponses venir à leur rythme, suivez les questions là où elles vous mènent. Et souvenez-vous qu'une question en appelle une autre. C'est comme suivre un fil qui vous mène, étape par étape, à des réponses que vous n'imaginiez pas. Allez-y franchement sans détour, avec curiosité et courage. Ce processus, c'est votre clé, car la transformation commence quand on ose aller au-delà de ses propres limites !

QUESTIONS À VOUS POSER

▸ **Quand je pense à mon futur, est-ce que je sais clairement où je veux aller** ?

Êtes-vous dans le flou ou avez-vous une destination précise en tête ?

▸ **Mes objectifs sont-ils liés à un but ou à une mission qui m'inspire vraiment ?**

Vous sentez-vous aligné avec ce qui vous anime au plus profond de vous ?

▸ **Mes objectifs sont-ils nourris par mes rêves ?**

Reflètent-ils ce que vous désirez le plus profondément, même les rêves que vous avez jugés impossibles ?

▸ **Mes objectifs sont-ils clairs et précis** ?

Pouvez-vous les résumer en une phrase, ou bien sont-ils encore vagues et difficiles à cerner ?

▸ **Quand je pense à mes objectifs, est-ce que je ressens une énergie qui me pousse à agir** ? **Ou bien sont-ils lointains, imposés, dépourvus de sens pour vous** ?

Ces questions sont là pour vous guider, pour allumer une lumière là où il y a de l'ombre. Prenez le temps de répondre, avec sincérité et sans filtre.

Chaque grand objectif commence par une introspection sincère. Pour avancer, vous avez besoin de trois choses :

❶ **La clarté** : savoir où vous voulez aller.

❷ **La connexion** : être aligné avec votre pourquoi, votre mission.
❸ **La précision** : définir des étapes concrètes pour transformer vos rêves en réalité.

Lorsque vos objectifs sont alignés avec ce qui vous fait vibrer, ils ne sont plus juste des « tâches ». Ils deviennent une source d'inspiration et d'énergie, un moteur qui vous propulse chaque jour un peu plus près de vos rêves. Notez bien vos réponses. Soyez honnête. Si vous réalisez que vos objectifs actuels ne sont pas clairs ou qu'ils ne reflètent pas vos rêves profonds, pas de panique. Il arrive qu'on ne sache pas par où commencer. C'est normal.

Dans ces moments-là, je vous invite à vous poser cette question : si je ne fais qu'une chose aujourd'hui pour avancer vers mon rêve, qu'est-ce que ce serait ?

N'ayez pas peur, commencez. Un objectif bien choisi est comme le premier pas que vous posez sur un chemin. Une fois que vous l'avez fait, le suivant vient naturellement.

Rappelez-vous que chaque pas que vous faites vers la clarté et l'alignement est un pas de plus vers la vie de vos rêves, une vie qui vous inspire, alignée avec vous-même.

OUTIL : LA MÉTHODE SMARTER, POUR DES OBJECTIFS PUISSANTS ET ALIGNÉS

Vous avez peut-être déjà entendu parler de la méthode SMART pour fixer des objectifs. C'est un excellent point de départ. Je vais vous proposer de faire un pas de plus, d'ajouter une dimension humaine, personnelle et motivante avec la méthode **SMARTER**.

Pourquoi SMARTER ? Parce qu'un objectif n'est pas seulement une case à cocher sur une *to-do list*. Ce n'est pas juste une tâche à accomplir. Un véritable objectif doit **résonner avec votre « pourquoi »**, vibrer avec vos valeurs, et vous donner envie de vous lever chaque matin pour le poursuivre.

SMARTER, c'est le cadre qui vous aide à structurer vos ambitions tout en les alignant avec ce qui vous inspire vraiment. Avec cet outil, vos objectifs ne sont pas seulement bien définis, ils deviennent un moteur puissant pour avancer dans la bonne direction.

S	M	A	R	T	E	R
SPÉCIFIQUE	**MESURABLE**	**AMBITIEUX**	**RÉALISABLE**	**TEMPOREL**	**EXCITANT**	**RACCORD**
L'objectif doit vous convenir. Il doit être précis et compréhensible	Il doit pouvoir être mesuré, en temps, en argent, en quantité	Il doit représenter un défi ambitieux et il doit être motivant	Mais il doit aussi être réalisable pour ne pas vous décourager	Il doit avoir une date butoir. Une date de fin permet de garder toute sa motivation jusqu'au bout	Votre objectif vous motive, il faut qu'il soit excitant et inspirant (pour VOUS)	Il doit être en accord avec vos principes, votre mode de vie et vos autres objectifs

SMARTER : LA STRATÉGIE D'ALIGNEMENT

Fixer un objectif SMARTER, ce n'est pas juste être rigoureux. C'est se connecter à soi-même et s'assurer que chaque effort va dans le sens de ce qui vous rend heureux et épanoui. Un objectif SMARTER ne se contente pas de vous donner une direction ; il vous inspire et vous aligne avec ce que vous êtes profondément.

PRENEZ LE TEMPS D'Y RÉFLÉCHIR.

- Cet objectif reflète-t-il ce qui compte le plus pour moi ?
- Me fait-il vibrer ?
- M'approche-t-il vraiment de ce que je veux accomplir dans ma vie ?

Dans les prochaines étapes, nous allons détailler chaque lettre du SMARTER pour que vous puissiez l'appliquer à vos propres objectifs. Je vais vous montrer comment transformer une idée en un moteur aligné avec votre vision de l'avenir.

SPÉCIFIQUE : soyez clair, soyez précis !

Un objectif flou ne mène nulle part. Un objectif spécifique, c'est votre GPS. Il vous donne une destination claire et précise.

Un objectif spécifique, ça ressemble à quoi ?

Prenons un exemple : dire « je veux être en meilleure forme », c'est bien, mais beaucoup trop vague. Ça veut dire quoi exactement ? Perdre du poids ? Courir un marathon ? Arrêter de fumer ? On ne sait pas. Et vous non plus. Donc, vous risquez de vous perdre en chemin.

Reformulez. Imaginez-vous en train de dire : « Je veux courir un 10 km d'ici trois mois. » Boum. Là, on y est. Vous savez ce que vous voulez. Vous avez un cap.

Pourquoi définir un objectif spécifique ?

- Éliminer les zones d'**ombre.** Vous savez précisément ce que vous visez.
- **Donner un sens à vos actions.** Chaque effort, chaque étape vous rapproche de votre but.
- **Se poser les bonnes questions pour clarifier son objectif** : qu'est-ce que je veux vraiment accomplir ? À quoi ça ressem-

blera quand ce sera fait ? Mon objectif est-il suffisamment précis pour guider mes actions au quotidien ?

À vous de jouer : votre défi

Prenez un de vos objectifs et reformulez-le. Passez du flou à la clarté. Allez chercher cette précision qui fait toute la différence. Faites-le maintenant. Et rappelez-vous que plus vous êtes précis, plus vous avez de chances de réussir. Pas de place pour l'ambiguïté. Soyez spécifique, soyez déterminé, et foncez !

MESURABLE : transformez vos progrès en victoire !

Un objectif **mesurable**, c'est un objectif que vous pouvez suivre, étape par étape. Pourquoi est-ce crucial ? Parce que mesurer, c'est avancer. Pas de flou, pas d'à-peu-près. Vous devez pouvoir dire : « Voilà ce que j'ai déjà accompli, voilà où j'en suis. Voilà ce qu'il me reste à faire. »

Un objectif mesurable, ça ressemble à quoi ?

Prenons un exemple : dire : « Je veux mettre de l'argent de côté », c'est bien… mais pas suffisant. Combien ? Si vous ne savez pas ce que vous cherchez à atteindre, comment saurez-vous que vous y êtes arrivé ?

Reformulez. *Dites plutôt : « Je veux économiser 6 000 euros cette année, soit 500 euros par mois. » Là, c'est clair. Vous avez un chiffre. Vous savez exactement ce que vous visez, et ça vous permet de célébrer chaque étape franchie.*

Pourquoi poser un objectif mesurable ?

- **Pour vous donner un vrai *feedback*.** Vous voyez ce qui marche, et où ajuster.
- **Pour mesurer votre avancement et vous booster à chaque étape.** Chaque progrès devient une victoire, chaque palier franchi renforce votre motivation.

- **Pour définir votre succès.** Vous savez quand c'est réussi, pas de doute possible.

À vous de jouer / votre défi

Prenez votre objectif, et donnez-lui un critère de mesure. Peut-être un montant, une distance, un délai, une date. Peu importe, mais mettez un ou des repères mesurables.

- **Posez-vous les bonnes questions pour mesurer votre objectif** : quelles données ou chiffres peuvent suivre ma progression ? Comment savoir que je suis sur la bonne voie ? Quand pourrai-je dire « c'est fait » ?

AMBITIEUX : sortez de votre zone de confort et inspirez-vous !

Un objectif **ambitieux**, c'est l'équilibre parfait. Assez grand pour vous faire rêver, mais pas inatteignable pour qu'il ne devienne pas décourageant. Il doit vous **challenger**, vous faire sortir de votre zone de confort sinon rien ne va évoluer. Si votre objectif ne vous excite pas, ne vous fait pas un peu peur, il est probablement trop petit. Et, vous le savez, **on ne grandit qu'en se dépassant**.

Un objectif ambitieux, ça ressemble à quoi ?

Prenons un exemple : dire : « J'aimerais apprendre une langue un jour. » C'est flou, c'est vague, et franchement... ce n'est pas hyper excitant. ***Reformulez.*** *Dites plutôt : « Je veux avoir une base solide en espagnol pour pouvoir m'expatrier à Barcelone dans neuf mois et y ouvrir mon restaurant ! » Là, on sent le challenge. Ça vous motive parce que c'est exigeant, mais réalisable. Et surtout, c'est excitant !*

Pourquoi viser un objectif ambitieux ?

- **Pour vous pousser à évoluer.** Vous devenez plus compétent, plus confiant, plus audacieux.

- **Pour faire battre votre cœur.** Le fait d'y penser doit vous donner de l'énergie et de la force.
- **Pour vous rendre fier.** Une fois l'objectif atteint, vous savez que vous avez accompli quelque chose d'important.

Comment savoir si c'est assez ambitieux ?

- **Posez-vous les bonnes questions pour évaluer votre objectif.** Cet objectif me stimule-t-il vraiment ? Me force-t-il à apprendre ou à faire quelque chose de nouveau ? M'oblige-t-il à dépasser mes limites actuelles ?

Mon conseil : prenez votre objectif et montez-le d'un cran. Faites-en quelque chose qui vous inspire vraiment. Oui, c'est intimidant et ça peut même déclencher de la peur chez vous, mais rappelez-vous que si ça ne vous fait pas peur, ce n'est pas assez grand. Et, surtout, visualisez ce que vous ressentirez en l'atteignant. Ce moment où vous vous direz : waouh, je l'ai fait. J'ai osé et j'ai réussi. Parce que, croyez-moi, c'est cette ambition qui donne du sens à vos efforts et transforme vos rêves en réalité.

> **« Il faut toujours viser la lune, car même en cas d'échec, on atterrit dans les étoiles. »**
>
> Citation attribuée à Oscar Wilde (1854-1900), écrivain irlandais.

RÉALISABLE : les pieds sur terre, les yeux sur la ligne d'arrivée

Un objectif **réalisable**, c'est un objectif qui prend en compte **qui vous êtes aujourd'hui**, vos ressources, votre temps, et vos capacités actuelles. Attention : **réalisable ne veut pas dire petit**. Cela veut dire possible, atteignable, en s'organisant correctement et en avançant par étapes.

Pourquoi est-ce important ? Parce qu'un objectif sans base réaliste risque de devenir démotivant. Vous n'avez pas envie de démarrer quelque chose avec enthousiasme, pour finir par vous dire : c'est irréalisable, je n'y arriverai jamais. Un objectif réalisable, c'est celui qui vous permet de voir le chemin possible pour l'atteindre. Vous savez où vous allez et vous avez les moyens de vous y rendre même si cela est difficile.

Un objectif réalisable, ça ressemble à quoi ?

Prenons un exemple : dire : « Je veux courir un marathon dans un mois », même si je n'ai jamais couru." C'est admirable, mais plutôt irréalisable à court terme. ***Reformulez.*** *Dites plutôt : « Je veux courir 5 kilomètres sans m'arrêter d'ici deux mois, puis viser 10 kilomètres, un semi-marathon dans six mois et, pourquoi pas, un marathon dans un an. » C'est ambitieux, mais chaque étape est réalisable avec votre temps, vos capacités actuelles, et un plan structuré.*

Quel est le secret pour rester réaliste tout en rêvant grand ?

Découpez. Prenez votre objectif ambitieux et divisez-le en petites étapes. Chaque étape doit être accessible avec les ressources et le temps dont vous disposez actuellement. Ces micro-victoires vous motiveront et vous feront avancer.

Mon conseil : posez-vous ces questions pour valider si votre objectif est réalisable : ai-je les compétences ou les ressources pour démarrer ? Puis-je dégager le temps nécessaire ? Y a-t-il un plan ou des étapes claires qui me permettent de progresser ? ***Réalisable, oui, mais sans vous brider*** *! Se fixer un objectif réalisable, c'est comme dresser un pont entre* ***où vous êtes maintenant*** *et* ***où vous voulez aller****. Ça ne veut pas dire renoncer à vos rêves, mais plutôt leur donner une chance réelle de devenir réalité. Réfléchissez à votre objectif. Est-il atteignable aujourd'hui ? Si oui,* *avancez. Si non, ajustez-le, découpez-le en étapes progressives. Parce que ce qui est réalisable aujourd'hui peut ouvrir la voie à des réalisations encore plus grandes demain.* ***Vous êtes sur la bonne voie*** *!*

TEMPOREL : une date, un cap, une ligne d'arrivée

Un objectif **temporel**, c'est un objectif qui a une **date limite claire et précise**. Pourquoi ? Parce que, sans échéance, votre objectif risque de devenir flou, lointain, et finalement… remis à plus tard. Avec une échéance, vous créez un sentiment d'urgence positive, qui vous pousse à passer à l'action et à rester **focus. C'est essentiel**, car un objectif sans limite de temps, c'est comme partir en voyage sans billet retour. Ne sachant pas quand ça finit, nous traînons en chemin. En fixant une date, vous vous engagez avec vous-même. C'est cette pression douce mais déterminante qui vous garde **en mouvement** et qui vous force à **prioriser vos efforts**.

Un objectif temporel, ça ressemble à quoi ?

Prenons un exemple : dire : « Je vais écrire un livre », c'est génial, mais quand ? Dans un an ? Dans dix ans ? ***Reformulez.*** *Dites plutôt : « Je vais écrire le premier chapitre de mon livre d'ici la fin du mois, et terminer l'écriture complète avant le 30 juin. »*

Le timing, c'est la clé de la discipline

Quand vous définissez une échéance, vous créez un **cadre clair**, vous transformez un rêve en **projet concret** pour avancer étape par étape. C'est comme une course contre la montre, mais une course motivante, où chaque jour compte.

Mon conseil : ajoutez une date limite à chaque étape de votre objectif. Par exemple :

- *D'ici deux semaines, je définis les grandes lignes de mon projet.*
- *D'ici un mois, je commence les premières actions concrètes.*

- *D'ici trois mois, je signe avec mon partenaire.*
- *D'ici six mois, je le lance officiellement.*

Rendre votre échéance **visible**, que ce soit sur un calendrier ou dans votre agenda, vous aidera à rester connecté à vos progrès. Mais attention, soyez réaliste dans vos délais (rappelez-vous : « réalisable »). Un objectif trop court peut vous stresser inutilement, et un objectif trop long peut réduire l'urgence. Trouvez le **juste équilibre** qui vous motive à avancer. Réfléchissez : **quelle est votre échéance** ? Fixez-la. Notez-la. C'est ce petit détail qui fera toute la différence entre un objectif qui reste une idée… et un objectif qui devient votre réalité. **Vous pouvez le faire** ! **Le compte à rebours commence maintenant.**

EXCITANT : allumez le feu intérieur !

Un objectif excitant, c'est celui qui vous **fait vibrer au plus profond de vous-même**. C'est ce truc qui vous donne la patate et qui vous anime dès que vous y pensez. Il vous pousse hors du lit avec une énergie nouvelle, parce que vous savez qu'en l'atteignant vous vivrez quelque chose de fort, de **personnel**, et qui vous parle vraiment. L'excitation est **essentielle** ; sans excitation, c'est comme conduire une voiture sans carburant, ça n'avance pas. Vous pouvez avoir le plan parfait, la technique idéale, mais si l'envie n'y est pas, vous abandonnerez au premier obstacle. L'excitation est le **moteur de votre engagement**. Pour savoir si votre objectif est excitant, posez-vous cette question : **cet objectif me fait-il rêver ou ressemble-t-il à une corvée** ? Un objectif excitant doit résonner avec vos passions, vos motivations, vos valeurs, votre fameux « pourquoi » ! Il doit **avoir du sens** pour vous. Si ce n'est pas le cas, ajustez-le pour qu'il devienne **votre objectif**, pas celui des autres.

Un objectif excitant, ça ressemble à quoi ?

Prenons un exemple : dire : « Je veux monter mon entreprise », c'est trop vague. Où est la flamme ? ***Reformulez.*** *Dites plutôt : « Je ne veux plus avoir cette sensation d'être obligé de travailler, et ma passion, ce sont les voyages et les treks en montagne. Je veux créer une entreprise qui organise des voyages sur mesure en Amérique latine pour emmener des groupes réaliser des ascensions de sommets, aller à la rencontre des populations locales et vivre des moments uniques et hors du commun à l'autre bout du monde. »*

Vous voyez la différence ? Là, c'est vivant, c'est vous, c'est motivant.

Trouvez l'étincelle

Un objectif excitant doit :

- **Résonner avec vos passions.** Ce qui vous fait vibrer, ce que vous aimez profondément faire.
- **Vous projeter dans une expérience enrichissante.** Imaginez-vous en train de célébrer votre réussite, ressentez la joie, le plaisir et la fierté d'y être arrivé !
- **Être personnel.** Pas un objectif générique ou imposé par quelqu'un d'autre, mais un rêve qui vient de vous.

Mon conseil : faites en sorte que chaque objectif que vous vous fixez soit relié à une image, une vision qui vous ***inspire profondément****. Ce n'est pas seulement atteindre quelque chose, c'est vivre quelque chose. Par exemple : ne dites pas : « Je veux perdre cinq kilos. » Dites : « Je veux retrouver une énergie de dingue, me sentir fier de moi et profiter à fond de chaque instant, sans me sentir freiné. »* ***L'excitation, c'est la clé de la persévérance.*** *Quand vous êtes passionné par ce que vous faites, les obstacles deviennent des étapes à passer, et non des freins. L'excitation donne un sens à votre parcours, et c'est ce sens qui vous pousse à continuer même quand ça devient difficile.* ***Qu'est-ce qui vous fait vibrer ?***

*Prenez un moment pour visualiser votre objectif. Si ça ne vous donne pas envie de foncer... c'est que ce n'est pas le bon objectif ou que celui-ci n'est pas fait pour vous ! Trouvez ce qui vous fait lever le matin avec l'énergie, le sourire et l'****envie d'avancer****. Vous le savez, quand c'est excitant, rien ne peut vous arrêter.*

RACCORD : alignez vos objectifs avec ce qui vous fait vraiment avancer !

Un objectif, si excitant et ambitieux soit-il, ne pourra réellement vous satisfaire que s'il est **en phase avec vos valeurs profondes** et votre « **pourquoi** ». C'est là que la magie opère. Parce que si votre objectif n'est pas raccord avec ce qui est vraiment important pour vous et qui vous êtes, il finira par vous épuiser et vous détourner de votre vraie voie. Vous devez absolument vous assurer que vos ambitions sont alignées avec ce qui vous **anime profondément**. Cet alignement est essentiel. Sans cet alignement, vous allez perdre de la motivation et vous finirez par vous sentir **détourné de votre propre voie**. Vous aurez peut-être la sensation de courir après quelque chose qui ne vous appartient pas, quelque chose qui, à long terme, vous éloigne de votre propre épanouissement. L'objectif doit **avoir du sens**, il doit être en harmonie avec votre vision de la réussite, avec votre manière de voir la vie, avec votre éthique personnelle, et votre projet de vie global. Si ce n'est pas le cas, il n'aura qu'un effet temporaire sur votre motivation. **Pour vérifier que votre objectif est raccord avec vos valeurs**, posez-vous cette question fondamentale : **mon objectif correspond-il à ce que je suis vraiment, à mon être profond, à mon identité, à mes priorités, à mes passions et à mes rêves** ?

Un exemple pour bien comprendre : imaginons que vous ayez l'opportunité de tripler vos revenus en acceptant un poste à haute responsabilité dans une grande entreprise. Vous vous dites : c'est génial ! Je vais atteindre mes objectifs financiers en un rien de temps !

Mais… En y réfléchissant, vous vous rendez compte que ce poste exige de vous ***beaucoup de sacrifices personnels****. Des heures interminables, des voyages à répétition, une vie professionnelle qui empiète sur votre* ***temps en famille****, qui est l'une de vos valeurs fondamentales. Même si cet objectif peut sembler motivant sur le papier, il n'est pas* ***raccord*** *avec votre vision globale de l'épanouissement, à votre idéal de vie. Ce n'est pas ce que vous voulez vraiment. Vous voulez gagner de l'argent, mais* ***pour profiter de la vie avec vos proches****, pas pour passer votre temps à accumuler des biens sans pouvoir en profiter.*

L'objectif raccord, c'est celui qui fait sens pour vous. **Il doit non seulement être motivant et excitant, mais, surtout, il doit** respecter vos priorités**, vos** valeurs **et votre** vision de la vie**. Un objectif raccord, c'est celui qui va** contribuer à votre épanouissement, à votre équilibre, et qui vous rapprochera des choses qui comptent vraiment pour vous.

Comment rendre vos objectifs raccord avec vos valeurs ?

- Vérifiez la cohérence. Vos objectifs doivent s'intégrer parfaitement dans votre vision globale de votre vie.

- Priorisez ce qui compte vraiment. Si un objectif vous éloigne de vos valeurs profondes, même s'il semble parfait sur le papier, vous aurez du mal à le maintenir sur le long terme.

- Restez fidèle à votre « pourquoi ». C'est ce qui vous motive chaque jour, ce qui vous pousse à avancer. Si l'objectif ne le sert pas, il est peut-être temps de le réajuster.

L'objectif raccord est celui qui vous donne la sensation d'être vous-même. **C'est un objectif qui vous rapproche de ce qui vous est cher,** vos proches, vos passions, vos valeurs fondamentales. **Quand il est raccord avec votre « pourquoi », vous allez**

avancer avec une énergie inépuisable**, car vous êtes en totale** harmonie avec vous-même**. Vous savez pourquoi vous faites ce que vous faites, et cela vous permet de rester motivé, même dans les moments difficiles.**

> *Mon conseil : avant de vous lancer, prenez un moment pour vérifier si cet objectif est vraiment raccord avec votre vision de la vie. Si c'est le cas, foncez. Si ce n'est pas le cas, réajustez-le. Ne partez pas dans une direction où vous allez vous sentir* ***désaligné****. Prenez le temps de vous reconnecter à ce qui vous* ***inspire*** *profondément, et faites en sorte que chaque objectif que vous poursuivez vous rapproche de ce que vous désirez réellement.* ***Rappelez-vous*** *qu'un objectif raccord, c'est celui qui vous* ***reconnecte à votre essence****, à ce qui vous fait vibrer. C'est le secret pour avancer avec* ***clarté, confiance*** *et* ***conviction****.*

« L'impossible est juste un grand mot lancé par des petits hommes. »

Citation inspirée par Muhammad Ali (1942-2016), boxeur américain.
Tiré de la campagne publicitaire d'Adidas *Impossible is Nothing* (2004).

RETOUR D'EXPÉRIENCE

L'OBJECTIF DE PAUL ET LA PUISSANCE DE LA MÉTHODE SMARTER DANS LA RECONVERSION PROFESSIONNELLE

Paul, c'est une des personnes que j'ai eu la chance d'accompagner, et son histoire illustre parfaitement ce dont nous parlons ici. Selon les codes de la société moderne, Paul a tout pour être heureux. À 40 ans, il coche toutes les cases de la réussite : une carrière impressionnante dans la finance, une belle maison, une famille aimante, des investissements rentables et des vacances de rêve. À l'extérieur, tout semble parfait. Mais ce qui se passe à l'intérieur, ça, c'est une tout autre histoire. Petit à petit, insidieusement, Paul ressent un mal-être profond qui s'installe. Une sorte de déconnexion entre ce qu'il vit et ce qu'il ressent. Comme une vie qui n'a pas de sens, un sentiment d'être coincé dans un rôle qu'il n'a pas vraiment choisi. Ce qu'il vit, ce n'est pas *lui*. Ce n'est pas ce qu'il veut vraiment faire de sa vie, même si à l'extérieur tout va bien. Il a le sentiment de vivre au sommet d'une tour d'ivoire, mais pourtant il sent bien qu'il n'est pas heureux et qu'il est déconnecté du sens de sa vie ! Imaginez le choc psychologique quand il se rend compte que tout ce qu'il a bâti depuis des années n'est pas en accord avec ce qu'il veut vraiment. Il se demande : pourquoi suis-je ici ? Quel est mon réel but dans la vie ? Qu'est-ce que je veux vraiment ? C'est là que le déclic se produit.

Paul a un lien très fort avec la terre, il a un rêve plus grand que lui, quelque chose de durable, d'authentique, une envie de nourrir les gens de manière responsable et durable. Un profond désir de faire quelque chose de concret, qui a du sens pour lui, pour la planète et pour ses enfants. Mais ce rêve semble tellement inaccessible. Il vient d'un milieu totalement différent. L'agriculture, le développement durable, c'est un monde inconnu pour lui. Il se retrouve à jongler avec un tourbillon de contradictions. Comment quitter la finance, cette vie de confort, et s'engager dans quelque chose qui paraît tellement risqué, un univers dont il ne connaît rien ? Comment passer du cocon de la banque à la terre, avec ses crédits à rembourser et ses responsabilités familiales ?

C'est à ce moment-là qu'il me contacte. Il sait qu'il est à la croisée des chemins. Pour la première fois de sa vie, il se sent désorienté et totalement désarmé face à la situation. On lui parle de cette fameuse crise de la quarantaine, il la vit pleinement. Sa vie n'a plus de sens, elle ne fait plus « écho » en lui, et il sent qu'il est temps de prendre une décision. Mais comment ? Comment concilier un rêve si grand, si éloigné de ce qu'il fait, avec la réalité de sa vie actuelle ? C'est là qu'ensemble nous établissons les bases de son rêve. Nous définissons son objectif SMARTER. Ce n'est pas un objectif que l'on place dans la catégorie « rêve lointain », mais un objectif concret, ancré dans la réalité. Il comprend que même si le chemin est long, il peut le découper en étapes, rendre l'objectif spécifique, mesurable, ambitieux et réalisable, excitant, et bien sûr, raccord avec son « pourquoi ». Il n'est pas question de tout lâcher du jour au lendemain, mais de mettre en place un plan, de se donner précisément deux ans. Vingt-quatre mois pour acquérir des connaissances, mettre de l'argent de côté, et se lancer en famille avec sa femme ! Mais avec un but précis en tête. Un but qui résonne profondément avec ses valeurs et ce qu'il veut réellement apporter au monde. Il voit un moyen de se reconnecter à sa véritable mission.

Le SMARTER de Paul

Spécifique : Paul prend son rêve et le transforme en un objectif précis et clair : « Me reconvertir dans l'agriculture durable en lançant une petite ferme maraîchère d'ici vingt-quatre mois. » Un projet concret, détaillé, un rêve qu'il peut désormais toucher du doigt.

Mesurable : il faut pouvoir suivre ses progrès, ne pas laisser place à l'incertitude. Il pose donc des étapes claires :

- Suivre une formation de neuf mois (octobre/juin) en agriculture biologique.
- Obtenir un prêt de 75 000 euros pour financer son projet en complément de ses fonds personnels.
- Trouver un terrain d'ici douze mois dans sa région d'origine.

Ces étapes sont cruciales. Chacune devient une brique solide pour construire son rêve.

Ambitieux : ce n'est pas un changement de carrière. Paul doit sortir de sa zone de confort, acquérir de nouvelles compétences, prendre des risques. Cette ambition-là le propulse et lui donne un nouvel élan. Elle est sa nouvelle source de motivation, car elle vient en parfaite résonance avec ses désirs profonds : aligner sa vie professionnelle avec ses valeurs.

Réalisable : il ne saute pas dans l'inconnu sans filet. Paul prend une décision réaliste : rester en poste à mi-temps pour assurer sa stabilité financière tout en poursuivant son rêve. Un compromis qui lui permet de se préparer sereinement tout en respectant ses obligations familiales.

Temporel : il décide de se donner deux ans pour réaliser son projet. Ce délai lui permet de poser des objectifs temporels précis : s'inscrire à une formation sur neuf mois, chercher et trouver un terrain d'ici douze mois, et lancer sa ferme au bout de deux ans. Tout est planifié. Le rêve devient chaque jour un peu plus concret.

Excitant : le projet ne se limite pas à un changement de carrière. C'est un rêve vibrant, une passion : cultiver la terre, promouvoir des pratiques durables, vivre de façon plus épanouie. Ce projet est porteur de sens, il fait écho à son désir profond de contribuer positivement au monde tout en créant un mode de vie enrichissant pour lui et sa famille.

Raccord : ce qui est décisif dans ce projet, c'est son alignement avec ses valeurs profondes : respect de la nature, éthique, et bien-être. Il n'est plus question de compromis entre sa carrière et sa vie personnelle. Paul sait que ce projet est une transformation totale, qu'il va bien au-delà de l'aspect professionnel. Ce n'est pas juste une reconversion, mais un retour à lui-même. Il agit en parfaite harmonie avec son « pourquoi ».

À l'heure où j'écris de ces lignes, Paul est sur le chemin. Il n'a pas encore tout mis en place, mais il a fait le premier pas. Ce qui semblait une montagne insurmontable devient un projet concret, structuré, et surtout profondément épanouissant. Ce n'est pas un chemin facile. Ce n'est pas un chemin sans obstacles, mais c'est le sien. Et ça, c'est la force de l'objectif SMARTER. Quand vous vous alignez avec vos valeurs profondes, quand vous vous connectez à ce qui vous inspire, il n'y a pas de montagne insurmontable. Et c'est exactement ce que Paul fait. Il se donne le droit de rêver à un autre futur, mais, cette fois-ci, un futur qui a du sens. Son histoire prouve une nouvelle fois que tout est possible, à condition d'avoir un objectif SMARTER et un engagement sincère et durable envers soi-même.

Où en êtes-vous avec votre objectif ? Avez-vous l'alignement nécessaire pour avancer avec confiance ? C'est là tout le pouvoir de la méthode SMARTER. Elle vous donne une direction, elle structure vos rêves tout en vous ancrant dans la réalité, pour que chaque étape, chaque progrès, soit une victoire.

EXERCICES PRATIQUES

EXERCICE 1 : LE *VISION BOARD* DES OBJECTIFS SMARTER

C'est le moment de passer à l'action, de poser la première pierre de votre projet. Pas de théorie, pas de rêveries : c'est du concret. Vous allez créer votre *vision board* qui matérialise vos objectifs. Pas un collage d'écolier, mais une représentation claire de ce que vous visez, et pourquoi vous le visez. Un outil visuel important pour rester focus, motivé, et aligné chaque jour.

Étape 1 : préparez votre support

Je vous conseille de prendre une grande feuille cartonnée ou un tableau en liège pour y accrocher vos images avec des punaises, mais ce peut être un autre support qui vous parle. Peu importe le format, l'important est l'intention que vous y mettez ! Ce support va devenir le miroir de vos ambitions et de vos rêves, et vous devez l'avoir sous les yeux tous les jours (chambre, bureau, salle de bain)... Ce sera votre point de repère quotidien.

Étape 2 : divisez votre *vision board* en deux parties

Partie 1 : les objectifs clairs

Inscrivez votre ou vos objectifs en utilisant la méthode SMARTER. Prenez le temps de réfléchir à chaque lettre :

- **Spécifique** : définissez ce que vous voulez précisément. Pas de : « Je veux être en forme », mais : « Je veux courir un marathon en moins de quatre heures. »

- **Mesurable** : quels indicateurs montrent que vous progressez ? Notez-les.

- **Ambitieux** : faites en sorte que cet objectif vous pousse, qu'il vous donne envie de vous lever le matin.

- **Réalisable** : rêvez grand, mais restez pragmatique. Vous avez besoin de croire que c'est atteignable.

- **Temporel** : donnez-vous une *deadline*. Quand voulez-vous atteindre cet objectif ?

- **Excitant** : ressentez la passion et l'énergie qu'il vous procure. Si ce n'est pas le cas, reformulez.

- **Raccord** : vérifiez que cet objectif est aligné avec votre être profond, vos valeurs, vos rêves et votre vision globale.

Soyez précis, soyez honnête avec vous-même, et mettez tout par écrit.

Partie 2 : les visuels inspirants

Ensuite, passez à la partie *fun* ! Cherchez des éléments qui vont donner vie à vos objectifs et parler directement à votre cœur.

- **Des images** : trouvez des photos ou des illustrations qui symbolisent vos objectifs. Choisissez attentivement ces images ; elles doivent vous inspirer et déclencher des émotions positives en vous dès que vous les regardez.

  Exemples : une photo de montagne si vous rêvez d'ascensions, une ferme si vous voulez vous reconvertir dans l'agriculture, etc.

- **Des mots-clés et des phrases motivantes** : « Tout est possible » ; « Rêve grand » ; « Fais-le pour toi », ou tout autre mantra qui vous parle.

- **Des symboles personnels** : cela peut être une photo de votre famille si votre objectif est lié à elle, ou une citation de quelqu'un qui vous inspire profondément.

Une fois tous ces éléments rassemblés, organisez-les sur votre tableau de façon harmonieuse et inspirante. Faites de ce *vision board* une œuvre qui capte votre attention et booste votre énergie rien qu'en la regardant, qu'il parle à vos émotions autant qu'à votre tête.

Étape 3 : installez votre *vision board* dans un endroit visible

Ne laissez pas ce chef-d'œuvre dans un tiroir ! Votre *vision board* n'est pas là pour prendre la poussière. Placez-le à un endroit stratégique, là où vous pourrez le voir chaque jour : au-dessus de votre bureau, sur le mur de votre chambre, sur votre frigo ou même en fond d'écran sur votre ordinateur ou votre téléphone. Il doit être un rappel constant de ce que vous êtes en train de construire. L'avoir sous les yeux quotidiennement vous permet de garder votre motivation, votre énergie et votre cap.

Pourquoi cet exercice est essentiel

Le *vision board* n'est pas juste un joli tableau, c'est un pont entre votre présent et le futur que vous voulez créer. Il active vos deux moteurs : le rationnel et l'émotionnel. Vous savez ce que vous voulez, et vous ressentez au plus profond de vous pourquoi vous le voulez. C'est votre objectif, votre rappel quotidien de « pourquoi » vous faites tout cela. Chaque coup d'œil à ce *vision board*, c'est une dose d'énergie pour avancer, vous vous reconnecterez à vos rêves, à votre motivation et à ce feu intérieur qui vous pousse à avancer. Parce qu'un objectif, ce n'est pas qu'une idée dans votre tête. C'est un plan avec des bases solides et une vision inspirante qui vous tire vers l'avant. Ce *vision board* agit comme un **plan d'architecte**. Il transforme vos rêves en un projet tangible. Chaque jour, il vous rappelle que vous êtes en train de bâtir la chose la plus importante de votre vie, pour vous et votre futur.

EXERCICE 2 : LA VISUALISATION DE L'OBJECTIF RÉALISÉ

Plongez dans votre réussite avant même qu'elle ne devienne réalité. La visualisation est l'un des outils les plus puissants pour renforcer la motivation, conditionner l'esprit à la réussite et surmonter les freins inconscients. Des sportifs de haut niveau aux entrepreneurs visionnaires, tous utilisent cette technique pour ancrer leurs objectifs et s'y préparer mentalement. Pourquoi ? Parce que le cerveau ne fait pas la différence entre une expérience réellement vécue et une expérience intensément imaginée. Plus vous visualisez votre succès, plus vous conditionnez votre esprit à l'atteindre, à croire en sa possibilité et à créer les actions nécessaires pour le rendre concret.

Dans cet exercice, vous allez ressentir pleinement l'aboutissement de votre objectif. Vous allez vous projeter dans l'instant où tout devient réel, où vous l'avez accompli. En ressentant dès maintenant la fierté, la joie et la certitude d'avoir réussi, vous ancrez ces émotions dans votre corps et votre esprit. Cela vous donnera la force et la clarté pour avancer avec détermination.

Pour une expérience optimale, je vous invite à réaliser cette visualisation en vous laissant guider. Scannez le QR code ci-dessous pour accéder à l'audio et trouvez un endroit calme où vous pourrez vous détendre sans être dérangé. Offrez-vous ce cadeau : installez vous le plus confortablement possible, fermez les yeux, respirez profondément et laissez-vous porter par cet exercice de visualisation.

AUDIO : Visualisation guidée

Si vous ne pouvez pas faire cette visualisation en audio, elle est retranscrite ci-dessous. Toutefois, pour un impact maximal, je vous recommande vivement de la vivre en immersion auditive. Laissez-vous porter, détendez-vous et plongez pleinement dans cette projection mentale.

Retranscription de la visualisation guidée :

Tout d'abord, nous allons créer un ancrage dans le calme. Prenez un instant pour vous installer confortablement. Asseyez-vous ou allongez-vous dans un endroit calme. Laissez votre corps se détendre naturellement. Relâchez vos épaules. Déposez vos mains sur vos jambes ou le long de votre corps. Prenez une grande inspiration... et expirez lentement. Encore une fois : Inspirez profondément par le nez... et soufflez doucement par la bouche. À chaque respiration, sentez votre corps se relâcher un peu plus. Laissez aller les tensions... Laissez votre esprit s'ouvrir à cette expérience. Vous êtes ici, présent, disponible. Offrez-vous ce cadeau. Il n'y a rien à faire. Rien à prouver. Juste à ressentir, à lâcher prise, et juste à accueillir ce qui se passe !

Plongez dans cette alternative : et si vous ne faisiez rien ? Maintenant, j'aimerais que vous imaginiez quelque chose : imaginez que vous ne faites rien. Que cet objectif qui vous tient à cœur, ce rêve qui vous habite, vous le laissez de côté. Vous ne passez pas à l'action. Et vous trouvez mille raisons de le remettre à plus tard. Un mois passe, puis un an, puis cinq ans et même dix ans.

Et vous êtes toujours là, exactement au même endroit, vous n'avez pas avancé d'un pas ! Toujours avec cette même envie, ce même désir, mais vous ne l'avez pas réalisé.

Visualisez cette version de vous, dans cinq ans. Prenez de la hauteur et observez cette personne, comme si vous étiez dissocié de vous-même : comment se sent cette personne ? Qu'est-ce qu'elle ressent précisément ? Du regret ? De la frustration ? De la honte ? De la peur ? De la colère ? De la tristesse ?

Vous vous dites peut-être : « **J'aurais dû...** », « **pourquoi est-ce que je ne l'ai pas fait ?** » Mais c'est trop tard.

Laissez cette sensation vous traverser un instant. Sentez ce que ça fait de ne pas avoir essayé. Observez précisément ce que ça provoque chez vous de ne pas avoir atteint votre objectif, de ne pas avoir réalisé ce rêve qui est si important pour vous.

Visualisez votre vie de demain sans avoir atteint votre objectif, sans avoir réalisé votre rêve !

Quel impact cela aura sur vous, sur vos proches, sur votre épanouissement, sur le monde ?

Maintenant, changeons de scénario. **Basculez vers le succès : votre objectif est atteint.**
Imaginez tout l'inverse ! Imaginez que vous avez osé. Que vous avez avancé, pas à pas, jour après jour. Que malgré les doutes, malgré les peurs et les obstacles, vous avez persévéré. Et aujourd'hui, vous y êtes. Vous avez réussi. Vous avez atteint votre objectif ! Visualisez précisément cet instant et regardez ce qui se passe :

▸ **Où êtes-vous ?**
Regardez autour de vous. Dans quel lieu êtes-vous ? Sur une scène ? dans un bureau ? sur le sommet d'une montagne ? dans la maison que vous avez construite ? Sentez et visualisez l'espace, la lumière, l'atmosphère qui vous entoure.

▸ **Qui est avec vous ?**
Voyez les personnes présentes. Qui sont-elles ? Un mentor ? Un ami ? Votre famille ? Des collègues ? Observez leurs visages, leur regard, leur fierté.

▸ **Et vous ?**
Regardez-vous. Quelle posture avez-vous ? Comment tenez-vous votre corps, votre tête, vos bras ?

Sentez cette force qui est en vous. Cette confiance qui est là, juste à l'intérieur !

Ressentez maintenant l'émotion du succès. Plongez dans vos sensations... **Que ressentez-vous ?** Une immense fierté ? De la gratitude ? De la joie ? De l'excitation ? Sentez cette vague d'émotion monter en vous. Laissez-la vous envahir, laissez votre corps l'accueillir pleinement.

▸ **Sentez votre cœur qui bat plus fort.**
Mais ce n'est plus du stress... c'est une excitation profonde, une énergie pure et puissante.

▸ **Écoutez autour de vous.**
Y a-t-il des applaudissements ? Des mots d'encouragement ? Un silence chargé d'émotion ? Qu'est-ce que vous entendez précisément autour de vous ?

▸ **Sentez votre souffle.**
Il est plus ample, plus profond. Comme si vous respiriez pleinement, pour la première fois.

Vous êtes là. Vous l'avez fait. C'est réel. Vous avez atteint votre rêve, cet objectif si important à vos yeux !

Maintenant, regardez en arrière et voyez le chemin parcouru.

Prenez un instant pour vous retourner. Vous voyez cette version de vous, au tout début. Le jour où vous avez décidé que c'était possible. Rappelez-vous les moments de doute, les obstacles, les efforts fournis. Rappelez-vous aussi les petites victoires, celles qui vous ont donné l'envie de continuer. Vous vous êtes relevé après chaque difficulté. Vous avez appris. Vous avez grandi.

Chaque décision, chaque action vous a mené exactement **là où vous êtes maintenant**. Prenez un instant pour intégrer cette prise de conscience.

Visualisez à quoi ressemblera votre vie de demain avec votre objectif atteint, en ayant réalisé votre rêve ! Quel impact cela aura sur vous, sur vos proches, sur votre épanouissement, sur le monde ?

Ressentez la force et la confiance qui émanent de vous. Ancrez cette réussite en vous. Prenez une grande inspiration et dites-vous intérieurement : « **C'est réel. J'ai réussi.** »

Sentez cette phrase vibrer en vous. Sentez qu'elle fait partie de vous. Sentez qu'elle est **déjà une vérité**.

Revenez au présent, ici et maintenant ... transformé.

Doucement, laissez cette image s'estomper. Reprenez conscience de votre corps. Sentez le poids de vos mains, la sensation de votre dos contre le siège ou le sol. Respirez profondément et expirez lentement. Bougez doucement vos doigts, vos épaules. Quand vous serez prêt, ouvrez les yeux.

Bienvenue chez vous, ici et maintenant, avec un nouveau regard sur votre potentiel. Un nouveau regard sur le champ des possibles.

Je vous invite à faire de cette visualisation un rituel.

Vous venez de vivre un avant-goût de votre réussite. Votre esprit a déjà ressenti ce que c'est que d'atteindre votre objectif ou votre rêve !

- **Plus vous répéterez cette visualisation, plus votre cerveau intégrera cette réalité.**

- **Plus vous y croirez, plus vos actions s'aligneront avec cet objectif.**

- **Et plus vous avancerez, jusqu'au jour où cette vision ne sera plus une image mais votre réalité.**

Alors, faites-en un rituel. Quand le doute s'installe, quand la peur vous freine, quand vous perdez la motivation. Revenez ici et replongez dans cette visualisation.

Votre réussite est déjà en vous. Et maintenant, il est temps de la rendre réelle. Alors levez-vous, osez l'impossible, votre nouvelle aventure commence.

CHAPITRE 4

METTEZ EN PLACE UNE STRATÉGIE GAGNANTE

STRATÉGIE = RÉUSSITE

Nous sommes à mi-parcours. Reprenons depuis le début. Jusqu'ici, vous avez fait un travail remarquable pour sortir de votre zone de confort, vous rapprocher de votre objectif et de la réalisation de votre rêve ! Dans le chapitre 1, vous avez osé regarder en face vos zones d'ombre et vos blocages. Vous vous êtes demandé : qu'est-ce qui coince ? Pourquoi cela ne fonctionne pas ? Où est-ce que ça fait mal ? Vous avez creusé, exploré vos croyances limitantes, vos freins. Bref, vous avez mis le doigt sur ce qui vous empêche d'avancer. Dans le chapitre 2, vous avez changé de focus. Vous êtes allé chercher vos rêves, vos passions, ce qui vous fait vibrer au plus profond. Vous vous êtes reconnecté à votre ADN, à ce que vous voulez vraiment, à votre « pourquoi », et pas à ce que les autres attendent de vous. Vous avez commencé à entendre cette petite voix qui dit : c'est ça que je veux faire. C'est ça qui m'appelle. Dans le chapitre 3, vous avez transformé ces rêves en objectifs concrets. Pas juste « un jour, peut-être », mais des objectifs précis, réalisables, temporels et surtout motivants, votre SMARTER. Vous avez fixé un cap, une direction. Vous savez ce que vous voulez atteindre, et pourquoi.

C'est ici que tout commence vraiment. Parce que rêver, c'est important. Fixer des objectifs, c'est une phase clé. Mais, sans un plan d'action concret, tout cela reste de belles idées dans un carnet. Or, vous voulez que cela devienne réel. Il va donc falloir construire une stratégie. **La réussite, ce n'est pas un coup de chance**. C'est un plan, une méthode, une suite d'actions réfléchies. Sans stratégie, vous avancez dans le brouillard, à tâtons. Avec une stratégie claire et solide, chaque pas que vous faites devient réel. Chaque effort vous rapproche de votre but. Et cette stratégie, c'est exactement ce qu'on va bâtir ensemble dans ce chapitre.

Nous allons aux grandes questions : c'est quoi mon plan de match ? Quelles sont les étapes concrètes à suivre dans les prochaines semaines, les prochains mois ? Qui dois-je contacter ? Quels moyens dois-je mobiliser ? Quels obstacles dois-je anticiper ?

Imaginez que votre objectif est de vivre de la musique dans un an. Pour y arriver, il est nécessaire de découper ce grand objectif en petites étapes. Peut-être que la première consiste à acheter du nouveau matériel professionnel de musique. Puis prendre des cours de perfectionnement avec un coach individuel. Pour ensuite créer ou intégrer un nouveau groupe avec des musiciens professionnels, avant de démarrer un programme de répétitions avec le groupe. Et enfin lancer des campagnes de communication et de marketing pour se produire en public, etc. Vous voyez l'idée générale de cette nouvelle étape ?

Ce chapitre, c'est votre feuille de route. C'est là que vous allez structurer votre parcours, étape par étape. Et, croyez-moi, ce n'est pas qu'un exercice pratique. C'est l'étape où vous allez sentir que tout devient possible. Parce que, quand vous avez un plan clair et précis, vous savez exactement où vous allez.

Construisons ensemble votre stratégie gagnante, votre méthode pour avancer avec assurance et maximiser vos chances de succès. Ce n'est pas de la magie, c'est de la clarté, de la rigueur, et de l'ambition. Prêt à entrer dans l'arène ? C'est parti !

> **« Commencez par faire ce qui est nécessaire, puis ce qui est possible, et soudain vous ferez l'impossible. »**
>
> Citation attribuée à Saint François d'Assise (1181-1226), religieux catholique italien.

MA STRATÉGIE POUR RÉUSSIR LA PLUS GRANDE EXPÉDITION DE MA CARRIÈRE :

Gravir les sept plus hauts sommets d'Afrique du Nord de plus de 4 000 mètres (en soixante-douze heures en plein hiver)

Lorsque j'ai l'idée de gravir les sept sommets les plus hauts d'Afrique du Nord (Haut Atlas marocain) en seulement trois jours et deux nuits, dans des conditions hivernales extrêmes, je sais immédiatement que ce ne sera pas une expédition comme les autres. Là où certains mettent trois jours pour gravir un seul sommet comme le mont Toubkal (4 165 mètres), j'ai pour objectif d'en gravir sept. Une course contre le temps, contre l'altitude, et surtout contre mes propres limites. C'est un défi de taille, physique, mental, et logistique. Un défi qui, en décembre 2022, n'a jamais été réalisé. Même les guides locaux, pourtant expérimentés, ne veulent pas m'accompagner. « Impossible », disent la plupart. Mais, pour moi, vous le savez désormais, « impossible » n'est qu'une perception de l'esprit et qu'un mot à redéfinir.

VIDÉO : Mon défi des 7 sommets de plus de 4000 m

Ce défi extrême n'est pas qu'une question de performance. Chaque sommet symbolise un pas vers la maîtrise de soi, la quête de dépassement, une manière de repousser les limites. Pour réaliser cet exploit, il faut un plan. Un plan précis, rigoureux et adaptable. Avec mon guide volontaire pour me suivre dans cette expédition et mon binôme passionné d'alpinisme, nous étudions chaque sommet, chaque itinéraire, chaque transition. Nous anticipons toutes les variables. Combien de temps pour chacune des ascensions ? Combien de temps pour chacune des descentes ? Combien pour les transitions entre les sommets ? Avec quelle météo (vents, neige, glace, température) ? Où et quand pouvoir nous restaurer ? Où dormir ? Comment nous protéger aussi longtemps dans le froid (en particulier les nuits, prévues à 0 °C) ? Mon corps va-t-il supporter toutes ces conditions climatiques sept fois d'affilée à plus de 4 000 mètres d'altitude ? Comment maintenir une concentration maximale sur des crêtes dangereuses où la moindre erreur peut être fatale ? Chaque détail compte. Car chaque minute peut être déterminante dans la réussite ou l'échec du projet. Nous avons tout prévu. Tout anticipé.

Pourquoi en hiver ? Parce que j'aime ça, fondamentalement, mais aussi parce que c'est une difficulté supplémentaire. L'hiver impose des contraintes particulières, des périodes de jours plus courts, des conditions climatiques plus violentes. Je mets en place avec mon équipe un rétroplanning précis, du jour J jusqu'au début de la préparation. La date est fixée et le travail en amont doit être aussi rigoureux que l'expédition elle-même. Avec l'équipe qui m'accompagne, j'élabore un planning détaillé. Il n'y a aucune place pour l'improvisation, chaque étape est définie. Le plan de l'expédition est établi et il faut être prêt à l'exécuter. La préparation devient une part essentielle du plan. Chaque séance d'entraînement est cruciale, intense, en particulier sur le plan physique. Des semaines d'entraînements, des simulations en altitude, des exercices en conditions extrêmes pour habituer mon corps à l'épuisement et au manque de sommeil : je consacre des mois à conditionner mon corps à l'effort intense et prolongé. Je me confronte à la fatigue extrême, parce que je sais que je ne pourrai pas flancher une fois là-haut. La préparation mentale joue aussi un rôle clé. Je visualise dans les moindres détails l'accomplissement de ce défi. Mon « pourquoi » est ma boussole intérieure, mon étoile Polaire dans les moments de doute et de souffrance, celle qui me guidera lorsque les vents d'incertitude, de fatigue et de difficulté commenceront à souffler. La peur, au fil des jours, grandit. Mais, au lieu de me paralyser, elle devient mon moteur. Plus je me prépare, plus je prends confiance dans ma capacité à surmonter l'impossible. Avec un plan bien ficelé et une préparation minutieuse, il ne reste plus qu'à partir à l'aventure et à affronter la montagne avec cette passion et cette notion de plaisir dans mes tripes.

Le jour J, tout est prêt. Chaque élément de notre équipement a une raison d'être. La première ascension, celle du plus haut sommet d'Afrique du Nord, le mont Toubkal (4 165 mètres), puis celle du deuxième sommet (4 030 mètres) dans la même journée, me confrontent à la réalité de l'altitude. Une baisse de régime provoquant chez moi les premiers symptômes du mal aigu des montagnes. Le souffle court, nausées, fatigue intense, c'est dur, c'est très dur, j'ai mal… Mon binôme, lui, semble en meilleure forme que moi ce jour-là pour encaisser cette première montée en altitude. Ces difficultés étaient prévisibles. La stratégie mise en place n'est pas là pour éviter les obstacles, mais pour les surmonter, et je les surmonte. Le deuxième jour, nous partons pour l'ascension du troisième sommet (4 044 mètres), du quatrième sommet (4 025 mètres) et du cinquième sommet (4 030 mètres), et nos niveaux s'équilibrent. Mon corps, rodé, souffre moins, tandis que la fatigue commence à peser sur mon binôme. Nous sommes à égale mesure, éprouvés par l'altitude et les efforts intenses.

Le troisième jour, le jour final pour l'ascension du sixième sommet (4 089 mètres) et du septième sommet (4 083 mètres), je me sens dans une forme et une énergie puissante grâce à l'excitation de l'approche de la fin du défi. Mais c'est à mon binôme de lutter contre les symptômes de l'altitude. Nous continuons ensemble, dans des conditions extrêmes. Le vent, le froid (-15 °C), et des passages où la moindre erreur peut tout compromettre. Mais chaque sommet atteint est une victoire, un pas de plus vers cet objectif éblouissant. Les crêtes glacées, les vents violents et les nuits glaciales à 0 °C ne font que renforcer la fierté d'arriver au sommet final. Lorsque je pose le pied sur le septième sommet, une vague d'émotions me submerge, des larmes de bonheur, de joie et de fierté... Ce n'est pas seulement la satisfaction d'une victoire, mais la confirmation que, lorsque vous suivez votre vision, que vous vous alignez avec vos valeurs et que vous mettez en place une stratégie solide, l'impossible devient réalisable.

Identifier et briser ses limites est le premier pas, trouver son « pourquoi » et se connecter à son rêve profond est essentiel, se fixer un objectif SMARTER est la clé, mais c'est la stratégie et la discipline qui nous conduisent au sommet. Cette expédition a été l'un des tournants de ma vie. Elle m'a définitivement confirmé qu'avec une vision claire, une planification minutieuse et une détermination sans faille basée sur mon pourquoi, l'impossible devient possible.

Cette leçon est au cœur de tout ce que je fais, notamment dans mon programme « Osez l'impossible » : une expédition unique de trois jours et deux nuits, associant aventure et coaching à travers l'ascension du plus haut sommet d'Afrique du Nord (mont Toubkal – 4 165 mètres). Un programme qui illustre parfaitement ce que j'ai vécu et que je transmets dans cette aventure en petits groupes. Repousser ses limites, sortir de sa zone de confort et se redécouvrir pour accéder à son plein potentiel.

À ceux qui doutent de leur capacité à réaliser des exploits, rappelez-vous que la réussite réside dans l'équilibre entre rêve, stratégie et détermination. Et, parfois, ce qui semble impossible n'est qu'une occasion de créer une histoire extraordinaire.

RÉFLEXION ET INTROSPECTION : « QUEL EST VOTRE RAPPORT À LA PLANIFICATION ? »

Avant d'aller plus loin, **c'est à vous de jouer, prenez un instant pour vous**. Installez-vous au calme avec votre carnet et un stylo. Ce moment est essentiel, il marque le point de départ d'une véritable réflexion sur vous-même. Pas d'approximations, pas de réponses en surface. Creusez. Posez-vous les bonnes questions, celles qui vous challengent, celles qui vous font réfléchir autrement. Il s'agit de vous confronter à **vous-même.** Nous allons explorer votre rapport à la planification, vos réflexes et habitudes... Soyez honnête et sincère avec vous-même.

Identifiez ce qui fonctionne, tout autant que ce qui vous freine. En prenant conscience de votre fonctionnement, vous allez mieux cerner vos forces et vos axes d'amélioration.

Pourquoi cette introspection est-elle cruciale ? Parce que vous ne pouvez pas avancer sans savoir d'où vous partez. Planifier, c'est comme préparer une ascension. Il faut d'abord évaluer le terrain. Où êtes-vous ? Quels sont vos outils, vos forces, et quelles sont les failles que vous devrez combler ? Prenez le temps de répondre. Ne vous précipitez pas. Certaines questions peuvent être inconfortables, d'autres stimuleront votre curiosité. Suivez le fil, laissez chaque réponse vous guider vers une nouvelle prise de conscience. Ici, il n'y a pas de bonnes ou de mauvaises réponses, juste une exploration authentique de ce qui est. Cette introspection, c'est votre levier. C'est ici que tout commence. En prenant pleinement conscience de vos habitudes et de vos points d'amélioration, vous posez les premières pierres de votre transformation. Plongez sans détour, avec intention et engagement.

VOTRE OBJECTIF EST CLAIR : SORTIR DE L'INERTIE POUR AVANCER UNE QUESTION ET UNE RÉFLEXION À LA FOIS

▸ **Ai-je tendance à planifier ou à improviser** ?
Soyez honnête avec vous-même. Êtes-vous de ceux qui aiment anticiper chaque étape ou préférez-vous avancer à l'instinct ?

▸ **Est-ce que je m'organise en amont ou est-ce que je préfère m'adapter au fur et à mesure ?**
Visualisez votre quotidien : êtes-vous plutôt du genre à préparer vos affaires la veille ou à courir partout en dernière minute ?

▸ **Quand je planifie, est-ce plutôt à court terme ou à long terme ?**
Réfléchissez : vos plans sont-ils centrés sur la semaine à venir, ou voyez-vous déjà plus loin, à six mois, cinq ou dix ans ?

▸ **Est-ce que je me concentre principalement sur la gestion des tâches quotidiennes ou sur les grands objectifs de ma vie ?**
Ici, on touche au cœur de votre vision. Êtes-vous absorbé par la *to-do list* du jour, ou prenez-vous le temps de dessiner les grandes lignes de votre avenir pro et perso ?

▸ **Ma planification concerne-t-elle davantage la logistique ou les grandes aspirations ?**

Organiser des vacances ou des sorties entre amis, c'est bien. Dessiner un plan pour changer de carrière ou réaliser un rêve, c'est autre chose. Où vous situez-vous ?

- **Suis-je plus à l'aise avec les aspects pratiques ou avec des projets ambitieux et de long terme** ?

Il n'y a pas de bonne ou de mauvaise réponse, seulement une réalité. De quoi vous sentez-vous capable, et pourquoi ?

- **Ma planification est-elle subie ou active ?**

Est-ce que vous planifiez **pour répondre à des contraintes** – comme les obligations professionnelles ou familiales – ou parce que vous avez **envie d'avancer** vers vos propres objectifs ?

- **Est-ce que je ressens une satisfaction ou une pression dans ma manière de planifier ?**

Posez-vous cette question essentielle : la planification me donne-t-elle un sentiment de contrôle et de clarté, ou devient-elle une **source de stress et de rigidité** ?

- **Quand je pense à un objectif ambitieux, ai-je une idée claire des étapes à suivre ?**

Imaginez un objectif qui vous tient à cœur. Savez-vous comment vous y prendre, ou l'ampleur de la tâche vous paralyse-t-elle ?

Ces questions ne sont pas là pour vous juger. **Elles sont là pour vous éclairer.**

Le but ? Comprendre **où vous en êtes** aujourd'hui, et ce que vous pouvez améliorer pour avancer demain. Peut-être êtes-vous déjà un stratège dans l'âme, capable de visualiser des plans à court, moyen et long terme. Si c'est le cas, bravo : votre rapport à la planification est un **atout** considérable pour transformer vos rêves en réalité. Mais peut-être aussi que la planification vous semble **pesante**, presque oppressante. Peut-être avez-vous l'impression qu'elle vous **freine** plus qu'elle ne vous libère. Si c'est le cas, prenez conscience que la planification n'est pas une prison. Bien faite, elle devient un plan de match excitant et motivant, une source d'énergie et un véritable **tremplin pour atteindre votre but**. Cela donne à vos rêves une structure, et à vos actions une direction.

Le vrai défi ? Faire de la planification votre alliée, pas votre ennemie. Une méthode qui vous ressemble, qui vous aide à aller plus loin, plus vite, **sans vous écraser sous le poids des obligations**. Comme dans une expédition en montagne, chaque réponse que vous avez trouvée est un pas de plus vers votre sommet. Plus vous clarifiez **votre rapport à la planification**, plus vous serez en mesure de bâtir une **stratégie solide** pour atteindre vos objectifs.

Prenez ces réflexions avec vous. **Passez-les en revue, notez vos réponses.** Car ce que vous venez de faire, c'est poser les bases de votre prochain plan d'action. Cette réflexion vous permet d'identifier des pistes pour améliorer votre stratégie et transformer vos aspirations en réalité.

Et rappelez-vous que planifier, c'est le fait de prévoir et d'anticiper, mais ce n'est pas nécessairement tout maîtriser.

OUTIL : LES 7 ÉTAPES POUR UNE STRATÉGIE GAGNANTE

Prêt à passer à l'action ? Voici un plan en sept étapes pour construire **votre stratégie gagnante**. Pas de blabla. Pas de théorie floue. Ici, on avance **concrètement**, étape par étape. Votre réussite commence maintenant.

LES 7 ÉTAPES POUR FAIRE UN PLAN D'ACTION

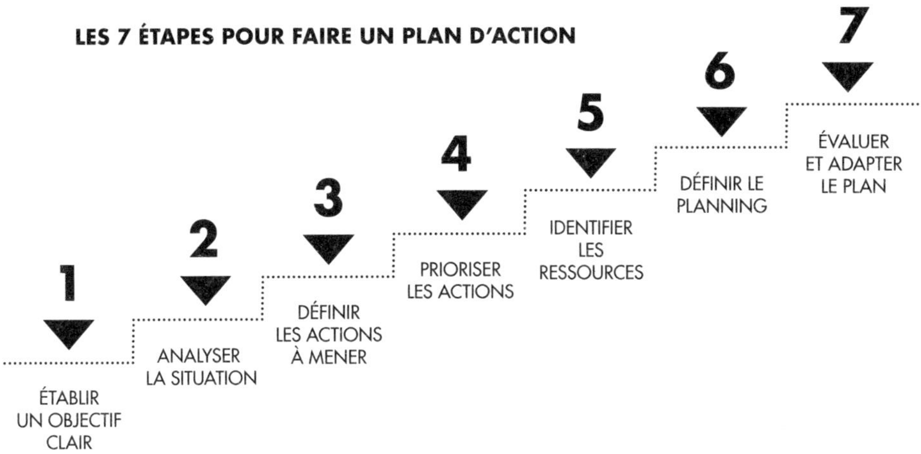

1. ÉTABLIR UN OBJECTIF CLAIR

Avant de foncer tête baissée, **posez votre cap.** Où voulez-vous aller ? Vous avez vu dans le chapitre précédent (chapitre 3) que votre objectif devrait être **SMARTER**.

Sinon, **STOP** ! Retournez en arrière, car **sans objectif, pas de direction**. Votre objectif, c'est **votre boussole**, la base solide sur laquelle chaque étape de votre plan s'appuie.

Posez-vous la question : qu'est-ce que je veux vraiment accomplir et pourquoi ?

> *Exemple : si votre objectif est de* ***changer de carrière*** *d'ici douze mois, assurez-vous qu'il est formulé ainsi : « Obtenir un poste dans le marketing digital d'ici un an en suivant une formation et en postulant à cinq offres ciblées par semaine. »*

2. ANALYSER LA SITUATION

Avant d'aller plus loin, prenez un instant pour **vous arrêter et observer.** Où en êtes-vous aujourd'hui ? Si vous voulez tracer une route vers votre objectif, il est indispensable de savoir d'où vous partez. Imaginez-vous prêt à gravir une montagne. Avant de vous lancer, il y a une phase essentielle de préparation : équipements, tracés, conditions, sécurité, encadrement, logistique, etc. C'est exactement ce que vous devez faire ici.

Cette phase d'analyse est cruciale avant de préparer un plan d'action réaliste pour **éviter de foncer dans l'inconnu**. Pas de complaisance, pas d'illusion. Soyez honnête avec vous-même. Une stratégie efficace repose sur des bases solides et une vision claire de votre position actuelle.

Prenez le temps d'établir un état des lieux précis en répondant à ces questions :

Quels sont vos atouts ?

Qu'avez-vous déjà entre les mains pour réussir ?

Commencez par identifier **vos forces** : quelles compétences, ressources ou atouts possédez-vous ? Ce sont les piliers sur lesquels vous allez vous appuyer pour avancer.

Vos talents, vos expériences, votre réseau, vos qualités personnelles. Peut-être êtes-vous organisé, persévérant, ou avez-vous déjà une expertise reconnue dans un domaine ? Ne minimisez rien, chaque ressource compte.

Quels sont vos points faibles ?

Regardez en face vos faiblesses. Sur quoi devez-vous travailler ou vous améliorer ? Quelles sont vos limites ou les obstacles internes à surmonter ? Pas pour vous juger, mais pour mieux les anticiper. Qu'est-ce qui vous manque pour atteindre votre objectif ? Avez-vous besoin d'une formation, d'un accompagnement, ou de libérer du temps dans votre agenda ? **Vos faiblesses ne sont pas des fatalités**. Les identifier, c'est déjà commencer à les résoudre.

Quelles opportunités s'offrent à vous ?

Quels éléments positifs pouvez-vous saisir ? Quels leviers pouvez-vous activer pour avancer ? Les opportunités sont parfois discrètes, mais elles existent toujours. Peut-être qu'un marché en pleine croissance vous ouvre des portes. Peut-être qu'un contact dans votre réseau pourrait vous aider. Ou qu'une nouvelle technologie simplifie l'une des étapes de votre plan. Repérez tout ce qui peut jouer en votre faveur.

Quelles contraintes pourraient vous freiner ?

Identifiez les contraintes : quels obstacles devrez-vous contourner ? Quels freins externes ou internes pourraient ralentir votre progression ? Cela peut être un manque de temps, de budget, des obligations familiales, ou encore une forte concurrence. Le but n'est pas de vous décourager, mais de **préparer des solutions** pour contourner ces obstacles au lieu de les subir.

Exemple : vous voulez lancer votre propre entreprise ? Voici à quoi pourrait ressembler votre analyse :

- ***Forces** : vous avez dix ans d'expérience dans le secteur. Vous êtes reconnu pour votre expertise et disposez d'un réseau professionnel solide.*
- ***Faiblesses** : vous n'avez jamais géré une entreprise auparavant et vous manquez de compétences en marketing digital.*
- ***Opportunités** : le marché que vous visez est en pleine croissance. Des aides financières pour les entrepreneurs sont disponibles.*
- ***Contraintes** : la concurrence est intense, votre budget est limité, et vous devez jongler avec des responsabilités familiales qui limitent votre temps.*

Avec ce bilan en main, vous voyez clairement où vous vous situez. Vous savez sur quoi vous appuyer, ce que vous devez renforcer, et quels défis vous devrez relever. Vous êtes prêt à avancer, en connaissance de cause.

Pour vous aider à structurer votre réflexion, prenez une feuille, ou ouvrez un document sur votre ordinateur, et divisez-le en quatre colonnes pour faire une analyse SWOT :

FORCES	FAIBLESSES	OPPORTUNITÉS	CONTRAINTES
Exemple : compétence, métier solide	Exemple : manque de budget	Exemple : marché porteur	Exemple : forte concurrence

Remplissez chaque colonne avec des éléments concrets et factuels. Soyez sincère et précis. Ce travail de clarté vous donnera une vision globale de votre point de départ et facilitera les prochaines étapes.

Analyser votre situation, ce n'est pas perdre du temps, c'est **gagner en lucidité** et en clarté pour agir plus efficacement. Trop de personnes se lancent tête baissée sans avoir fait ce travail préparatoire. Résultat ? Elles se retrouvent bloquées à la première difficulté, surprises par un obstacle qu'elles n'avaient pas anticipé. En prenant le temps d'établir ce diagnostic, vous :

- **clarifiez vos priorités** et concentrez vos efforts là où ils sont le plus utiles ;
- **identifiez vos leviers d'action** pour maximiser vos chances de réussite ;
- **anticipez les défis**, ce qui vous évite d'être pris au dépourvu.

C'est comme préparer un voyage. Plus vous connaissez votre point de départ et votre itinéraire, plus vous avez de chances d'arriver à destination. Prenez ce moment pour faire **le point sur vous-**

même. Soyez intègre, factuel, et, surtout, utilisez ce bilan comme un tremplin. Cette analyse est **votre fondation**. Une fois que vous l'aurez posée, vous pourrez bâtir une stratégie solide, étape par étape. **Cette étape est cruciale. Faites ce bilan. Votre réussite commence ici.**

3. DÉFINIR LES ACTIONS À MENER

Vous avez un objectif clair et une analyse précise de votre situation. Parfait. Il est temps de **planifier vos actions**. Car une vision, si inspirante soit-elle, ne se concrétise pas sans un plan précis. Votre objectif peut sembler ambitieux, voire intimidant. Pas de panique. **La clé est de le décomposer** en étapes accessibles et réalisables. Mises bout à bout, elles vous mèneront à votre but. Chaque petite victoire vous donnera confiance et vous motivera pour la suite. L'important, ce n'est pas de tout faire d'un coup, mais de **faire un pas chaque jour**. Imaginez que vous devez construire une maison. Vous ne pouvez pas poser le toit avant d'avoir bâti les fondations. Il en va de même pour vos actions : **une étape après l'autre**, dans un ordre logique, pour avancer sereinement.

Chaque action que vous définissez doit être :

- **claire** : que devez-vous faire exactement ? Formulez chaque action de manière précise, concrète et sans ambiguïté. Plus c'est clair, plus c'est facile à accomplir ;

- **pertinente** : pourquoi cette action est-elle importante ? Comment contribue-t-elle directement à votre objectif ? Une action sans lien avec votre but final est une perte de temps ;

- **réalisable :** pouvez-vous la mettre en œuvre immédiatement, ou avez-vous besoin d'étapes intermédiaires ? L'action doit être réaliste et actionnable dans un délai précis.

Lorsque vous détaillez ces actions, vous transformez votre objectif en une **feuille de route concrète**, qui vous guide à chaque étape. Fini le stress de ne pas savoir par où commencer. Vous avez maintenant un plan précis pour avancer.

> *Exemple : si votre objectif est de réussir un changement de carrière, voici comment vous pouvez découper vos actions :*
> - ***Étape 1 : suivre une formation en ligne ciblée** pour acquérir les compétences nécessaires (délai : trois mois).*
> - ***Étape 2 : mettre à jour votre CV et votre profil LinkedIn** pour refléter vos nouvelles compétences (délai : deux semaines).*
> - ***Étape 3 : construire une liste d'entreprises dans le secteur visé** et identifier les offres d'emploi pertinentes (délai : deux semaines).*
> - ***Étape 4 : postuler à cinq offres d'emploi par semaine** en adaptant chaque candidature à l'entreprise (répéter chaque semaine jusqu'à obtenir des entretiens).*
> - ***Étape 5 : préparer vos entretiens en travaillant sur vos points forts et vos expériences clés** (délai : en continu).*

Chaque action est claire, pertinente et réalisable. Vous savez exactement quoi faire, pourquoi vous le faites, et dans quel délai. **Résultat** ? Chaque étape vous rapproche de votre objectif. En avançant avec méthode et détermination, vous éliminez le sentiment de découragement face à un projet qui semble trop vaste. **Petit à petit, vous construisez votre succès.**

Définir vos actions, c'est faire le pont entre **la réflexion et la mise en œuvre**. Trop souvent, les personnes échouent non pas parce qu'elles manquent d'idées, mais parce qu'elles ne passent pas à l'action. En détaillant vos étapes, vous créez un **chemin clair et balisé** qui vous permet de rester motivé et de mesurer vos progrès.

Rappelez-vous que **chaque action compte.** Même les petites avancées, cumulées dans le temps, produisent de grands résultats. Prenez votre carnet, votre calendrier ou votre outil de planification habituel, et **définissez vos actions dès maintenant. Une étape à la fois.**

4. PRIORISER LES ACTIONS

Vous avez désormais votre liste d'actions. Excellent ! Mais, attention : **toutes n'ont pas le même degré d'importance.** Vous n'avez pas besoin de tout faire en même temps. Une bonne planification repose aussi sur la **priorisation** des actions. Pour être efficace, il faut savoir **identifier les actions prioritaires** – celles qui auront le plus grand impact sur vos résultats – et commencer par elles. Vous gagnerez en efficacité, en énergie, et vous éviterez de vous disperser. Posez-vous cette question : quelle est l'action qui, si je la réalise immédiatement, aura le plus d'impact sur mon avancement ? Commencez par là.

Ensuite, avancez étape par étape. Car, soyons honnêtes : le temps, l'énergie et les ressources ne sont pas illimités. Pour avancer efficacement, il faut choisir où concentrer vos efforts. Sans priorisation, vous risquez de vous disperser. Vous courez partout, vous vous épuisez et vous n'avancez pas vraiment. **Prioriser, c'est agir avec intelligence.** C'est choisir de faire **ce qui compte vraiment**, ce qui fait avancer votre projet, plutôt que de vous perdre dans des tâches secondaires.

Comment prioriser vos actions ?

Posez-vous cette question clé : si je ne pouvais faire qu'une seule chose aujourd'hui, laquelle aurait le plus grand impact sur mon objectif ?

Adoptez une approche logique et pragmatique

- **Classez vos actions par ordre d'importance.** Quelles actions ont un effet direct sur votre progression ?

- **Identifiez les actions urgentes.** Certaines tâches ont des délais serrés ou des conséquences si elles ne sont pas réalisées rapidement.

- **Évaluez les ressources nécessaires.** Quels efforts, temps ou moyens chaque action demande-t-elle ? Concentrez-vous d'abord sur ce qui est réalisable avec vos ressources actuelles.

Exemple : imaginons que vous préparez un voyage. Voici les actions que vous avez listées : réserver les billets d'avion, choisir les lieux de restaurants, trouver un logement, préparer une liste des activités, des choses à visiter. ***Quelle est l'action prioritaire*** *? Réserver les billets d'avion. Pourquoi ? Parce que, sans eux, le voyage n'aura pas lieu. Ensuite, vous pouvez chercher un logement, et seulement après penser aux restaurants ou aux activités.* ***Logique et efficace.***

La règle d'or : focus sur l'essentiel

Chaque jour, identifiez **les deux ou trois actions clés** qui feront avancer votre projet le plus rapidement possible. Ce sont ces actions qui créent du mouvement, qui débloquent des situations et qui vous rapprochent de votre objectif. **Tout le reste peut attendre.** Pour rester concentré, utilisez ces outils :

- **La *to-do list* priorisée** : classez vos actions par ordre d'importance et d'urgence.
- **La méthode des 80/20** : comme l'explique la loi de Pareto, 20 % des actions produisent 80 % des résultats. Identifiez ces 20 % et concentrez-vous dessus.
- **Le calendrier** : bloquez du temps pour vos actions prioritaires chaque jour.

La priorisation, c'est votre ligne directrice pour rester sur le bon chemin. C'est ce qui vous permet d'agir efficacement sans vous perdre en route. Chaque matin, prenez un moment pour identifier vos priorités. Posez-vous la question : quelle action fera avancer mon projet aujourd'hui ? Puis attaquez-la en premier. En concentrant vos efforts sur l'essentiel, vous avancez plus vite, avec plus de clarté et de résultats. **Moins de dispersion, plus de progression.**

5. IDENTIFIER LES RESSOURCES NÉCESSAIRES

L'analyse globale de votre situation (étape 2) vous a permis de poser un diagnostic complet de vos ressources et de vos lacunes. Cette étape va permettre d'identifier, dans le cadre de votre objectif précis, les ressources nécessaires pour avancer et les moyens concrets à mettre en œuvre. Car avoir un plan d'action est essentiel, mais encore faut-il avoir les moyens de le mettre en œuvre. À ce stade, il s'agit de faire l'inventaire des ressources nécessaires à la mise en place de votre plan d'action pour atteindre votre objectif !

Imaginez que vous préparez un voyage. Vous savez où vous allez, vous avez un itinéraire précis, mais avez-vous l'ensemble du matériel nécessaire pour la route ?

Commencez par lister les ressources nécessaires au déploiement de votre plan d'action, en distinguant deux types de ressources :

- **Les ressources internes** : temps, compétences, énergie, motivation.
- **Les ressources externes** : outils ou soutiens extérieurs tels que formation, partenaires, financement, outils techniques, mentorat, coaching…

Une fois cet inventaire réalisé, **identifiez vos lacunes**. Qu'est-ce qui vous manque pour avancer ? Où êtes-vous limité ? Cette étape est cruciale, car elle vous permettra d'anticiper les obstacles et de trouver des solutions avant même qu'ils ne vous freinent. Peut-être avez-vous besoin de déléguer certaines tâches à des experts ? De suivre une formation ? De dégager du temps dans votre emploi du temps ?

Exemple : Vous souhaitez lancer une boutique en ligne.
- ***Ressources internes*** *: votre motivation, des compétences basiques en informatique, votre temps pour gérer le projet.*
- ***Ressources externes*** *: une plateforme e-commerce pour créer le site, un graphiste pour le design, un outil de gestion des stocks, un plan d'accompagnement marketing digital pour attirer vos premiers clients.*
- ***Lacunes identifiées*** *: vous n'avez pas de compétences en design ? Trouvez un freelance ou un modèle de site préconçu. Manque de budget ? Prévoyez une solution de financement ou démarrez avec une version allégée.*

Cette étape vous permet d'aborder votre projet **avec réalisme et anticipation**. Vous avez identifié vos forces, donc vous devez chercher de l'aide et comment combler les manques. Pour appliquer concrètement cette étape à votre objectif, je vous propose un exercice pratique de cartographie des ressources à la fin de ce chapitre.

6. DÉFINIR UN PLANNING

Un plan d'actions sans calendrier, c'est comme une voiture sans GPS. Vous savez où vous voulez aller, mais vous risquez de vous perdre en chemin. Pour **transformer votre plan en résultats concrets**, vous devez organiser chaque étape dans le temps avec précision.

Pourquoi ? Parce qu'un calendrier donne du rythme, de la structure, et, surtout, il vous oblige à passer à l'action.

Découpez votre plan en étapes claires et datées

Commencez par prendre votre grand objectif et décomposez-le en tâches mensuelles, hebdomadaires, voire quotidiennes. Chaque action listée en étape 3 doit avoir une **date de début et une date de fin**. Cela vous permettra de suivre votre progression et d'éviter la procrastination.

- **Tâches mensuelles** : quels grands jalons voulez-vous atteindre ce mois-ci ? C'est votre vision globale.

- **Tâches hebdomadaires** : quels petits pas devez-vous accomplir cette semaine pour avancer ? Cela vous aide à rester focalisé.

- **Tâches quotidiennes** : que devez-vous faire aujourd'hui pour respecter votre planning ? Ici, pas de place pour les doutes, vous passez à l'action.

> *Mon conseil* : ***priorisez vos actions*** *comme nous l'avons évoqué précédemment pour avancer sur ce qui compte vraiment en premier.*

Intégrez des marges de manœuvre

La vie est pleine d'imprévus. Votre planning doit être assez souple pour les absorber sans vous faire paniquer. Prévoyez des moments « tampons » dans votre calendrier pour gérer les retards ou les obstacles inattendus. Une demi-journée par semaine, ou quelques jours par mois suffisent pour respirer et ajuster si nécessaire.

Fixez des *deadlines* réalistes

L'erreur la plus fréquente ? Être trop optimiste sur le temps nécessaire pour accomplir chaque tâche. Prenez en compte votre rythme de travail et vos impératifs personnels (vie de famille, sport, voyages...). Une *deadline* réaliste est un moteur qui vous pousse en avant, pas une pression qui vous écrase.

Exemple : vous préparez un examen, vous pouvez définir un calendrier sur six semaines pour réviser chaque sujet, avec des jours tampons pour réviser les notions difficiles.

- ***Semaine 1** : révision du chapitre 1 + exercices d'application.*
- ***Semaine 2** : révision du chapitre 2 + approfondissement des points difficiles.*
- ***Semaine 3** : révision du chapitre 3 + test blanc pour évaluer vos progrès.*
- ***Semaine 4** : consolidation des chapitres 1 et 2 + une journée tampon pour revoir les blocages.*
- ***Semaine 5** : consolidation du chapitre 3 + révision générale.*
- ***Semaine 6** : révision finale + deux jours tampons pour souffler et gagner en confiance avant l'examen.*

Visualisez votre planning

Pour rendre votre calendrier concret et motivant, utilisez des outils visuels :

- **Un agenda** : bloquez des créneaux horaires pour chaque tâche importante.

- **Une *to-do list* hebdomadaire** : cochez chaque action accomplie pour mesurer vos avancées et avoir ce sentiment de satisfaction par rapport au chemin déjà parcouru.

- **Un tableau de bord** : sur une feuille, un tableur ou un outil comme Trello, placez vos actions et vos *deadlines* pour avoir une vision claire de ce qui reste à faire.

Un calendrier bien conçu, c'est un **plan d'action renforcé**. C'est un plan qui ne laisse aucune place à l'improvisation. Vous savez précisément **quoi faire et quand le faire**. Chaque jour, vous avancez pas à pas, sans perdre de temps ni d'énergie à vous demander par où commencer. N'oubliez pas que **le succès vient**

de la régularité. Même les petites actions, répétées chaque jour, mènent à des résultats spectaculaires. Planifiez, respectez vos échéances, ajustez si nécessaire, et surtout... passez à l'action !

7. ÉVALUER ET ADAPTER LE PLAN

Vous avez planifié, vous avez avancé... mais le chemin ne sera jamais linéaire. **La réalité est dynamique, et votre stratégie doit l'être aussi**. Un plan sans évaluation, c'est comme un pilote sans radar. Vous n'êtes jamais sûr de savoir où vous êtes vraiment. L'évaluation régulière est essentielle pour savoir où vous en êtes, ce qui fonctionne, et surtout ce qui ne va pas.

L'évaluation ne se fait pas en une seule fois. Elle doit être continue et régulière. C'est ce qui vous permet de **rester agile** dans votre approche, de vous adapter sans perdre de vue votre objectif final. L'adaptabilité est la clé de la réussite. **Pivoter** n'est pas un échec, c'est un ajustement stratégique gagnant. Cela signifie que vous avez suffisamment de recul pour voir où ça coince et que vous êtes prêt à corriger le tir pour mieux rebondir. Ne vous laissez pas piéger par l'idée que vous devez absolument suivre le plan à la lettre. Un plan est une **cartographie** de votre parcours, mais il se peut que la route devienne plus complexe ou que des imprévus surviennent. Ce qui compte, c'est de savoir réagir. **Il ne s'agit pas de forcer le plan, mais de l'adapter.**

> *Exemple : vous vous entraînez pour un semi-marathon et une blessure survient : ne laissez pas cet obstacle vous faire abandonner.* ***Adaptez-vous*** *! L'objectif reste le même, mais le chemin pour y arriver peut changer. Remplacez les courses intenses par des entraînements de renforcement musculaire doux, ajustez le calendrier et continuez à avancer sans pression. L'important est de ne pas vous arrêter, de garder votre objectif en vue tout en*

ajustant vos actions à la réalité du moment. ***C'est ça, la stratégie gagnante. Avancer, même quand le terrain devient plus difficile.***

Vous allez rencontrer des obstacles, c'est certain. Mais chaque obstacle est une occasion de revoir votre plan, de l'améliorer, et de vous rapprocher de votre but avec encore plus de clarté. (Nous reparlerons plus largement des obstacles et de comment les gérer, dans le chapitre 7.) **L'évaluation et l'adaptation ne sont pas un luxe, elles sont essentielles pour atteindre vos objectifs.** Dans le chapitre 8, je vous expliquerai en détail comment les utiliser pour affiner votre stratégie et aboutir à la réalisation de votre rêve.

Ces sept étapes sont votre **feuille de route stratégique**. Ne sautez aucune d'elles. Chaque étape est une brique solide qui renforce votre plan et vous rapproche de vos objectifs. Votre stratégie est désormais **claire**, **structurée**, et surtout prête à être mise en action. N'attendez plus. **Passez à l'action tout de suite.** Parce qu'une planification bien faite ne reste pas théorique. Elle transforme vos ambitions en **réalité concrète**. Lancez-vous ! L'action est le moteur qui vous fera avancer « pas à pas » vers le succès.

« Celui qui échoue à planifier planifie son échec. »

Citation attribuée à Benjamin Franklin (1706-1790),
homme politique, scientifique et diplomate américain.

RETOUR D'EXPÉRIENCE

LA STRATÉGIE DE SOPHIE : PASSER DU PLANNING SUBI À LA PLANIFICATION RÉUSSIE

Sophie, mère de trois enfants, vient me voir avec ce qui semble être une situation paradoxale. Elle est une véritable experte en gestion du temps. Son quotidien est une symphonie de planification : gérer les emplois du temps scolaires, coordonner les activités sportives des enfants, organiser les rendez-vous médicaux, planifier les repas, et s'occuper de toute la logistique familiale. Une gestion d'intendance impeccable. Pourtant, quelque chose cloche. Sophie se sent frustrée. Elle n'arrive pas à avancer sur ses besoins personnels. Ses objectifs semblent hors de portée, noyés sous les urgences du quotidien. Comme beaucoup de gens, Sophie vit dans un tourbillon d'obligations et d'imprévus, où chaque journée semble dictée par les impératifs de l'instant. Sa planification n'est pas un choix, mais une réaction constante aux contraintes. Elle répond aux urgences sans jamais prendre de temps pour ses propres ambitions. Elle a parfaitement conscience du cercle vicieux dans lequel elle est prisonnière, mais elle n'arrive pas à voir comment s'en sortir...

Comment Sophie peut-elle sortir de son cercle vicieux ?

La première étape pour Sophie est de prendre le temps de préciser ce qu'elle souhaite au plus profond d'elle en se posant cette question : qu'est-ce qui compte vraiment pour moi, au-delà de toutes les urgences et obligations ? Et la réponse est frappante. C'est retrouver de l'énergie en reprenant le sport et commencer une formation pour booster sa carrière. Ses objectifs clarifiés, Sophie a une révélation. Ses ambitions sont tout aussi légitimes et importantes que de gérer la vie de famille et doivent absolument trouver leur place dans son quotidien. Elle comprend que reprendre le sport et commencer une formation ne sont pas des projets accessoires, mais des besoins essentiels pour avancer dans sa vie.

Comment Sophie peut-elle intégrer ses ambitions personnelles dans un quotidien déjà trop chargé ?

C'est là que la stratégie gagnante rentre en jeu. Ensemble, nous travaillons à décomposer ses objectifs en étapes concrètes et réalistes. Reprendre le sport ? Ce n'est pas un défi monumental, mais un engagement à faire une séance de trente à quarante minutes, deux fois par semaine. Débuter sa formation ? Commencer par consacrer deux matinées par semaine (jeudi matin et samedi matin de 9 heures à 12 heures) à sa formation en ligne, sans chercher à tout dévorer d'un coup, mais en avançant à son rythme. Ces actions sont en réalité les petites pierres qui vont construire un chemin solide vers ses ambitions.

Ensuite, nous analysons ses ressources et ses contraintes. Sophie a beaucoup de choses à gérer, mais elle identifie des moments où elle peut déléguer certaines tâches. Elle propose à son conjoint de prendre en charge les devoirs des enfants une fois par semaine. Elle introduit également des solutions pratiques pour alléger son quotidien, comme le *batch cooking*, pour simplifier les repas et gagner du temps. Ce n'est pas une question de tout faire, mais de faire les choses de façon plus stratégique et réfléchie.

Avec ces actions définies, Sophie crée un planning précis. Chaque action a sa place, qu'elle soit liée à sa vie familiale ou à ses objectifs personnels. Ce qui était autrefois une gestion du temps subie devient une planification intentionnelle. Elle ne se contente plus de répondre aux urgences. Elle organise son quotidien pour libérer du temps pour elle-même. Et les résultats sont rapides. En l'espace de quelques semaines, Sophie commence à voir les effets de cette planification structurée. Non seulement elle avance sur ses objectifs personnels, mais elle se sent mieux dans son corps, plus énergique grâce au sport, et a déjà validé plusieurs modules de sa formation en ligne. Elle gère toujours en parallèle ses obligations familiales mais avec beaucoup plus d'enthousiasme et de sérénité. La planification de sa stratégie gagnante ne permet pas seulement à Sophie de réaliser ses projets, elle transforme aussi sa perception du temps. Elle n'est plus victime de son agenda, mais actrice consciente de ses choix. Sophie comprend qu'une planification réussie ne consiste pas juste à gérer l'urgence, mais à aligner ses actions avec ce qui compte vraiment pour soi. C'est la clé pour une harmonie retrouvée. Grâce à ce processus, elle retrouve un équilibre entre sa vie de mère et ses projets personnels. En transformant un planning subi en une planification intentionnelle, elle met en place des actions, chaque jour un peu plus près de ses objectifs. Ces petites actions régulières sont devenues les fondations solides de son succès. Aujourd'hui, Sophie ne se contente plus de rêver de changement. Elle le vit, chaque jour, grâce à un plan qui lui permet de concilier vie personnelle et ambitions professionnelles.

Le parcours de Sophie est une belle illustration de ce que ce chapitre évoque. Une planification bien pensée, structurée et élaborée stratégiquement est la clé pour transformer des rêves en réalité. Une action à la fois.

EXERCICES PRATIQUES

EXERCICE 1 : DIVISEZ VOTRE OBJECTIF EN MICRO-OBJECTIFS

Passer à l'action peut parfois donner l'impression de gravir une montagne immense, vertigineuse, presque infranchissable. C'est normal. Face à un objectif final trop ambitieux ou mal structuré, on se sent vite submergé, découragé, et c'est là que la procrastination et la démotivation s'installent. Mais il existe une solution : **la méthode des petits pas**.

Imaginez une échelle. Tout en haut, au sommet, se trouve votre objectif ultime : un rêve, un projet ou une ambition. Cette échelle symbolise votre chemin. Regardez bien les barreaux. **Chaque**

barreau représente une étape, un sous-objectif clair, concret et atteignable. Vous ne pouvez pas sauter directement au sommet, mais, barreau après barreau, vous avancez, sans forcer, sans vous épuiser.

Comparez ces deux échelles ; deux scénarios s'offrent à vous :

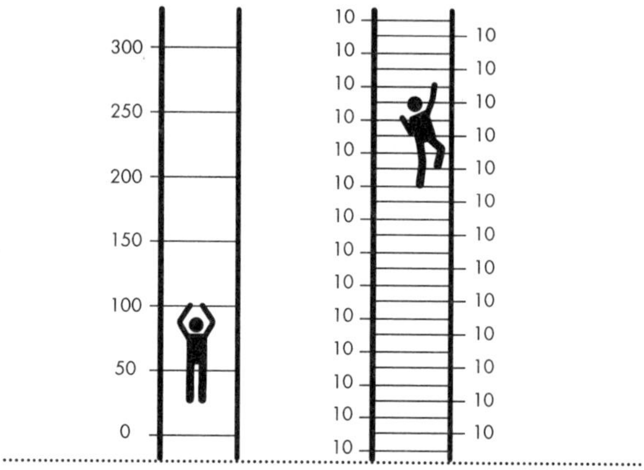

À gauche, l'échelle n'a que quelques barreaux, tous très éloignés les uns des autres. Monter devient un véritable défi. Chaque pas est un effort colossal, et une fois une marche atteinte, vous êtes mentalement épuisé. Résultat ? La motivation s'effondre.

À droite, l'échelle est divisée en plusieurs barreaux, proches les uns des autres. Chaque étape est facile à franchir, réalisable dans votre quotidien. Vous grimpez vite, presque sans y penser, et, surtout, vous accumulez des petites victoires qui nourrissent votre énergie et votre confiance. C'est exactement cela, **la méthode des micro-objectifs**. Vous avancez progressivement, à votre rythme, en évitant les montagnes russes émotionnelles.

Comment gravir votre échelle ?

La méthode des petits pas repose sur cette idée essentielle : **chaque grande réalisation commence par une première étape.** Vous n'avez pas à tout accomplir d'un coup, mais à avancer un pas à la fois. Voici comment transformer votre objectif en réalité, sans vous laisser envahir.

Commencez par regarder le sommet

Visualisez votre objectif final, ce rêve ou cet objectif que vous voulez atteindre (exercice chapitres 2 et 3) : écrire un livre, courir un marathon, lancer votre entreprise. Si vous ne savez pas exactement où vous voulez aller, comment pourriez-vous tracer un chemin ?

Divisez (votre objectif) pour mieux régner

Un objectif immense va nous effrayer, mais une série de petites étapes, c'est faisable et réalisable autant dans notre conscient que dans notre inconscient. Transformez votre montagne en une série de petites collines. Vous voulez écrire un livre ? Ne pensez pas immédiatement aux trois cents pages à rédiger. Concentrez-vous sur une tâche comme définir le sujet, puis établir un plan, écrire une page, puis un chapitre… Chaque action est un barreau de votre échelle. Et chaque barreau vous rapproche du sommet. **Rendez chaque petit pas clair et atteignable.** Ne laissez pas vos étapes rester floues. Posez-vous les bonnes questions : que dois-je faire exactement ? De quelles ressources ai-je besoin ? Quelle est ma prochaine date butoir ?

Une action claire, précise et planifiée, est une action faisable. Par exemple, au lieu de vous dire : je vais commencer à courir, fixez-vous un objectif concret : je cours 5 kilomètres tous les samedis matin pendant que les enfants sont à leurs activités. Plus c'est clair, plus c'est motivant.

Adaptez vos micro-objectifs à votre vie

Votre échelle doit être « écologique ». Cela signifie qu'elle doit respecter votre rythme, vos contraintes, et votre énergie. Ne vous imposez pas des efforts qui viendront chambouler tout votre quotidien au point de créer du stress ou de l'épuisement. Chaque barreau doit s'intégrer harmonieusement dans votre vie. Vous voulez avancer, mais sans brûler vos réserves. **Savourez chaque victoire.** C'est une clé essentielle pour moi dans la vie ! Ne sous-estimez jamais la puissance d'un petit succès. Ces victoires, si modestes soient-elles, sont des briques qui renforcent votre confiance. Prenez le temps de les célébrer. Un café en terrasse, un moment de gratitude avec vous-même ou avec votre conjoint, un moment de fête avec vos enfants, etc. Chaque barreau monté mérite d'être reconnu. C'est cette accumulation de petites victoires qui vous amènera plus facilement et plus sereinement jusqu'au sommet.

Avancez pas à pas

Pas de sauts précipités, pas de fondations fragiles. Vous construisez votre réussite avec méthode et sérénité. **Vous restez concentré et motivé.** Plutôt que de vous disperser face à l'immensité d'un objectif, vous vous concentrez sur ce qui compte ici et maintenant. Cette progression régulière nourrit une motivation profonde. **Vous réduisez la pression.** Au lieu d'être asphyxié par l'objectif global, vous avancez dans un état d'esprit apaisé. Pas de surcharge mentale, pas de paralysie face à l'ampleur de la tâche. Juste de la clarté et une progression constante. **Vous renforcez votre confiance**, car chaque étape franchie devient une preuve tangible de vos capacités. Vous réalisez que vous êtes en mouvement, que vous progressez, et cela ancre en vous une certitude : **vous êtes capable**. Cette confiance qui grandit au fil du chemin devient un moteur puissant pour affronter les défis suivants. **Ensemble, ces bénéfices créent un cercle vertueux.** Moins de stress, plus d'élan, une confiance renforcée, ce sont les ingrédients d'un changement durable. Et ce changement, vous le construisez à votre rythme, en respectant votre équilibre. Il ne s'agit pas d'arriver vite, mais d'avancer bien.

À vous de jouer

Prenez une feuille, un carnet ou même une note sur votre téléphone et écrivez : quel est mon sommet ? Quels sont les barreaux de mon échelle ? Quel est le tout premier pas que je peux faire aujourd'hui ? Écrivez tout. Visualisez votre échelle et placez vos barreaux. Posez une première action atteignable, puis commencez. **Ne cherchez pas à sauter. Montez doucement, à votre rythme.** L'essentiel n'est pas d'arriver au sommet tout de suite, mais de commencer à grimper. Prenez le temps nécessaire pour visualiser votre prochain pas, pas l'objectif final, juste le prochain barreau. Et ainsi de suite, barreau après barreau, les uns après les autres. **C'est ainsi que les grandes transformations prennent vie.** Et souvenez-vous que chaque pas compte. **Une échelle bien construite vous mène toujours au sommet.**

EXERCICE 2 : CARTOGRAPHIEZ VOS RESSOURCES

Nous avons évoqué dans l'étape 5 de votre stratégie gagnante l'importance d'identifier les ressources nécessaires à la mise en œuvre de votre plan d'actions. Et c'est exactement ce que cette cartographie va vous permettre de faire.

Pour atteindre vos objectifs, il est essentiel de savoir avec quoi vous travaillez. Vos ressources sont vos alliées et vos atouts. Cet exercice va vous permettre de mettre les choses à plat, d'identifier clairement ce que vous avez déjà et ce qu'il vous manque. C'est une étape clé pour avancer avec lucidité et force.

Le *mind mapping*, ou carte mentale, est un outil visuel efficace pour organiser vos idées de manière claire et intuitive. Vous partez du centre – ici, votre objectif – et vous développez autour de ce noyau des branches représentant les thèmes ou catégories importantes. Chaque branche peut ensuite être subdivisée en sous-branches pour détailler davantage vos réflexions. Ce format est idéal pour visualiser vos ressources, structurer vos idées et identifier des opportunités ou lacunes.

Prenez une feuille blanche. Au centre, écrivez votre objectif ou votre rêve, celui qui vous fait vibrer et que vous souhaitez atteindre. Visualisez-le clairement, car il sera le point de départ de cet exercice. À partir de cet objectif, tracez deux grandes branches, les « **ressources internes** » et les « **ressources externes** ».

Puis prenez un moment pour réfléchir à tout ce dont vous avez besoin pour progresser vers votre objectif. Notez tout ce qui vous vient à l'esprit, sans vous limiter : quelles compétences sont indispensables pour atteindre votre objectif ? Les possédez-vous déjà, ou faut-il envisager une formation pour les acquérir ? Disposez-vous du temps nécessaire pour vous consacrer pleinement à votre projet, ou devrez-vous réorganiser votre emploi du temps ? De quoi avez-vous besoin pour maintenir votre motivation et renforcer votre engagement ? Les outils : de quels logiciels, plateformes ou équipements avez-vous besoin ? Existe-t-il des formations, des financements ou des programmes d'accompagnement ? Etc.

Pour chacune des ressources qui vous vient à l'esprit, décidez si elle fait partie de vos ressources internes ou s'il s'agit d'une ressource externe. Et notez-la sur votre carte en la rattachant au type de ressource dont il s'agit. Répétez pour chacune des ressources nécessaires à l'atteinte de votre objectif.

Soyez curieux et audacieux. **Parfois, les meilleures ressources sont celles que vous n'avez pas encore envisagées**. Vous avez désormais la cartographie des ressources nécessaires à la mise en place de votre plan d'action.

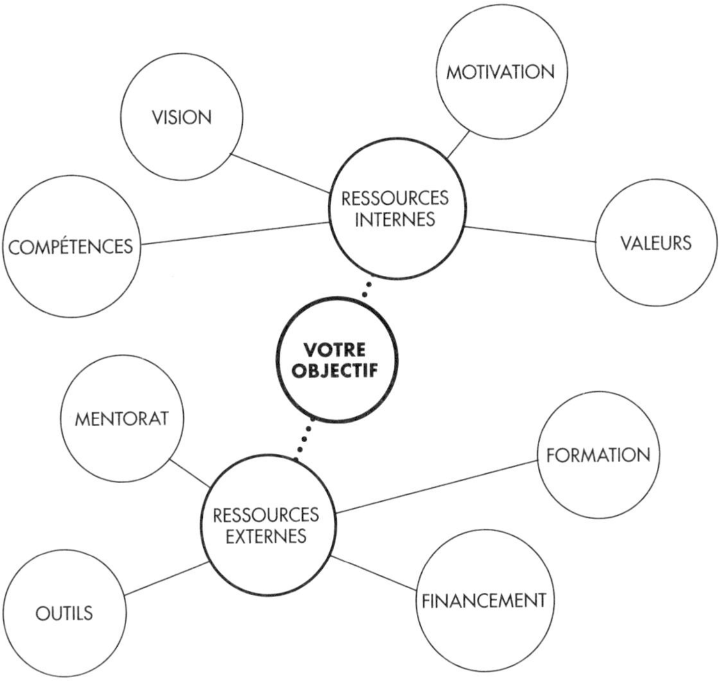

Ensuite, identifiez les manques et les solutions. Regardez votre carte et posez-vous ces questions : quelles ressources ai-je déjà à disposition ? Et où sont mes lacunes ? Pour chaque ressource identifiée, évaluez si vous l'avez déjà ou si elle vous manque. Pour rendre cette étape visuelle et intuitive, utilisez un code couleur. Par exemple, du vert pour ce qui est déjà à votre disposition, du orange pour ce qui est à développer et du rouge pour ce qui reste à acquérir. Si une compétence manque, pouvez-vous la développer ? Si un outil vous fait défaut, pouvez-vous l'acquérir ? Si un soutien est nécessaire, qui pouvez-vous solliciter ? Pour aller plus loin, enrichissez chaque branche rouge ou orange avec des sous-branches qui détaillent les aspects spécifiques de comment vous pourriez acquérir ou développer ces ressources : formation, coaching, freelance, réorganisation, sous-traitance, recrutement... Identifiez les personnes ou les outils qui pourraient vous accompagner, comme un mentor, des partenaires, un financement ou une nouvelle technologie.

Puis classez et priorisez. Toutes les ressources n'ont pas la même importance. Priorisez ce qui est le plus crucial pour avancer aujourd'hui.

Cet exercice est important, car il vous donne une vision claire de votre terrain de jeu en un coup d'œil. Vous ne restez plus bloqué dans l'incertitude. Vous savez avec quoi vous pouvez construire, et ce que vous devez aller chercher. Il vous permet de naviguer avec confiance, en utilisant tout ce qui est à votre disposition pour franchir vos étapes, gravir les barreaux de votre échelle. Sortez votre feuille, ouvrez votre esprit, et cartographiez votre succès. À vous de jouer.

> *Mon astuce* : ***L'heure stratégique hebdomadaire***
> *Connaissez-vous cette citation : « Je suis pressé donc je prends le temps » ? Consacrez une heure chaque semaine pour faire le point sur votre stratégie. Pendant cette heure :*
> - *Vérifiez les avancées de la semaine.*
> - *Ajustez les actions si nécessaire.*
> - *Fixez des micro-objectifs précis pour la semaine suivante.*
>
> *Cette routine hebdomadaire n'est pas qu'un check-up. C'est une manière de rester maître de votre stratégie, d'ajuster le cap si nécessaire, et de transformer chaque semaine en une opportunité de progresser. Une heure bien investie pour ancrer durablement votre engagement et atteindre vos objectifs avec constance et motivation.*

Avec ces deux exercices et les sept étapes d'une stratégie gagnante que vous venez de découvrir, vous avez tout ce qu'il faut pour **créer une stratégie solide, claire et imparable**. La question n'est plus « je vais essayer », mais « je vais le faire ». Vous avez désormais les clés en main, il n'y a plus qu'à foncer. **Passez à l'action, transformez vos objectifs en résultats concrets et faites de votre rêve une réalité** !

« La persévérance, c'est ce qui rend l'impossible possible, le possible probable et le probable réalisé. »

Citation attribuée à Léon Trotsky (1879-1940), révolutionnaire et théoricien marxiste russe.

CHAPITRE 5

CULTIVEZ L'AUDACE ET LA CONFIANCE EN VOUS

AUDACE + CONFIANCE = ACTION

Dans le chapitre 3, nous avons identifié vos objectifs. Dans le chapitre 4, nous avons élaboré une stratégie claire et structurée pour les atteindre. Vous avez visualisé vos rêves, exploré vos aspirations profondes et construit un plan solide. Tout cela a préparé le terrain, mais il manque une clé essentielle pour transformer vos rêves en réalité : passer à l'action.

Imaginez ce moment où l'idée prend vie, où vous passez du « et si » au « j'y vais ». Ce frisson d'excitation mêlé à une pointe de peur. Ce saut dans l'inconnu. Pour franchir ce cap, il faut un plan, une liste d'objectifs bien définis et surtout deux forces indispensables : l'audace et la confiance. Sans elles, vous hésitez, procrastinez, ou, pire encore, vous renoncez. Alors qu'avec elles chaque pas, même difficile, devient possible.

L'audace, c'est ce feu intérieur qui vous pousse à oser. La confiance, c'est cette voix calme qui vous murmure que vous en êtes capable. Ensemble, elles forment un duo puissant, le moteur de toutes les grandes transformations. Nous allons explorer comment ces deux forces peuvent changer la donne. Vous apprendrez à sortir de votre zone de confort, à oser des choses nouvelles, et à ancrer en vous la certitude que vous pouvez relever n'importe quel défi. Pas à pas, action après action, vous allez bâtir un cercle vertueux où chaque petite victoire alimente un peu plus votre audace et votre confiance. Développer un *mindset* audacieux et confiant est un processus global, un véritable entraînement à 360°. Chaque pas que vous ferez pour cultiver ces *soft skills* renforcera votre capacité à relever des défis plus grands, à affronter l'inconnu et à transformer vos objectifs en réalité.

Dans ce chapitre, vous découvrirez comment cultiver ces deux qualités fondamentales. Vous apprendrez que **l'audace n'est pas un don réservé à quelques privilégiés, mais une habitude à développer**. Vous êtes sur le point d'agir, d'allumer la flamme de l'audace pour transformer vos objectifs et vos rêves en réalité.

« L'audace, ce n'est pas l'absence de peur. C'est la décision de ne pas la laisser vous paralyser. »

Nicolas Felger

MOBILISER MON AUDACE ET MA CONFIANCE EN MOI POUR PARTIR À L'ASSAUT DU PLUS HAUT SOMMET D'EUROPE : LE MONT BLANC !

4 806 mètres d'altitude, c'est le plus haut sommet d'Europe. Un rêve que je porte en moi depuis longtemps. Pour mes 40 ans, c'est décidé, je me lance le défi : partir à l'ascension du mont Blanc et monter sur le « toit de l'Europe ». J'entre dans la cour des grands. Une véritable épreuve pour aller défier celui que l'on nomme « le géant blanc » ! Le mont Blanc n'a rien d'une randonnée. Il exige tout : la technique, l'endurance, la capacité à encaisser l'altitude, la difficulté à gérer l'effort sur la durée, à apprivoiser le vide, la glace, le froid. Il vous met face à vos limites. Il vous impose en

permanence de les repousser. Ce n'est pas juste une question de « pouvoir ». Avant même de poser un pied sur la montagne, il faut une chose fondamentale, l'audace de dire « OUI », et la confiance de croire que « j'en suis capable ».

L'audace, c'est le moment où l'idée germe et où la peur essaye de se dresser pour tout arrêter, tandis qu'un autre moteur vous dit que c'est possible. Quand l'idée de gravir le mont Blanc a germé, une petite voix me dit immméditament : « C'est quand même un gros morceau, le mont Blanc ! Est-ce que ça va passer cette fois-ci ? » Ces doutes, je les entends. Ils sont réels, et pourtant mon audace, cette autre petite voix intérieure, lui répond : « Ma volonté de faire cette ascension est aussi solide que cette montagne, donc je vais y arriver, il n'y a aucun doute là-dessus. » **L'audace, ce n'est pas l'absence de peur, mais la capacité à regarder la peur en face et à choisir de ne pas en faire un obstacle**. Mon audace me permet de me lancer dans ce nouveau défi, mais il faut que mon niveau de confiance soit à son maximum pour pouvoir réaliser cette ascension !

La confiance n'arrive pas du jour au lendemain. La mienne s'est forgée au fil des années, à travers mes différentes ascensions. La confiance ne réside pas uniquement dans la croyance que je peux réussir, mais dans la conviction intérieure que même dans l'inconnu, même face à l'imprévu, je saurai réagir avec calme et efficacité.

Trois jours de stage sont obligatoires. Trois jours pour valider les fondamentaux : acclimatation, encordage, techniques d'alpinisme, escalade sur glace, gestion de crises et accidents. Trois jours intenses, où chaque détail compte. Parce que, sur le mont Blanc, pas d'improvisation. Lors de ce stage, l'équipe technique et les guides de haute montagne évaluent vos capacités physiques et mentales. Ils testent votre endurance, votre aptitude à vous adapter à l'altitude, à avancer dans l'effort malgré la fatigue.

Sur le mont Blanc, on grimpe par trinômes : un guide de haute montagne et deux alpinistes encordés. Sécurité avant tout. Le guide observe comment vous réagissez au sein du groupe, là-haut, l'esprit d'équipe est la clé. Si vous voulez atteindre le sommet, vous devez être prêt à vous dépasser, mais aussi à faire confiance aux autres. Un stage exigeant, où j'apprends, je progresse, je repousse mes limites. L'ascension n'est plus un rêve lointain. Elle est là, tout près. Je suis prêt. C'est là que tout devient sérieux. L'ascension, c'est le gros morceau. Nous quittons Chamonix, direction le train qui nous dépose au Nid d'Aigle à 2 372 mètres d'altitude. Le contraste est frappant. En bas, c'est l'été, il fait plus de 20 °C. Puis, en quelques minutes, la température chute. À peine sortis du train, on perd déjà une dizaine de degrés.

Je me souviendrai toujours de cet instant précis, lorsque je me retrouve au pied du mont Blanc, face à ses 4 806 mètres. C'est mon audace qui m'amène jusqu'à ce point, mais c'est la confiance en moi qui me permet de commencer l'ascension. Vous savez, ce moment où l'idée devient réalité, mais où les doutes continuent de subsister. Cet instant où il faut se lancer, même sans certitude. La peur est présente, c'est normal, mais mon audace me pousse et m'amène à « faire le premier pas ». Dès le début, le terrain annonce la couleur. Pas de neige encore, mais un sentier technique, rocailleux, où chaque pas doit être assuré. Quand je commence, quelque chose se passe. La confiance se renforce à chaque pas.

J'avance, un pas après l'autre, d'abord jusqu'à la prochaine pierre, puis jusqu'à la première trace de neige… Ce sont des étapes qui peuvent paraître insignifiantes, mais chacune d'elles me rapproche un peu plus de mon objectif. Chaque fois que j'atteins un nouveau repère, j'intègre que je suis capable. Et plus nous montons, plus nous sentons que la montagne impose ses règles. Le vent se lève, le froid s'installe, chaque mètre nous rappelle que nous entrons dans un autre monde. Mais je suis là, malgré le froid, malgré la fatigue, malgré les douleurs, malgré les doutes. Ces victoires successives, même petites, construisent une force intérieure. Elles deviennent des preuves concrètes que je peux aller plus loin, que je peux surmonter l'impossible. Et c'est ça, la clé. Comprendre que **la confiance ne vient pas d'un coup, mais qu'elle se construit, pas après pas, dans l'action et au fur et à mesure** que je progresse. Chaque pas est un engagement « je continue, je persévère, je m'approche du sommet ».

La journée entière est consacrée à la montée vers le refuge des Cosmiques, perché à 3 613 mètres. Un endroit mythique. L'un des plus beaux refuges d'Europe. Un vaisseau spatial suspendu entre ciel et terre, avec une vue à couper le souffle. Mais le spectacle, si grandiose soit-il, ne suffit pas à dissiper une réalité implacable : ici, rien n'est garanti. À notre arrivée en fin de journée, briefing avec le guide. Nous ne savons pas si nous pourrons partir demain. Tout dépendra de la météo, de notre état physique, des conditions du terrain. Si tu n'es pas à 100 % de tes capacités, si la météo tourne au vinaigre, c'est terminé. Tout s'écroule ! La montagne a toujours le dernier mot. Et, ce jour-là, mon corps encaisse mal l'altitude, je ne réussis pas à m'acclimater à 100 %. Le mal aigu des montagnes me frappe de plein fouet. Maux de tête, nausées, ventre en vrac. Peu importent ma préparation physique et mon programme d'entraînement, mon corps met du temps à s'acclimater. Ce soir-là, c'est une bataille intérieure qui commence. Manger ? Difficile. Dormir ? Compliqué. Chaque respiration est lourde, chaque mouvement me rappelle l'altitude. Demain, le départ est prévu à 2 h 30. Si je veux atteindre ce sommet, je vais devoir me battre.

2 heures du matin. Le réveil sonne. Je n'ai presque pas dormi. J'ai l'estomac noué, la tête en vrac, la fatigue qui s'accroche à moi comme un poids invisible. Pourtant, c'est le moment. L'assaut final.

Nous sortons du refuge, les lampes frontales allumées, encordés tous les trois. Il fait nuit, le ciel est rempli d'étoiles. On entend juste le bruit des crampons qui accrochent la glace et notre souffle un peu saccadé. L'air est glacial. C'est brutal, mais c'est magnifique. À cet instant, je ressens une excitation folle. Je suis là où je dois être. La montagne, le froid, la neige et la nuit : je suis dans mon élément. Le combo parfait. Je suis exactement à ma place, aligné avec moi-même, prêt à tout donner pour atteindre le sommet. La nuit sans sommeil pèse sur mes épaules. Je suis fatigué. Le mal de tête est toujours là, sournois. Je n'ai presque rien mangé, mon corps est en déficit, mais mon mental, lui, refuse de se résigner ou d'abandonner. C'est maintenant ou jamais. Un pas après l'autre. Ne pas penser au sommet. Juste avancer. Malgré la douleur, je m'accroche. C'est mon rêve qui se réalise.

Je puise dans tout ce qui me donne du sens. Mes enfants : je visualise leur sourire à mon retour. Le chemin déjà parcouru. Je me rappelle pourquoi je me suis lancé ce défi. Pourquoi je veux aller au bout. Petit à petit, certains symptômes s'intensifient, d'autres s'apaisent. C'est un équilibre fragile entre la souffrance et la transcendance. Je continue. Pas après pas. Chaque rafale semble vouloir nous repousser, tester notre détermination. Nous avançons lentement, en cadence. 1 200 mètres à gravir. Nous prenons du plaisir et en même temps nous souffrons. Mais, dans cette souffrance, il y a quelque chose d'unique. Une vérité brute. C'est là qu'on touche du doigt ce qui nous définit vraiment. La détermination, la persévérance, l'envie d'agir malgré la douleur, d'aller au-delà de ses croyances limitantes, de ses peurs, de ses doutes.

Lorsque j'atteins le sommet, il est 6 h 30, le thermomètre affiche -25 °C, le vent est glacial et je ressens ce sentiment de puissance et de gratitude malgré la fatigue extrême. JE L'AI FAIT ! À cet instant, j'ai cette formidable sensation de me sentir vivant, ce sentiment de surpuissance que « rien n'est impossible » ! Je suis sur le toit de l'Europe, littéralement dopé par la victoire, par l'exploit de l'avoir fait… Je prends une grande inspiration et je regarde autour de moi. Le panorama est impressionnant. Au-dessus des nuages, au-dessus de tout. Cette sensation que l'on peut ressentir lorsque nous sommes dans cette fameuse « Zone de magie ». Ce type de moment qui marque votre vie et qui ancre cette croyance inestimable que TOUT EST POSSIBLE !

Je tente de tourner une courte vidéo pour immortaliser cet instant unique, mais, en trente secondes seulement, mes doigts gèlent littéralement avec le froid, je n'arrive plus à les bouger pendant les vingt minutes qui suivent. Il faut redescendre. Nous ne traînons pas. Le vent est trop violent, le froid trop agressif. Nous attaquons la descente. Si je devais retenir une seule descente dans ma vie, ce serait celle-là. La plus longue. La plus violente. Après l'adrénaline du sommet, après cette explosion intérieure de satisfaction, vient le retour à la réalité. Changement total d'ambiance. Le vent tombe, le soleil se met à taper avec une force hallucinante. Le contraste est saisissant. Plus de tempête, plus de froid mordant, mais une chaleur écrasante qui réverbère sur la neige. J'avance, pas après pas. En descente, les muscles sont extrêmement sollicités. Les genoux et les articulations encaissent chaque pas. Et, avec les crampons, impossible d'adopter une démarche naturelle, chaque pas est un impact. Petit à petit, la fatigue devient un mur, et la chaleur étouffante. Mes lèvres se dessèchent, la peau brûle. C'est interminable. Mais j'avance, jusqu'à ce que la neige disparaisse, laissant place à un terrain plus rocailleux.

Après 2 500 mètres de dénivelé négatif et près de neuf heures d'efforts intenses, nous arrivons enfin à la gare du train du Nid d'Aigle, qui va nous ramener dans la vallée. Je suis épuisé. Je monte, je me tiens à la barre métallique comme dans un bus. Et là, mon corps lâche. Je m'endors. Debout. Je ne sais toujours pas aujourd'hui comment c'est possible, mais je dors, accroché à cette barre, exténué et anesthésié par la réussite d'avoir réalisé l'un de mes rêves.

Ce sommet, le plus haut d'Europe et l'un des plus techniques dans les Alpes, m'a offert une leçon gravée dans la glace. **Pour accomplir de grandes choses, il faut accepter de marcher sur cette ligne très étroite entre peur et confiance**. Atteindre le sommet, ce n'est jamais la fin. Ce n'est qu'un début. Mon ascension du mont Blanc a été l'illustration que l'audace est l'étincelle qui allume le feu de l'action, tandis que la confiance se renforce à chaque pas. La confiance précède rarement l'audace, il faut d'abord oser, franchir la première crevasse de l'incertitude, pour découvrir ce dont on est vraiment capable.

Cette ascension est une belle métaphore de la vie. Que ce soit un sommet, un projet ambitieux ou un défi personnel, tout commence par un choix. Celui d'avoir l'audace de faire ce premier pas, même lorsque la peur murmure que c'est impossible. En avançant, un pas après l'autre, la confiance grandit, elle se construit dans l'effort, dans la persévérance. Et, au sommet, vous réalisez une vérité profonde : **ce n'est pas le sommet qui compte, mais la personne que vous devenez en chemin.** Mobilisez votre audace pour franchir la première étape, et appuyez-vous sur la confiance pour avancer, toujours plus loin, toujours plus haut. Et si, vous aussi, vous osiez ?

VIDÉO : Sur le plus haut sommet d'Europe

RÉFLEXION ET INTROSPECTION : « QUEL EST VOTRE NIVEAU ACTUEL D'AUDACE ET DE CONFIANCE EN VOUS ? »

Avant de passer aux outils et exercices qui vous aideront à avancer, prenez un instant pour faire un arrêt sur image. Parce que, pour mieux avancer, il est essentiel de savoir d'où l'on part. Cette étape cruciale est une invitation à vous poser pour explorer votre niveau actuel de confiance en vous et votre capacité à oser. Ces deux forces, indispensables pour transformer vos aspirations en réalisations, sont souvent façonnées par votre histoire, vos expériences, et parfois freinées par des croyances limitantes ou des peurs bien installées (souvenez-vous du chapitre 1). Ici, pas de pression, pas de jugement, l'objectif est de mieux vous connaître pour mieux progresser.

SAVEZ-VOUS D'OÙ VIENNENT VOS DEUX FORCES : CONFIANCE ET AUDACE ?

Vos niveaux de confiance et d'audace reposent sur trois piliers. À 50 %, elles trouvent leur source dans votre capital de départ, c'est-à-dire votre ADN et l'éducation que vous avez reçue. À 10 %, elles sont façonnées par les événements de votre vie comme les succès, échecs, défis. Leur impact est limité, mais réel. Et enfin, à 40 %, elles dépendent de votre pratique quotidienne. C'est ici que réside votre véritable pouvoir. Comme un muscle, la confiance et l'audace se développent à force d'entraînement. De nombreux experts et scientifiques s'accordent à dire que la confiance en soi est un facteur clé de toute réussite. Et la bonne nouvelle, c'est qu'elle se construit, se cultive, se renforce. Avoir confiance en soi, c'est croire en votre potentiel et vos capacités. C'est avancer malgré vos imperfections et le regard des autres. L'audace, quant à elle, ouvre la voie. Elle vous pousse à tenter, à risquer, à explorer. Si vous vous dites : ce n'est pas pour moi, rappelez-vous que **personne ne naît avec une audace infinie ou une confiance inébranlable**. Ce sont des compétences que chacun peut développer.

Installez-vous confortablement dans un endroit où vous vous sentez bien, au calme, avec un carnet ou une feuille. Prenez ce moment pour vous. Le principe est clair, vous le connaissez. Répondez à des questions clés pour faire le point sur votre situation actuelle. Soyez honnête et bienveillant envers vous-même. Il n'y a pas de réponse parfaite, seulement celles qui vous ressemblent.

Nous allons explorer :

- Votre confiance en vous : c'est votre perception de vous-même, vos forces, vos talents, et votre capacité à relever les défis.
- Votre audace : c'est votre capacité à sortir des sentiers battus, à affronter l'inconnu, à oser prendre des risques et dépasser vos limites.

Cette introspection est importante, parce qu'en comprenant où vous en êtes actuellement, vous pourrez mieux appréhender les étapes à venir. Vous saurez identifier vos points d'appui et les aspects à travailler pour renforcer ces deux qualités essentielles. Ce moment de recul est une clé pour avancer de manière plus éclairée et plus efficace. À travers cette réflexion, vous allez prendre conscience de votre fonctionnement actuel. Cette clarté vous permettra d'aborder les outils et les exercices de ce chapitre avec une meilleure compréhension de vos besoins.

Prenez une grande inspiration, vous êtes sur le point de faire un pas important vers une version encore plus audacieuse et plus confiante de vous-même.

VOTRE AUDACE : OSER SORTIR DE VOTRE ZONE DE CONFORT

Imaginez que nous sommes en séance de coaching, vous et moi. Je suis là pour vous accompagner dans une exploration profonde de votre potentiel. Je vais vous poser des questions, parfois confrontantes, parfois libératrices. Vous avez tout à gagner. Mieux comprendre ce qui vous motive, ce qui vous freine, et ce qui vous permettra d'aller plus loin. Laissez ces questions vous guider comme un fil conducteur, et notez vos réponses au fur et à mesure, laissez vos pensées s'exprimer. Ne filtrez rien, écrivez ce qui vient. Cet espace est à vous.

▸ **Jusqu'où êtes-vous prêt à aller** ?
Prenez-vous facilement des décisions audacieuses ?

▸ **Face à un choix qui vous fait peur, avez-vous tendance à avancer ou à vous replier dans votre zone de confort ? Et pourquoi ?**
C'est une question clé. Soyez honnête. Nous avons tous des moments où l'instinct de protection prend le dessus.

▸ **Quelle est la dernière fois où avez-vous osé quelque chose d'audacieux** ?
Rappelez-vous d'une situation où vous avez pris un risque, grand ou petit, où vous avez dit « oui » alors que vous aviez peur. Peut-être était-ce un grand projet, une conversation difficile, ou même une décision qui vous a demandé du courage. Comment vous êtes-vous senti après ? Était-ce excitant, effrayant, libérateur ? Qu'avez-vous appris ?

▸ **Si vous n'avez pas d'exemple récent, demandez-vous pourquoi.**
Qu'est-ce qui vous retient aujourd'hui ? Quelles peurs vous empêchent d'oser ?

Affrontez ces peurs, nommez-les, écrivez-les noir sur blanc. Une peur identifiée perd déjà une partie de son pouvoir.

Regrettez-vous une situation où vous n'avez pas osé ? Qu'est-ce qui vous a retenu ? Si cette chance se présentait à nouveau, que décideriez-vous ?

Cette introspection vous permet de mieux comprendre vos mécanismes, d'identifier vos freins, mais aussi vos ressources. Il ne s'agit pas de juger vos réponses, mais de vous éclairer sur vos forces et sur les peurs qui vous freinent. Ce travail est un premier pas vers une audace renouvelée. Soyez curieux, bienveillant envers vous-même, et laissez vos réponses vous guider vers de nouvelles perspectives.

VOTRE CONFIANCE EN VOUS : CROIRE EN VOS CAPACITÉS

Nous avons exploré votre niveau d'audace. Poursuivons avec cette autre dimension essentielle, votre confiance en vous. Si l'audace représente l'élan pour sortir de votre zone de confort et oser sauter le pas, la confiance est ce socle intérieur qui vous permet d'avancer avec conviction. Elle est la voix intérieure qui dit : « Oui, tu es capable. Oui, tu peux y arriver. »

Cette introspection vous invite à creuser cette notion, à sonder vos croyances profondes, celles qui influencent votre perception de vos capacités pour mieux comprendre votre rapport à vous-même.

Commençons par cette question : à quel point avez-vous confiance en vous ?

- **Croyez-vous en votre capacité à relever des défis ?**

Face à une difficulté, quelle est votre première réaction ? Avez-vous confiance en vos capacités pour trouver une solution ?

- **Avez-vous tendance à vous focaliser sur vos forces ou vos faiblesses** ?

Préférez-vous valoriser ce que vous savez faire, ou vous concentrer sur ce que vous ne maîtrisez pas encore ?

Puis revenez en arrière, dans votre histoire personnelle.

- **Quels moments de votre vie vous ont donné confiance en vous** ?

Quelles expériences, quels succès, même modestes, ont contribué à vous donner confiance en vous ? Peut-être une présentation réussie, une tâche complexe accomplie, ou une situation où vous avez tenu bon malgré les difficultés.

Demandez-vous si ces souvenirs pourraient vous aider à croire davantage en vos capacités, à nourrir votre confiance aujourd'hui. Nous approfondirons ce point dans l'exercice de la liste des petites victoires en fin de chapitre.

Enfin, prenez un instant pour réfléchir à votre dialogue intérieur.

- **Comment vous parlez-vous à vous-même ?**

Quand vous faites face à un défi, êtes-vous encourageant ou critique envers vous-même ?

Veillez à transformer les pensées négatives en affirmations positives. Prenez conscience de la manière dont vous vous parlez. Essayez cette transformation. Remplacez les phrases comme « je ne vais pas y arriver » par « j'ai les ressources pour essayer et apprendre ». Prenez le temps de visualiser cette version confiante de vous-même.

En explorant ces questions, vous faites plus que réfléchir. Vous créez un dialogue avec vous-même. Chaque réponse que vous notez est une brique posée pour bâtir une confiance plus solide, un pas de plus vers une version de vous-même capable et audacieuse. Osez croire en vous. Parce que si vous ne le faites pas, qui le fera à votre place ? **Personne ne peut croire en vos capacités plus fort que vous.**

LE DUO GAGNANT POUR PASSER À L'ACTION : LA COMBINAISON DE L'AUDACE ET DE LA CONFIANCE

Après avoir exploré votre audace et votre confiance individuellement, réfléchissez à l'alchimie qui naît lorsqu'elles travaillent ensemble. Car c'est dans cette combinaison que réside une véritable force « surpuissante ». L'audace pousse à oser et à agir, tandis que la confiance en soi soutient cette action. **L'audace sans confiance peut ressembler à un saut dans le vide, et la confiance sans audace peut entraîner l'immobilisme**. Mais, ensemble, elles vous permettent d'agir avec force et sérénité.

▸ **Osez-vous agir même quand vous n'êtes pas sûr à 100 % de réussir ?**

Ou bien attendez-vous d'avoir toutes les garanties avant de vous lancer ?

▸ **Acceptez-vous que l'audace et la confiance se construisent dans l'action ?**

Êtes-vous prêt à faire un premier pas, même imparfait, pour les renforcer ?

- **Quel est le premier pas que vous pouvez faire aujourd'hui pour unir ces deux forces et avancer vers vos objectifs** ?

C'est ici que votre réflexion devient action. Osez. Croyez. Et regardez ce que vous êtes capable de réaliser. Cette séance de réflexion a un objectif clair, vous offrir une vision plus nette de vos propres mécanismes, pour que vous puissiez avancer avec intention et détermination.

Voici ce que vous devez retenir :

- **Repérer les freins qui vous retiennent.** Prenez conscience des peurs, des croyances ou des habitudes qui limitent votre audace et votre confiance. Ce premier pas est essentiel pour briser les chaînes invisibles qui vous maintiennent dans l'immobilisme.

- **Vous reconnecter à vos victoires.** Revenez à ces situations où vous avez osé, où vous avez cru en vous, et où vous avez triomphé. Ces expériences sont vos fondations. Servez-vous-en pour construire un socle solide qui soutiendra vos prochaines actions.

- **Comprendre que tout est entre vos mains.** Ni l'audace ni la confiance ne sont gravées dans le marbre. Elles ne dépendent pas de quelque chose d'extérieur, mais se cultivent avec chaque pas que vous osez faire. Chaque expérience, qu'elle soit un succès ou un échec, est une opportunité pour les renforcer.

Cette introspection doit vous mener à l'action. Le changement commence ici. Osez agir. Croyez en vos capacités. Et préparez-vous à découvrir une version de vous-même plus audacieuse et plus confiante.

OUTIL : LE CERCLE VERTUEUX DE L'AUDACE ET DE LA CONFIANCE

COMPRENDRE LE CERCLE VICIEUX DU MANQUE DE CONFIANCE EN SOI

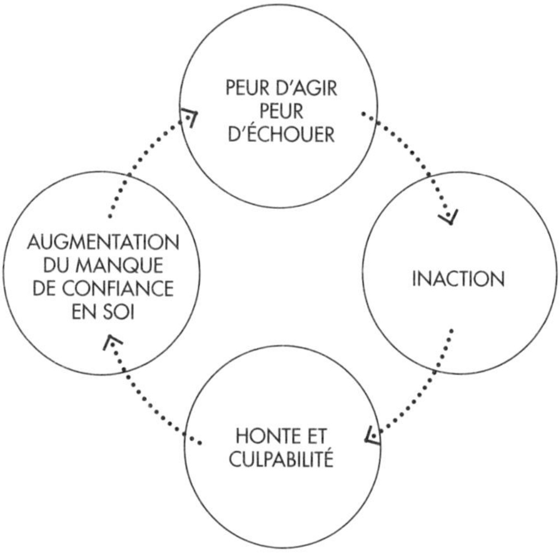

Soyons clairs, quand la confiance en soi fait défaut, cela peut vite devenir très problématique. Tout commence par ce doute au fond de vous. Ce doute qui vous fait hésiter, qui vous fait cogiter : et si je n'y arrivais pas ? Et si les autres me jugeaient ? Ce sont vos peurs qui vous paralysent : la peur de l'échec, la peur du regard des autres, la peur de ne pas être à la hauteur. Et là, vous tombez dans un piège. Parce que ces peurs vous bloquent et vous empêchent d'agir. Alors, vous choisissez de ne rien faire. Vous attendez. Vous vous dites : je vais attendre le bon moment. Mais ce moment ne viendra jamais. Parce qu'à chaque fois que vous choisissez l'inaction, vous vous sentez un peu plus honteux, un peu plus coupable. Ce sentiment-là vous ronge, vous renforce dans votre conviction que vous n'êtes pas à la hauteur. Vous tournez en rond. Le cercle vicieux est lancé, et il devient de plus en plus difficile de sortir de cette spirale.

Dites-moi : voulez-vous vraiment continuer à manquer toutes ces opportunités ? À vivre dans l'ombre de vos peurs, à repousser vos rêves parce que vous n'osez pas franchir le pas ? Si vous êtes arrivé jusqu'ici, je sais que la réponse est « non », et même si je ne suis pas en face de vous en ce moment, j'en suis profondément convaincu : ce n'est pas ce que vous voulez. Vous voulez briser ce cercle, et je vais vous montrer comment.

LE CERCLE VERTUEUX DE L'AUDACE ET DE LA CONFIANCE

Parlons de l'inverse, du cercle vertueux. L'audace et la confiance, ce sont donc deux forces qui se nourrissent l'une de l'autre. Vous vous autorisez à sortir de votre zone de confort, à oser. Et là, il commence à se passer quelque chose, vous vous rendez compte que ça se passe beaucoup mieux que ce que vous pensiez. Chaque victoire vous donne un *boost* de confiance. Et cette confiance vous pousse à oser encore plus. Et là, le cercle s'enclenche. Plus vous agissez avec audace, plus votre confiance grandit. Plus votre confiance grandit, plus vous osez prendre des risques, et plus vous avancez vers vos objectifs. Peu importe où vous en êtes aujourd'hui. Peu importe votre niveau d'audace ou de confiance. Ce cercle vertueux, il est là, prêt à démarrer, prêt à vous emporter. Il suffit juste de faire ce premier pas pour entrer dans ce cercle ! Et, croyez-moi, quand vous commencerez, vous verrez des changements concrets dans votre vie.

COMMENT PASSER AU CERCLE VERTUEUX DE L'AUDACE ET DE LA CONFIANCE ?

L'audace et la confiance émergent de l'action. Ce sont des qualités que vous devez cultiver par l'expérience. Voici comment fonctionne ce cercle vertueux :

Osez une action audacieuse

D'abord, il faut prendre une décision courageuse. Ce premier pas peut être petit, comme oser exprimer une idée lors d'une réunion. Ou plus grand, comme postuler à cet emploi ambitieux. Peu importe la taille de l'action, l'important est d'oser. C'est cette audace qui déclenche tout. Et vous allez l'expérimenter concrètement dans l'exercice de ce chapitre !

Accumulez une expérience

En agissant, vous commencez à accumuler de l'expérience. Vous découvrez ce qui fonctionne, vous apprenez de vos erreurs, vous vous rendez compte que les résultats ne sont jamais aussi terrifiants que vous l'aviez imaginé. Vous réalisez que vous êtes capable de plus que vous ne le pensez. Et là, tout commence à changer.

Gagnez en confiance

Chaque petite victoire, chaque leçon tirée de vos erreurs ou échecs, vous renforce. Vous gagnez progressivement en confiance. Vous comprenez que vous êtes capable de surmonter des situations nouvelles. Et c'est ça, la clé, à chaque expérience, vous devenez plus fort, plus sûr de vous.

Osez une action encore plus audacieuse

Plus vous gagnez en confiance, plus vous vous sentez prêt à relever des défis plus ambitieux. Vous vous dites : je peux aller plus loin. Et c'est là que le cercle vertueux prend tout son sens. Il fonctionne comme un moteur. Chaque action vous pousse à en réaliser une autre, plus audacieuse, plus grande. Et à chaque boucle, vous devenez plus audacieux, plus confiant.

Ce cercle est dynamique, continu et progressif. À chaque rotation, vous allez plus loin. Vous devenez plus fort, plus capable. Ce n'est pas un sprint, mais un processus qui vous élève petit à petit vers

vos objectifs. À chaque action, à chaque expérience, vous franchissez un nouveau palier. Et à chaque étape, vous vous rapprochez de la meilleure version de vous-même.

COMMENT ENCLENCHER LE CERCLE VERTUEUX ?

Pour bénéficier de ce processus, il suffit de commencer. Peu importe le doute ou la peur, l'important est d'agir, même de manière minime. Voici les clés pour amorcer ce cercle, même si votre confiance en vous est encore fragile.

Prenez un risque calculé

Choisissez une action qui vous place légèrement hors de votre zone de confort, mais qui reste faisable. Il n'est pas question de sauter dans l'inconnu à pieds joints, mais d'accepter un léger défi. Par exemple, testez une douche froide pour apprivoiser l'inconfort. Rien de dramatique, juste trente secondes sous l'eau froide à la fin de votre douche habituelle. Vous verrez, au début, c'est un choc, mais très vite ça deviendra plus facile et vous sentirez une incroyable énergie et une fierté d'avoir osé. Ou encore, par exemple, changez vos habitudes de déplacement. Au lieu de prendre votre voiture et de suivre votre GPS, essayez d'aller à pied, à vélo ou même en stop, sans itinéraire prédéfini. Vous serez peut-être un peu perdu au début, mais vous développerez votre capacité à improviser et à vous débrouiller. Ce n'est pas un grand geste, mais c'est un pas vers plus d'audace. Ces exemples peuvent paraître anodins, mais leur impact est considérable, notamment sur l'inconscient. **Chaque risque calculé que vous prenez renforce votre confiance.** Vous réalisez que sortir de votre zone de confort n'est pas si effrayant, et, surtout, que vous êtes capable de le faire. Engagez-vous à dire « oui » à une opportunité que vous auriez normalement refusée hier. Un premier petit pas vers l'audace, mais un grand pas vers le changement.

Acceptez l'inconfort

L'audace, je vous l'ai dit, c'est accepter de sortir de votre zone de confort. Oui, ça fait peur, c'est normal. Vous allez ressentir de l'incertitude, du stress et même de la crainte. C'est exactement ça, l'audace. C'est un peu comme pousser un gros caillou ou une énorme boule de neige. Au début, il faut une énergie folle pour la déplacer, c'est épuisant, presque décourageant. Mais, à force de pousser, vous créez une inertie. Et là, la boule commence à rouler toute seule. Vous passez de 100 % d'efforts à seulement 20 %, pourtant, elle avance à 80 % toute seule. C'est exactement ce qui se passe avec l'audace. Les premières actions hors de votre zone de confort sont les plus difficiles. Mais, à mesure que vous accumulez des expériences, cet inconfort diminue. Vous gagnez en assurance, et tout devient plus fluide. Vous vous renforcez, et ce qui vous semblait insurmontable hier devient naturel aujourd'hui. Acceptez cette phase de résistance initiale. Ce n'est qu'un passage, obligatoire certes, et bientôt vous verrez que l'audace se cultive avec bien moins d'efforts qu'au départ.

Célébrez chaque pas

Chaque fois que vous osez agir, même un peu, célébrez ce pas en avant. Prenez le temps de reconnaître vos efforts, de vous féliciter. Peu importe si les résultats ne sont pas parfaits, l'important c'est d'avoir agi. Cette célébration renforce votre confiance et vous pousse à recommencer. Vous verrez, faites-moi confiance, ça devient addictif. Nous reparlerons plus en détail de l'importance de la célébration dans le chapitre 8.

Tirez des leçons

Rien n'est jamais parfait, et c'est OK. Si vous faites face à un échec ou à un obstacle, demandez-vous : qu'est-ce que cela m'apprend ? Chaque leçon que vous tirez de ces expériences renforce votre confiance. Un échec n'est pas une fin, c'est juste une étape d'apprentissage. Parce que l'échec crée l'apprentissage, et surtout l'échec crée quelque chose d'extraordinaire pour moi, c'est la remise en question. Il n'y a quasiment que l'échec qui nous met face à des prises de conscience importantes. Et plus vous apprenez, plus vous vous sentez capable de surmonter les défis à venir.

Ce cercle vertueux commence par un simple pas, le tout est de se lancer. À chaque étape, vous allez découvrir que vous êtes plus fort que vous ne le pensiez. **Le cercle vertueux de l'audace et de la confiance est d'une puissance inestimable.** Il prouve que ni l'audace, ni la confiance, ne sont figées dans le temps. Elles se développent, se nourrissent et se renforcent dans l'action.

- **Il incite à agir pour construire la confiance** – Ce cercle vous montre que vous n'avez pas besoin d'attendre une confiance totale pour commencer à agir. Vous n'attendez pas que la confiance vous tombe du ciel pour oser, non. Vous agissez pour construire cette confiance.

- **Il s'adapte à tous les niveaux** – Peu importe où vous en êtes. Que vous fassiez un pas modeste ou que vous releviez un défi majeur, le cercle vertueux fonctionne de la même manière. Il ne demande pas de sauter des étapes. Il est flexible et vous accompagne à chaque niveau, quel que soit le défi que vous choisissez de relever.

Cet outil vous montre que l'audace et la confiance ne sont pas des qualités passives, mais des dynamiques en mouvement. Une fois que vous avez actionné ce modèle simple et intuitif, il devient facile de franchir la barrière de l'inaction. Chaque action, si minime soit-elle, vous propulse vers vos objectifs avec plus de courage et plus d'assurance. Vous intégrez que l'audace et la confiance sont des alliées puissantes, prêtes à vous faire avancer. Ce cercle est un levier pour actionner le changement dans votre vie. Ayez l'audace d'agir et laissez-le vous guider vers vos rêves !

LA PERTE DE CONFIANCE EN SOI : UNE ALERTE NATURELLE

« Perdre confiance en soi », qu'est-ce que cela veut dire exactement ? Contrairement à ce que l'on pourrait penser, ce n'est pas un échec, loin de là. C'est un phénomène naturel, une alerte de notre cerveau qui nous signale qu'il est temps de ralentir, de réévaluer, ou même de changer de cap. Ces moments de doute ne signifient pas que vous êtes en train d'échouer ou d'abandonner. Ils révèlent souvent que vous êtes à un carrefour. Peut-être êtes-vous épuisé et avez-vous besoin de recharger vos batteries ? Imaginez cela comme un jeu vidéo. Votre niveau d'énergie est représenté par une barre, un peu comme le personnage que vous contrôlez. Lorsque la barre est rouge, c'est que son énergie est faible, il est en train de s'essouffler. Quand elle devient orange, c'est qu'il est en mode moyenne énergie, il tient encore bon, mais il est temps de faire attention. Puis elle passe au vert lorsque votre personnage retrouve un équilibre, et, enfin, elle atteint l'or, la couleur du feu, de la puissance, de l'élan. C'est là qu'il se sent invincible, prêt à prendre tous les risques, à être audacieux, à oser tout donner. La perte de confiance en soi, c'est comme une baisse d'énergie dans ce jeu. Ce n'est pas un retour à zéro, mais plutôt une baisse, un indicateur que vous devez recharger un peu vos batteries. Peut-être que vous avez beaucoup donné

ces derniers temps ? Peut-être poursuivez-vous un objectif qui ne vous correspond plus, car vos priorités ou vos aspirations ont changé ? Peut-être vous accrochez-vous à une situation, à une relation ou à une habitude qui ne fait plus sens aujourd'hui ? Au lieu de vous laisser submerger par l'idée que vous avez perdu confiance, comprenez que vous pouvez toujours rebondir. C'est comme si vous aviez encore 10, 15, 20 % de votre énergie disponible. Ce réservoir partiel est ce qui va vous permettre de repartir, de faire le point, et de trouver un nouvel élan. Le but, ce n'est pas de rester bloqué dans le rouge. C'est de reconnaître ces moments comme des opportunités pour ajuster votre trajectoire et revenir plus fort. En avançant, vous passez du rouge à l'orange, puis de l'orange au vert, et, enfin, vous atteignez l'or. Et chaque étape vous donne plus de puissance pour avancer, être audacieux, persévérer et prendre des risques.
Retenez que la perte de confiance, en fin de compte, est simplement une étape dans un processus de croissance. Elle ne vous ramène pas à zéro, mais vous permet de passer à un niveau supérieur, plus aligné avec vous-même. Au lieu de redouter ces périodes de doutes, voyez-les comme des moments de recharge. Accueillez-les comme une opportunité de transformation des étapes vers un nouveau sommet. La confiance en soi n'est pas linéaire, elle se reconstruit et se cultive sans cesse, parfois différemment, mais toujours avec force et authenticité.

« Ce que l'on croit possible devient probable. »

Citation attribuée à Victor Cherbuliez (1829-1899), écrivain et académicien français.

RETOUR D'EXPÉRIENCE

L'AUDACE DE SAMUEL : OSER DÉPASSER SA TIMIDITÉ ET SON MANQUE DE CONFIANCE

Je vous présente Samuel. Un soir, il est dans la salle d'un de mes spectacles. Dès son plus jeune âge, Samuel manque de confiance en lui. À l'école, il est ce garçon discret, qui évite de parler en classe, de peur d'être jugé. Chaque matin, il se réveille avec cette boule au ventre, cette angoisse à l'idée de devoir prendre la parole et d'affronter les regards et les jugements. Ça le ronge. C'est une peur qui l'accompagne, qui le poursuit jusqu'à l'âge adulte, comme un fardeau qu'il n'arrive pas à poser. Dans sa vie professionnelle, il évite de prendre la parole. Il ne se met jamais en avant. Il se sent prisonnier de ce manque de confiance qui lui semble insurmontable.

Et puis, un jour, tout bascule. Ce soir-là, il est là, dans le public, pendant mon spectacle. Et il ne sait pas encore que sa vie va changer. Je lance un défi : « Je veux que la personne la plus timide de toute la salle monte sur scène. » Samuel entend ça, et sa première réaction, c'est : non. Certainement pas moi. C'est la panique dans sa tête. Il s'enfonce dans son siège. Mais, au fond de lui, une petite voix, toute petite, mais assez forte pour se faire entendre, lui dit : « Et si tu essayais ? » Il hésite. Il tergiverse. Et, sans vraiment comprendre comment, il se lève. Pour lui, c'est déjà une victoire énorme. Il ose. Il décide enfin de se montrer, de s'exposer, de dire « oui », même si la peur est là, bien présente. Il monte sur scène.

Ses jambes tremblent, mais il est là. Devant mille personnes. Tous les regards sont braqués sur lui. Mais il ne recule pas. Il suit mes instructions, se laisse porter et parle. Il parle avec une authenticité incroyable, sans filtre, avec beaucoup d'humour et nous livre son histoire comme si c'était la première fois qu'il se montrait vraiment. Je lui lance alors un nouveau défi. Parce qu'il ne faut pas juste briser la glace, il faut casser la barrière. Je lui dis : « Maintenant, Samuel, tu vas danser sur Michael Jackson devant mille personnes. » Nous l'accessoirisons : veste, gant, chapeau, lunettes ! Il est prêt. Pour commencer, je lui demande de courir dans la salle, pour monter son niveau d'énergie et ressentir cette formidable sensation de se sentir vivant ! Je lance la musique, et *bam*, il court, il revient sur scène, et là, il danse. Ce n'est pas parfait, bien sûr. C'est même un peu maladroit. Mais ça n'a aucune importance. L'important n'est pas le résultat, mais le chemin. Ce qui compte, c'est qu'il a **osé**. Ce qui compte, c'est qu'il est là, **en train d'affronter sa peur**, de la regarder dans les yeux et de lui dire : « Cette fois-ci, c'est moi qui gagne ! » C'est criant, une force puissante et inexplicable se dégage de lui, le public est époustouflé par sa transformation !

La salle l'acclame. Les applaudissements résonnent comme une reconnaissance qu'il n'a jamais reçue. À cette seconde, il se rend compte : il a osé. Il l'a fait. Et c'est là que tout change. Parce que ce moment-là ne restera pas juste dans l'instant. Il va marquer Samuel. Il va enclencher un processus qu'il ne pourra plus arrêter. En descendant de scène, son cœur bat fort, mais ce n'est plus de la peur. C'est de la fierté. Il a pris une décision audacieuse, il a agi, et il en retire un apprentissage profond qui va le transformer.

Les jours qui suivent, cette expérience mûrit en lui. La prise de conscience s'ancre peu à peu. Samuel comprend enfin que l'audace, ce n'est pas l'absence de peur. C'est choisir de l'affronter et de la dépasser. Et c'est là que son cercle vertueux démarre. Chaque action audacieuse, quelle que soit sa taille, devient un tremplin, un pas de plus vers la confiance. Il commence à changer son quotidien. Il ose davantage. Et chaque nouvelle prise de risque, chaque preuve d'audace fait grandir sa confiance.

Samuel est la preuve vivante que **tout peut changer** avec un geste. Une seule petite action, une prise de décision en une seconde. Un pas en avant. Une danse improvisée. Et tout bascule. Ce soir-là, il n'a pas seulement dansé sur scène. Il a dansé avec sa peur. Il l'a surpassée. Et il a ouvert la porte à une nouvelle version de lui-même plus libre.

VIDÉO :
Expérience et témoignage de Samuel

EXERCICES PRATIQUES

EXERCICE 1 : LA LISTE DE MES PETITES VICTOIRES POUR UNE GRANDE CONFIANCE

C'est le moment de vous reconnecter à vos réussites passées pour bâtir une confiance solide. Même si, pour le moment, vous avez l'impression de douter de vous. Vous allez découvrir que vous avez déjà accompli bien plus que ce que vous croyez.

Instructions

Prenez une feuille de papier ou ouvrez un document numérique, installez-vous confortablement et préparez-vous à explorer votre propre parcours. Vous êtes prêt ? Respirez profondément et laissez-vous guider. Ce que vous allez faire aujourd'hui est un pas important pour renforcer votre confiance en vous, et cela commence par un acte, poser des mots sur vos victoires.

❶ **Faites la liste de cinq à dix moments où vous avez osé agir** alors que cela semblait difficile, voire impossible. Ces moments où vous avez pris une décision audacieuse, quand vos peurs ou vos doutes étaient présents. Vous vous souvenez de ces instants ? **Repassez en revue ces victoires audacieuses** ! Ces situations où vous avez fait un pas hors de votre zone de confort. Peut-être que vous n'en aviez pas pleinement conscience, mais ces actions sont des victoires. Repensez-y, c'était peut-être le jour où vous avez pris la parole dans une réunion, même si votre cœur battait à tout rompre. Ou quand vous avez passé cet examen crucial malgré le stress qui vous paralysait. Peut-être avez-vous tendu la main pour aider quelqu'un alors que vous n'étiez pas sûr d'y arriver. Ou encore cette décision clé pour votre carrière ou votre vie, prise sans avoir toutes les réponses en main. Ces actions, grandes ou petites, anciennes ou récentes, sont la preuve que vous avez déjà cette audace en vous. Mettez-les noir sur blanc. Classez ces moments du plus audacieux au moins audacieux, puis concentrez-vous sur les trois premiers pour les explorer plus en détail. Prenez conscience de votre force et utilisez cette énergie comme carburant pour aller encore plus loin !

❷ **Pour les trois moments qui vous ont demandé le plus d'audace pour agir,** écrivez ce que vous avez ressenti à cet instant précis. Je vous demande d'aller au-delà de la courte description de ce que vous avez fait. Je veux que vous ressentiez à nouveau ce moment. Comment vous êtes-vous senti ? Étiez-vous nerveux ? Inquiet ? Excité ? Chaque émotion qui vous a traversé à cet instant-là fait partie intégrante de chacune de ces victoires. Y a-t-il des points communs aux ressentis entre ces trois moments ? Ensuite, prenez le temps de noter l'impact de ces moments sur votre vie. Vous avez osé, vous avez franchi un obstacle, et cela a eu un effet. Peut-être que cette victoire a changé la perception que vous aviez de vous-même. Peut-être que cela a ouvert une porte à de nouvelles opportunités ou vous a permis de mieux vous connaître. Ne sous-estimez pas la force de ce que vous avez déjà accompli. Ces victoires sont des preuves de votre audace et de votre capacité à passer à l'action et à avancer vers votre objectif.

❸ **Relisez cette liste régulièrement, surtout quand vous doutez de vous.** Chaque fois que vous avez l'impression de ne pas y arriver ou que vous vous dites : je ne suis pas capable, revenez à cette liste. Relisez-la, ressentez à nouveau ces moments. Ces petites victoires sont des briques solides. Elles sont la preuve factuelle que vous êtes en mesure de repousser vos limites, encore et encore. Visualisez un moment précis. Si vous avez pu le faire une fois, vous pouvez le refaire, c'est le même processus, même dans une situation totalement différente. Cette liste est là pour vous rappeler qu'aucune victoire n'est trop petite.

EXERCICE 2 : L'ACTION AUDACIEUSE

C'est maintenant que vous allez oser sortir de votre zone de confort en réalisant une action audacieuse. Vous allez vous confronter à la peur, mais d'une manière qui vous permet de la dominer sans vous laisser submerger. Cet exercice est là pour vous rappeler qu'une action, même petite, peut avoir un impact énorme sur votre confiance en vous.

Instructions

❶ **Prenez un instant pour réfléchir à une situation où vous ressentez de la peur.** Vous voyez cette situation, n'est-ce pas ? Ce moment qui vous fait trembler, qui peut même vous paralyser. Une situation qui, si vous osez sauter le pas, pourrait avoir un impact positif sur votre vie, que ce soit personnellement ou professionnellement. Peut-être que c'est prendre la parole en public, savoir dire non, vous lancer dans l'entreprenariat ou encore partir en voyage à l'aventure en solo... Vous ressentez cette peur, cette appréhension ? C'est normal. C'est là que la transformation commence.

❷ **Identifiez une petite action audacieuse à réaliser.** Vous avez cette situation en tête ? Choisissiez une action concrète qui va vous permettre de confronter cette peur, sans que cela ne vous écrase. Pas une action gigantesque, non ; une action qui vous met légèrement dans l'inconfort, mais qui reste réalisable. L'idée ici, c'est d'oser, mais de manière graduée. Vous n'êtes pas obligé de tout faire d'un coup. N'ayez pas peur de commencer petit. Ce qui compte, c'est d'agir, de sortir de votre zone de confort. Et même si cette action vous fait peur, rappelez-vous que vous avez déjà été capable d'oser et d'agir avec audace, vous pouvez le refaire !

❸ **Planifiez cette action dans les trois prochains jours.** Soyez concret. Prenez votre calendrier, votre agenda, ou ouvrez votre téléphone, et planifiez cette action dans les trois prochains jours. C'est très important. Engagez-vous à la réaliser, quoi qu'il arrive. Peu importe vos excuses, peu importe les doutes qui risquent de surgir. Vous avez décidé. Vous avez choisi de sortir de votre zone de confort, alors faites-le. L'important ici, c'est l'engagement. Vous allez faire ce que vous avez prévu, même si vous n'êtes pas sûr de vous ou si vous n'êtes pas sûr d'atteindre votre objectif. Vous êtes prêt à affronter cette peur, et vous allez réussir à le faire. Vous allez vous prouver que vous êtes plus fort que vos doutes, plus fort que vos excuses !

❹ **Après avoir agi, prenez un moment pour réfléchir à ce que vous venez de vivre et de noter vos émotions.** Qu'avez-vous ressenti pendant et après cette action ? Était-ce aussi effrayant que vous l'imaginiez ? La peur était-elle là ? Avec quelle intensité ? Comment l'avez-vous affrontée ? Et, surtout, quelles prises de conscience avez-vous eues ? Un déclic ? Qu'est-ce que cela vous inspire ? Chaque action audacieuse vous montre que ce n'est pas la peur qui vous arrête, mais votre réaction face à elle, et donc votre décision de l'affronter. Notez tout cela. Ces ressentis sont précieux. Ils sont l'essence de votre évolution. Ce que vous apprenez aujourd'hui vous permettra de continuer à avancer avec audace demain.

❺ **Recommencez, et fixez-vous une action audacieuse chaque semaine.** Vous avez franchi un premier cap, il est temps de continuer et d'ancrer cela dans votre inconscient. Vous devez continuer l'entraînement, c'est comme un muscle. Chaque semaine, engagez-vous à accomplir une action audacieuse, même petite, qui vous pousse hors de votre zone de confort. Ajoutez-la à votre liste. Chaque nouvelle victoire est une nouvelle preuve que vous êtes capable d'affronter vos peurs, et qu'elles ne vous définissent plus. Chaque geste audacieux, si minime soit-il, fait partie de votre transformation. Cela peut être de dire « oui » à une opportunité, d'exprimer une opinion que vous auriez gardée pour vous, de prendre une décision qui vous semble risquée. Peu importe l'ampleur du geste, l'important est d'agir. Chaque semaine, au minimum une action, même imparfaite, renforcera votre confiance. En ajoutant ces victoires à votre liste, vous construisez une base solide, une preuve tangible que vous êtes capable de dépasser vos doutes et d'avancer. Pas à pas, vous transformez ces efforts en une habitude, celle d'oser.

Vous êtes prêt à relever ce défi ? Allez-y, et rappelez-vous : **chaque action est une victoire**. C'est par ces victoires que vous bâtissez votre confiance et que vous transformez votre vie. Nous allons entrer plus en détail sur le passage à l'action.

« Ceux qui pensent que c'est impossible sont priés de ne pas déranger ceux qui essaient. »

Citation attribuée à Albert Einstein (1879-1955), physicien théoricien allemand.

CHAPITRE 6

PASSEZ À L'ACTION ET AVANCEZ *STEP BY STEP*

PETITS PAS = GRANDE RÉUSSITE

Vous venez, dans le chapitre précédent de cultiver deux armes redoutables, l'audace et la confiance en vous. Bravo ! Ne nous arrêtons pas là. Ces forces, si puissantes soient-elles, ne serviront à rien si elles ne se traduisent pas en actes concrets. Et c'est précisément ce que nous sommes sur le point de voir ensemble : comment passer à l'action un pas après l'autre.

Le sens, la planification, la confiance et l'audace sont des étapes essentielles. Elles sont les fondations pour dépasser vos limites et réaliser vos rêves. Mais cela ne suffit pas. Ce qui compte, c'est d'agir. De poser ce premier pas. Nous savons tous que c'est difficile, parce que l'action, c'est l'inconnu. Et l'inconnu fait peur. Vous vous dites : et si je me plante, si ça ne fonctionne pas ? Stop. Posez vos doutes. La perfection n'existe pas. Aucun plan ne survit intact face à la réalité, et ce n'est pas grave, bien au contraire. **Ce qui compte, ce n'est pas d'être parfait. C'est d'être en mouvement**. Chaque pas, si petit soit-il, est une victoire. Une étape de plus vers vos objectifs, vers votre rêve.

L'action, c'est votre laboratoire. Votre terrain d'expérimentation. Elle n'a pas besoin d'être parfaite, juste d'exister, guidée par une intention et votre cap. Et c'est en avançant, un pas après l'autre, que vous allez découvrir ce qui fonctionne, ajuster ce qui ne va pas, et gagner en puissance. Voici le plan :

- Cassez l'inertie avec un premier pas audacieux.
- Avancez doucement mais sûrement, *step by step.*
- Restez en mouvement, même si tout n'est pas parfait.

N'attendez pas que tout soit aligné, n'attendez pas « le bon moment ». Le bon moment, c'est maintenant. Chaque petit pas, chaque micro-action, compte. C'est comme ça qu'on change sa vie. Pas avec un grand saut spectaculaire, mais avec une série de petits pas réguliers et déterminés.

C'est parti. Pas demain, pas dans une semaine. Aujourd'hui. Posez ce premier pas. Et après celui-là, un autre. Puis encore un. Vous verrez, le mouvement entraîne le mouvement. Un pas après l'autre, votre perception de ce qui vous semble impossible va évoluer et les montagnes infranchissables d'hier vous paraîtront accessibles demain.

Ce que vous vous apprêtez à lire pourrait bien changer votre manière de voir l'échec, et même le succès. Préparez-vous à entrer dans le cœur du processus. Là où tout commence, là où vous découvrez que le pouvoir d'agir est déjà en vous. Le moment est venu. Ce n'est plus le temps de réfléchir, mais celui de poser ce premier pas, ici, maintenant et d'accomplir l'impossible !

> **« Le premier pas ne t'emmène pas là où tu veux, mais il te sort de là où tu es ! »**
>
> Nicolas Felger

MON PASSAGE À L'ACTION AVEC LE FROID EXTRÊME : DES PETITS PAS AU GRAND BAIN !

Le froid et moi, c'est une longue histoire. Une relation marquée par des croyances enracinées depuis mon enfance dans ma région d'origine, en Alsace. Chez moi, ma mère disait toujours : « Mets ton bonnet, ton écharpe, couvre-toi bien ! Sinon tu vas tomber malade ! » C'était une vérité absolue. Le froid était l'ennemi. Cette croyance « froid = maladie » a été intégrée dans mon esprit et j'y ai cru fermement pendant plus de quarante ans !

Et pourtant, des années plus tard, c'est ce même froid que je décide d'affronter. Pas pour prouver quelque chose aux autres, mais pour explorer mes propres limites. Vous avez peut-être entendu parler de la méthode Wim Hof. C'est cette technique fascinante qui combine des exercices de respiration et l'exposition au froid pour renforcer nos défenses immunitaires, notre résistance face au stress et à la douleur, donc nos capacités physiques et mentales à 360°. Pour moi, c'est bien plus qu'une méthode, c'est un défi physique et mental. Quand j'ai découvert cette pratique, l'idée de marcher pendant deux heures dans le froid par -10 °C/-15 °C, sans vêtements, et finir dans une eau glacée à 0 °C me semblait insurmontable. Mais, depuis tout petit, j'ai toujours été attiré par ce qui est soi-disant « impossible », et même si cela m'a valu plusieurs séjours à l'hôpital, c'est dans mon ADN : j'aime me confronter à mes croyances. Alors j'ose et je plonge dans cette aventure glaciale, en commençant par un tout petit pas.

Ce premier pas ne se fait pas dans un lac gelé, ni dans un bain de glace. Il commence dans ma salle de bain, un jour comme un autre. Je baisse simplement la température de ma douche pour arriver à une douche froide. Rien de spectaculaire, mais assez pour ressentir en plein hiver cette sensation de choc thermique. Mon corps résiste et mon mental me dit : « Sors de là ! Pourquoi t'infliger ça ? Remonte la température et profite de ta douche chaude, c'est tellement plus confortable ! » J'ai tenu bon. Le processus est enclenché. Le lendemain, je recommence. Quelques secondes de plus. Puis encore. Chaque jour, j'allonge un peu la durée de ma douche sous l'eau froide. Ces petites victoires quotidiennes me forgent. Chaque goutte froide est une affirmation que je peux aller encore plus loin. À force, ce rituel devient une habitude, et cette habitude devient une force. Et devinez quoi ? Cette sensation de véritable calvaire du début est aujourd'hui un réel plaisir, je ne peux plus m'en passer…

Je décide de passer au niveau supérieur en faisant un stage en immersion totale dans le froid. Pendant trois jours, j'affronte des conditions extrêmes, chaque activité étant pensée pour tester notre endurance physique et mentale. Nous commençons par des marches en montagne, sous la neige, par des températures avoisinant les -15 °C, vêtus uniquement d'un short, d'un bonnet et de gants. Chaque pas sur le sol gelé est une épreuve, mais aussi une leçon, apprendre à contrôler sa respiration, à puiser dans ses ressources intérieures pour s'adapter à l'hostilité de cet environnement. Les journées sont rythmées par des exercices progressifs pour atteindre le moment ultime, un bain glacé dans une rivière à 0 °C.

Une expérience que je redoute autant que je l'attends. Je plonge un pied dans l'eau, la morsure du froid est immédiate et brutale, comme si chaque cellule de mon corps était en alerte rouge. Je ne recule pas. Je reste. Je m'immerge doucement, centimètre par centimètre, laissant chaque partie de mon corps s'adapter, jusqu'à ce que je sois totalement immergé. Une minute, puis deux, puis trois. Et là, quelque chose change. Le froid cesse d'être un ennemi. Il devient une énergie. Une force. Ce moment est une révélation. Tout mon parcours – depuis mes premières douches froides à la maison jusqu'à cette immersion en eau glacée dans une rivière naturelle – m'a prouvé la puissance des petits pas. Ce qui semblait impossible devient une réalité.

Ce qui me marque le plus, ce sont ces moments de grâce où je ne ressens plus du tout le froid. Mon corps et mon esprit intègrent que je suis là par choix, que cette expérience, si extrême soit-elle, est positive pour moi. Quand je touche mes bras ou mes jambes, ils sont gelés, comme des escalopes de poulet sorties du frigo ! Et pourtant, je ne sens rien. Je ne suis pas en état d'hypothermie – loin de là. Mon corps décide de me maintenir en vie, et il le fait à merveille. Pendant deux heures, je sens le froid intense grignoter chaque centimètre de ma peau. Mais, grâce à cette technique spécifique de préparation mentale, je tiens, c'est fascinant !

Dès le départ, il est prévu dans le programme une sortie nocturne dans la neige avec des lampes frontales. Pour moi, c'est le summum. Le combo « montagne, froid, nuit »... c'est mon truc. Mais les conditions sont si dures ce jour-là que les organisateurs décident d'annuler.

Je ne peux pas l'accepter. J'ai besoin de vivre cette expérience. Ça fait partie de l'aventure. J'arrive à convaincre un membre de l'organisation de me laisser partir, il fixe deux conditions : rester dans un périmètre précis et de ne pas partir seul. Je trouve un seul participant prêt à m'accompagner. Nous voilà partis, en pleine nuit, par -20 °C, en short, bonnet, chaussures aux pieds, lampe frontale, à courir dans la forêt enneigée et glacée.

Ce moment je ne l'oublierai jamais. Nous n'avons pas froid. Pas une seconde. Pendant que nos camarades, emmitouflés dans leurs manteaux et bonnets, grelottent en nous attendant à proximité, nous sommes en mouvement, complètement connectés à nos corps, à notre respiration, à l'instant présent. Nous traversons la forêt comme si le froid n'existait pas !

Aujourd'hui, le froid fait partie de ma vie. Chaque matin, je commence ma journée par une douche glacée. En hiver, je nage dans des bassins extérieurs non chauffés. Je fais des sessions Wim Hof dans des bacs d'eau glacée à 4-5 °C. Je suis beaucoup plus résistant face au froid et, surtout, j'ai déconstruit ma croyance que le froid rend malade. J'ai intégré consciemment et inconsciemment qu'il fait du bien. Ce ne sont plus des épreuves. Ce sont des rituels. Des instants où je me reconnecte totalement à mon corps, à mon mental, et à ma capacité à défier l'impossible.

Ce défi n'a pas commencé par une grande action spectaculaire. Il a commencé par un premier pas modeste : baisser la température de l'eau. C'est tout. Un pas, suivi d'un autre, jusqu'à ce que des actions qui me paraissaient autrefois impossibles deviennent une réalité.

C'est ce que je veux partager avec vous. Tout commence par un premier petit pas. Pas besoin d'être prêt. Pas besoin d'avoir tout prévu. Il suffit d'oser ce premier pas. Ces petits pas, un après l'autre, vous mènent là où vous ne pensiez jamais pouvoir aller. Parce que, au fond, **tout est possible. Un pas à la fois.**

VIDÉO : Mon stage en immersion dans le froid extrême

RÉFLEXION ET INTROSPECTION : « PRÊT À PASSER À L'ACTION ? »

L'idée d'agir peut parfois ressembler à une montagne infranchissable. On attend d'être prêt, parfaitement préparé, que tous les signaux soient au vert. Mais la vérité, c'est qu'agir ne demande pas la perfection. Cela demande une seule chose : une décision, celle de commencer. Un acte de courage, « se jeter à l'eau ».

À ce stade, vous connaissez l'importance de prendre un moment pour vous. Pas besoin de vous rappeler tout le processus. Vous savez déjà que c'est ici, en creusant, que les réponses émergent. Pour ces prochaines questions, faites simple : lisez, ressentez, écrivez. Si une question vous secoue, tant mieux. C'est le signe qu'elle ouvre une porte. Suivez-la. Pas de pression, pas de filtre, pas de jugement, juste vos vérités.

Le travail de réflexion que je vous propose de faire vous invite à explorer vos freins et vos moteurs. Nous allons comprendre pourquoi il est si difficile de démarrer. Et, surtout, comment poser ce premier pas, même minuscule, pour transformer l'intention en réalité.

Pourquoi est-ce si difficile de commencer ?

Vous avez une envie, un projet, un changement à amorcer… pourtant, vous ne bougez pas. Prenez un instant pour observer ce qui se passe en vous. Beaucoup de blocages viennent d'une peur sous-jacente. De quoi s'agit-il dans votre cas ?

Qu'est-ce qui vous retient réellement ?

Est-ce la peur de l'échec ? De ne pas être à la hauteur ? Du regard des autres ? Prenez quelques instants pour identifier cette crainte. Comment se manifeste-t-elle dans votre esprit ? Quels discours intérieurs vous empêchent d'agir ?

Que se passerait-il si vous échouiez ?

Quelles seraient les conséquences réelles ? Serait-ce aussi grave que ce que vous imaginez ? Un autre frein, c'est cette impression que tout doit être parfaitement maîtrisé avant même de commencer. Vous êtes-vous déjà dit « je me lancerai quand je serai prêt » ?

Attendez-vous que tout soit aligné, que chaque détail soit parfait, avant d'agir ?

Qu'attendez-vous exactement ? Le bon moment ? Un état d'esprit idéal ? Plus de clarté ? Regardez en arrière. Y a-t-il eu des moments où vous avez avancé sans tout maîtriser ? Comment cela s'est-il passé ? Avez-vous découvert des ressources insoupçonnées en vous ? Parfois, ce n'est pas la peur d'agir qui vous freine, mais la taille de ce que vous voulez accomplir.

Est-ce l'ampleur de l'objectif qui vous paralyse ?

Avez-vous cette sensation de regarder une montagne immense, sans savoir par où commencer ? Si c'est le cas, prenez du recul. Votre objectif est-il trop grand, trop ambitieux ? Rappelez-vous, **personne ne gravit une montagne en une seule étape.** PERSONNE ! Tout commence par un premier pas.

Quel est votre rapport actuel à l'action ?

L'action, c'est le moteur du changement. Mais, parfois, ce moteur est grippé. Avez-vous déjà ressenti ce décalage entre votre envie d'avancer et votre tendance à repousser ?

Avez-vous tendance à procrastiner ?

Si oui, pourquoi ? Est-ce par peur, par perfectionnisme, ou par manque de clarté sur ce que vous devez faire ? Observez-vous. Quelles sont les excuses que vous vous trouvez le plus souvent ?

Agissez-vous régulièrement ou par impulsion ?

Vos actions sont-elles continues, ou sont-elles sporadiques, suivies de périodes d'inaction ? Pensez à un moment où, malgré vos doutes, vous avez osé faire quelque chose.

Quand êtes-vous déjà passé à l'action avec succès ?

Comment vous êtes-vous senti après avoir agi ? Qu'est-ce que cela vous a apporté ? Qu'avez-vous appris sur vous-même ? Et si, au lieu de viser l'action parfaite, vous commenciez par une première action, imparfaite, mais réelle. **Quel serait ce premier pas** ?

LE VRAI CHANGEMENT COMMENCE MAINTENANT…

Votre rapport à l'action vous est propre. Ce qui compte, ce n'est pas de tout révolutionner d'un coup, mais de comprendre ce qui vous freine et d'expérimenter de nouvelles manières d'avancer. Prenez votre carnet. Écrivez ce qui résonne en vous après cette introspection.

- Qu'avez-vous compris sur votre propre fonctionnement ?
- Quelles peurs vous semblent les plus présentes ?
- Quel premier pas pouvez-vous décider de faire aujourd'hui, sans attendre que tout soit parfait ?

L'action demande courage et prise de décision. C'est en avançant, même sans avoir toutes les cartes en main, que vous ferez le plus grand pas vers ce que vous désirez vraiment.

Depuis le premier chapitre, vous avez pu identifier des blocages, certaines limites, et des freins qui vous retiennent, mais, maintenant, la seule chose qui compte, c'est de passer à l'action. Même si le chemin est flou, même si les conditions ne sont pas idéales. Passer à l'action est le seul moyen de briser le *statu quo* et de vous propulser vers le changement. Vous êtes capable de le faire. C'est dans les petites actions quotidiennes que réside le plus grand pouvoir de transformation. Alors osez, commencez. Le moment parfait n'existe pas. L'action est là, à portée de main. Vous n'avez plus qu'à la décider maintenant. Pas demain. Pas plus tard. **Maintenant.**

OUTIL : L'ÉNERGIE DE LA PREMIÈRE ACTION ET DU « MAINTENANT »

Passer à l'action est un moment décisif. Celui où vous brisez l'immobilisme. Ce moment se crée avec une première action, vous invitant à agir immédiatement et à enclencher une dynamique de réussite.

POURQUOI LA PREMIÈRE ACTION EST DÉCISIVE

Elle est le déclencheur qui change tout. C'est le moment où vous brisez le cercle de la procrastination et où vous passez de l'immobilisme au mouvement.

Elle brise la paralysie mentale

Combien de fois avez-vous ressenti cette sensation d'être coincé, de ne pas savoir par où commencer ? C'est la peur qui vous bloque ou c'est l'ampleur de la tâche qui vous retient. Ce sont ces chaînes invisibles, celles que vous avez explorées dans l'introspection. Mais quand vous agissez, vous brisez ces chaînes. Vous démontrez à votre cerveau que vous pouvez passer à l'action, même sans avoir toutes les réponses. Cette première action coupe court à la paralysie mentale. Vous n'êtes plus bloqué, vous êtes lancé.

Elle génère de la motivation

On a souvent cette idée reçue que la motivation doit venir avant l'action. « Je vais attendre d'être motivé pour commencer. » Mais la vérité, c'est que la motivation ne précède pas systématiquement l'action. Elle découle souvent de l'action elle-même. Dès que vous faites un premier pas, vous libérez de l'énergie, de l'énergie physique mais surtout mentale, et cette énergie se transforme en motivation. Vous êtes dans le mouvement, et le mouvement nourrit le désir de continuer. Plus vous agissez, plus vous avez envie d'agir.

Elle crée une dynamique

Une fois que vous avez commencé, il est beaucoup plus facile de continuer. Vous avez lancé la machine, et vous avancez. Ce n'est pas juste un moment isolé, c'est le début d'un enchaînement d'actions. Une fois que vous êtes en mouvement, vous vous sentez mieux et plus engagé. Cette dynamique vous propulse vers votre objectif et vous rapproche de votre but pour réaliser votre rêve.

COMMENT ENCLENCHER CETTE DYNAMIQUE ?

La première action est déterminante. Mais attention à ne pas partir dans des plans grandioses, ni chercher à tout maîtriser. Cette première action doit juste être réalisable, immédiate et assez facile pour qu'elle ne suscite aucune résistance. Pas de « je n'ai pas le temps » ou « je vais attendre d'être prêt ». La clé, ici, c'est de choisir une action tellement banale et rapide que votre cerveau ne puisse même pas réagir. Cela doit être un geste si facile que vous ne pouvez pas vous en échapper. Parce que, une fois cette première action accomplie, quelque chose se passe. Une énergie nouvelle se libère, et l'inertie se brise. Cette première action va créer une dynamique qui deviendra une force motrice pour avancer !

Vous ne vous sentez plus paralysé, vous commencez à avancer. Cette première étape va créer un effet boule de neige. Vous allez être surpris de voir à quel point, après avoir agi, cela devient plus facile. Cette action déverrouille une porte et vous permet d'entrer dans le flow de l'action. Vous êtes lancé, vous avez démarré et tout commence à changer !

Par exemple : Enfiler vos chaussures de sport et faire cinq minutes d'étirements. Apprendre trois ou quatre mots dans une nouvelle langue. Écrire deux ou trois phrases pour votre futur livre. C'est tout. Pas de pression, juste un acte réalisable en quelques secondes.

PASSER À L'ACTION MAINTENANT

L'autre secret, c'est d'agir sans attendre. **Le « maintenant ».** Dès que l'idée vous traverse l'esprit, ne laissez pas votre cerveau vous donner des dizaines de raisons de procrastiner. Appliquez la règle des cinq secondes. Commencez avant que les excuses ne viennent vous envahir. Plus vous attendez, plus vous retardez l'action. Si cela peut être fait maintenant, FAITES-LE immédiatement ! Ce n'est pas grave si c'est imparfait, le but est simplement de commencer.

LA « RÈGLE DES 5 SECONDES »

La « règle des 5 secondes » est un concept développé par Mel Robbins, une auteure et conférencière américaine, dans son livre *The 5 Second Rule*[1]. C'est une méthode pour briser la procrastination et prendre des décisions instantanées. Le principe est simple : quand vous avez une impulsion ou une idée d'agir, commencez à compter à rebours à partir de 5. « 5, 4, 3, 2, 1... » et agissez immédiatement.

L'idée est de déclencher l'action avant que votre cerveau ait le temps

1. Mel Robbins, *La Règle des 5 secondes. Apprenez à passer à l'action en cinq secondes top chrono et devenez enfin la personne que vous rêvez d'être*, Leduc, 2018 (pour l'édition française).

de trouver des excuses ou de se laisser envahir par le doute et l'indécision. Cinq secondes, c'est un laps de temps suffisamment court pour empêcher votre esprit de s'engager dans un processus de réflexion inutile, mais assez long pour vous donner le temps de vous activer. Ce petit comptage court-circuite le mécanisme de procrastination en vous forçant à agir dans l'instant. Dès que vous atteignez « 1 », vous vous levez, vous commencez, vous agissez. C'est cette dynamique d'urgence immédiate qui libère de l'énergie et qui permet de passer à l'action, même lorsque vous êtes en pleine hésitation ou que vous ressentez de la peur. La règle des 5 secondes vous pousse à faire davantage de choses, plus rapidement.

L'ÉLAN ET LES PETITS PAS

Une fois la première action accomplie, observez comment elle facilite les suivantes. Parce qu'une fois que vous êtes dans le mouvement, que vous avez enclenché cette dynamique, tout devient possible. L'élan que vous créez avec cette première action vous propulse vers les suivantes, et vous allez vous rendre compte que l'action devient de plus en plus facile au fur et à mesure. Répétez le mécanisme, une petite action après l'autre. Le plus important, c'est de rester en mouvement. Même si vous êtes interrompu ou que vous perdez de l'élan, recommencez immédiatement avec une autre action rapide.

Ne vous perdez pas dans la réflexion excessive, et, surtout, ne pensez pas au sommet. Un petit pas après l'autre ; concentrez-vous uniquement sur l'étape suivante. Une fois franchie, vous pouvez passer à celle d'après. Ce processus évite l'*overthinking*[2] et vous

2. Le terme *overthinking* (ou « sur-analyse » en français) désigne le fait de trop réfléchir, de manière excessive et parfois paralysante, à une situation, une décision ou une action à entreprendre. Plutôt que de passer à l'action, on s'attarde trop sur les détails, on imagine tous les scénarios possibles, on se perd dans les « et si... », on doute et on a du mal à prendre une décision. Cela crée un cercle vicieux où la réflexion devient un obstacle plutôt qu'une aide. L'*overthinking* peut mener à l'indécision, la procrastination, le stress et l'anxiété.

aide à ne pas vous perdre dans des tâches insurmontables. Chaque action devient plus accessible. L'idée est claire, ne laissez pas les pensées prendre le dessus. L'action, même petite, est la clé pour tout débloquer.

Cette méthode est votre bouclier contre la tendance à attendre le moment « parfait » qui n'arrivera jamais. Arrêtez de chercher des excuses. Ce n'est pas un manque de temps ou de ressources qui vous empêche d'avancer. C'est simplement que vous n'avez pas encore franchi ce premier pas. En agissant maintenant, vous neutralisez vos peurs et vos excuses. La vérité, c'est que vous êtes toujours prêt, et ce moment est le meilleur moment. Ce que vous gagnez en faisant le premier pas, c'est une énergie instantanée.

En répétant ce mécanisme, l'action devient une **habitude**. Vous ne tergiversez plus. Vous faites. Et, bientôt, l'inaction ne sera plus qu'un lointain souvenir. Vous serez cette personne qui avance, qui crée du mouvement, qui ne remet plus rien à demain. Cet outil est l'alliance parfaite entre stratégie et état d'esprit. D'un côté, une action ciblée et concrète et, de l'autre, la puissance du passage immédiat à l'action.

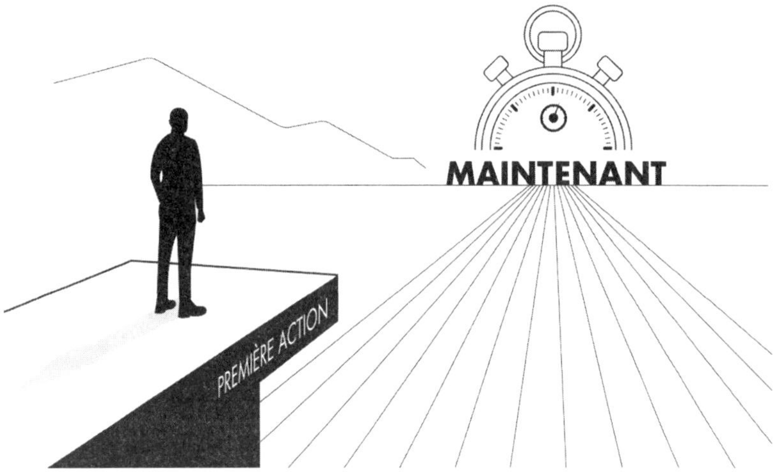

Alors plus d'excuses. Faites ce premier pas. **Maintenant.** Un petit pas après l'autre, *step by step*, et **l'impossible d'hier deviendra le possible** de demain !

« L'impossible recule toujours quand on marche vers lui. »

Citation attribuée à Antoine de Saint-Exupéry (1900-1944), écrivain et aviateur français.

RETOUR D'EXPÉRIENCE

LE PREMIER PAS DE FADEL

Lors d'une de mes aventures de coaching en montagne « Osez l'impossible[3] », Fadel arrive avec une motivation solide. Sportif, amateur de défis, il est prêt à se dépasser. Dans ses yeux, il y a une détermination claire. Il veut prouver qu'il peut relever ce challenge. Mais dans un coin de sa tête, il y a ces voix. Celles des personnes qui lui ont dit qu'il n'y arriverait pas. Que c'est trop dur. Que ce n'est pas pour lui. Il n'a jamais gravi de sommet. Il sait que ce sera un combat, mais il veut essayer.

Le départ se fait dans l'enthousiasme collectif, porté par l'énergie du groupe. Les premiers pas sont légers, presque faciles. Mais très vite, la montagne impose son rythme. L'air devient plus froid, les muscles plus lourds. Fadel sent la pente devenir plus raide à chaque mètre. Chaque pas lui demande un effort plus grand, comme si la montagne pesait sur ses épaules. Son souffle s'accélère, ses jambes

3. « Osez l'impossible – l'aventure », une expérience unique pour gravir le plus haut sommet d'Afrique du Nord (4.165 mètres) en petits groupes de 15 personnes. Une aventure hors du commun en haute montagne, une expédition de 3 jours qui associe coaching et ascension de sommet (non technique, accessible aux débutants). Une expérience de transformation qui est la mise en application concrète de ce livre, grâce à des échanges, des prises de conscience et un passage à l'action pour atteindre son plein potentiel.

brûlent. Le froid s'infiltre, mordant ses doigts, engourdissant ses orteils.

Il serre les dents, tente d'ignorer la douleur. Mais chaque rafale glaciale lui vole un peu plus d'énergie. À chaque pas, la question revient « combien de temps vais-je tenir ? » Son corps envoie des signaux d'alerte, son mental vacille. Les doutes s'installent : « Est-ce que je vais y arriver ? »

Je le vois ralentir. Son regard se baisse, ses épaules s'affaissent. Il ne parle plus. C'est souvent à ce moment que certains abandonnent. Le moment où l'on écoute davantage l'épuisement que l'envie et l'on commence à se convaincre qu'arrêter serait plus simple. Je m'approche. Je sais qu'il est à un tournant. Je lui dis doucement : « Fadel, oublie le sommet. Oublie la distance qu'il reste. Concentre-toi simplement sur un seul pas. Un seul. Et après, on verra. » Il lève les yeux vers moi. Il hésite… puis tente. Il avance d'un pas. Puis un autre. Je continue : « Juste ce pas. Encore un. »

Petit à petit, Fadel se remet en mouvement. Sans penser à la distance. Sans penser au sommet. Avec pour seul objectif le pas suivant. Un rocher après l'autre. Un virage après l'autre. Et quelque chose change en lui. Il ne lutte plus contre l'effort. Il accepte. Ce n'est plus un combat, c'est un chemin. Il est là, pleinement là.

Les heures passent. La fatigue est toujours là. Le froid aussi. Ses mains sont presque insensibles, ses pieds douloureux. Mais il avance. Parce qu'il a compris qu'**il n'a pas besoin d'avoir la force d'arriver au sommet. Il a juste besoin d'avoir l'énergie pour faire le pas suivant**. Je marche à côté de lui, parfois une main sur son bras. Non pas pour le soutenir physiquement, mais pour lui rappeler qu'il n'est pas seul. Même si ce combat, il le mène avant tout avec lui-même.

Enfin, après des heures de lutte, l'assaut final commence. Les derniers mètres sont les plus difficiles. La pente est raide, l'air glacé. Son corps veut s'arrêter. Mais il sait. Il sait qu'il est proche.

Et puis, il y est. Le sommet. Il lève les yeux. Autour de lui, le monde s'étend à perte de vue. Le vent souffle fort, mais ce n'est plus le même froid. Une chaleur nouvelle l'envahit. Il reste un instant là, silencieux. Puis murmure, ému : « Je pense à toutes ces personnes qui m'ont dit : tu ne vas pas y arriver. »

Il l'a fait. L'émotion monte. Les larmes coulent. Ce ne sont pas des larmes de fatigue, mais de fierté. Ce ne sont pas ses jambes qui ont vaincu la montagne. C'est tout ce qu'il a traversé, chaque doute qu'il a combattu, chaque pas qu'il a choisi de faire, malgré la douleur, malgré le froid. Ce sommet n'est pas un exploit physique. C'est une victoire sur ses peurs, sur ses doutes, sur ses croyances limitantes. Ce sommet est la preuve qu'il peut faire bien plus qu'il ne l'imagine.

Lors du débrief collectif après l'ascension, Fadel n'est plus le même. Il parle autrement. Il imagine déjà d'autres projets, de nouveaux défis. Il ne se demande plus « si » il est capable. Il sait qu'il l'est. Une nouvelle version de lui-même est née. La montagne n'est plus juste un terrain d'aventure. Elle est devenue le terrain de sa transformation. Il a compris une chose essentielle : **ce qui semblait impossible hier devient possible aujourd'hui, un pas après l'autre**.

Depuis, Fadel est parti à l'assaut d'autres sommets de haute montagne. Pas seulement pour le défi physique. Mais parce qu'il a découvert le véritable secret du dépassement de soi : ne jamais se focaliser sur l'ampleur du défi. Toujours sur le pas suivant. Désor-

VIDÉO : Expérience et témoignage de Fadel

mais, il le sait. Peu importe la hauteur du sommet. Tout commence par un premier pas.

EXERCICES PRATIQUES

EXERCICE 1 : L'AVANCÉE QUOTIDIENNE

Objectif

Créer une habitude d'action quotidienne, si petite soit-elle, pour casser la procrastination, maintenir votre énergie et enclencher un cercle vertueux de victoires.

Instructions

Choisissez une petite action réalisable. Pas de grandes résolutions, pas de promesses irréalistes. Choisissez une tâche, quelque chose que vous pouvez accomplir même quand la motivation semble fuir. Cela doit être lié à votre objectif, mais à un niveau tellement facile que vous ne pouvez pas dire non. Un petit pas, c'est tout ce dont vous avez besoin pour démarrer. Vous avez cinq minutes ? Qu'allez-vous faire ? Notez votre première petite action. L'important, c'est de commencer à bouger.

Passez immédiatement à l'action

Vous n'avez pas le temps d'hésiter. L'idée est là, l'action doit suivre immédiatement. Laissez de côté les excuses, l'envie de « commencer demain » ou d'attendre le moment idéal. Si vous n'agissez pas maintenant, vous allez repousser. Souvenez-vous, vous avez cinq secondes pour vous lancer. Allez-y, immédiatement. STOP à la réflexion. Vous faites le premier pas, et le reste suivra.

Suivez votre progression

Chaque jour, notez ce que vous avez accompli. Cochez la case « Fait ». Ce peut être tout petit, mais vous avez avancé. Si vous ne le faites pas, vous perdez de vue vos progrès. Vous devez avoir sous les yeux ce qui se passe. C'est un moteur. Vous verrez, très rapidement, vous serez fier de vos petites victoires.

Célébrez vos petites victoires

Ne minimisez pas les petites étapes. Chaque pas que vous faites, si modeste soit-il, est un pas de plus vers votre objectif. Félicitez-vous. Rappelez-vous que c'est cette constance, ce rythme quotidien qui vous propulse. Vous êtes plus fort que vous ne le pensez. Ce n'est pas la taille de l'action qui compte, mais le fait que vous agissiez chaque jour.

L'inaction est votre pire ennemi. Faire même une petite action chaque jour vous met en mouvement. Vous combattez l'inertie et vous vous mettez dans l'élan. Pas besoin de faire des efforts titanesques pour avancer. Ce qui compte, c'est d'être constant. **Une petite action aujourd'hui, une autre demain. C'est ça, la clé.** Chaque petite victoire, chaque action, nourrit la suivante. Cela devient une habitude, un réflexe. Vous ne pouvez plus vous arrêter. Et, croyez-moi, si vous commencez immédiatement, vous serez stupéfait de tout ce que vous accomplirez ! Faites-le maintenant.

EXERCICE 2 : LA LISTE DES TROIS ACTIONS CONTRE LA PROCRASTINATION ET LA DISPERSION

Objectif

Vous dispersez votre énergie à courir dans tous les sens ? Stop. Cet exercice est votre antidote. Chaque jour, concentrez-vous sur trois actions clés. Juste trois. Pas dix, pas vingt, pas une montagne.

Trois actions qui comptent vraiment. Vous évitez la dispersion, vous restez focus, et, surtout, vous terminez votre journée avec le sentiment d'avoir avancé.

Instructions

Définissez vos trois actions prioritaires

Prenez un moment chaque matin, ou, mieux encore, la veille au soir. Posez-vous une question simple : quelles sont les trois choses essentielles que je dois faire demain pour avancer ? Écrivez-les noir sur blanc. Notez ces trois actions dans un carnet, un agenda ou une application de gestion de tâches. Le fait de les écrire renforce votre engagement et clarifie vos intentions.

- Ces trois actions doivent être claires, spécifiques, réalisables, et alignées sur vos priorités actuelles. Pas besoin de viser la Lune. Choisissez des tâches qui bougent l'aiguille, même un peu, et qui peuvent être accomplies dans la journée, sans dépendre de facteurs extérieurs ou d'un temps illimité.
- Ces actions doivent être connectées à vos objectifs principaux ou à des obligations importantes du moment.
- Formulez-les de manière précise pour savoir exactement ce que vous devez faire.

Par exemple : « Appeler trois clients potentiels ce matin » est clair, tandis que « travailler sur mon projet » est trop vague.

Passez à l'action

Votre priorité, ce sont ces trois actions. Rien d'autre ne doit passer avant. Les e-mails peuvent attendre, les distractions aussi. Concentrez-vous. Une fois votre liste établie, commencez votre journée par ces trois actions, avant de vous laisser happer par les distractions ou les urgences des autres.

Astuce pratique : bloquez un moment précis dans votre emploi du temps pour chacune de ces actions, comme si vous aviez un rendez-vous avec vous-même. C'est la TOP priorité. Une fois ces actions terminées, le reste de la journée n'est que du bonus.

Acceptez l'imperfection

Vous n'êtes pas là pour viser la perfection, mais pour agir. Faites du mieux que vous pouvez dans le temps que vous avez. L'objectif est d'avancer, pas de tout maîtriser parfaitement.

Par exemple : si vous avez prévu d'appeler trois clients et qu'un seul décroche, félicitez-vous pour avoir fait l'effort. Les résultats viendront avec la régularité. Vous avancez. Faites ce que vous avez à faire, apprenez, ajustez, progressez. Chaque action réalisée est une victoire.

Évaluez votre journée

Avant de vous coucher, prenez cinq minutes pour faire le point. Regardez votre liste. Avez-vous coché vos trois actions ?

- Oui ? Félicitations, vous avez gagné la journée. Ressentez cette satisfaction d'avoir avancé sur l'essentiel, même dans une journée imparfaite.
- Non ? Pas de panique. Identifiez ce qui vous a freiné et ajustez pour le lendemain. Ce moment de réflexion est crucial pour apprendre et vous améliorer.

Notez vos ressentis : avez-vous progressé ? Avez-vous appris quelque chose ?

Pourquoi cet exercice est important

- **Vous gagnez en clarté.** Vous savez exactement où concentrer votre énergie chaque jour. Plus de dispersion, plus de stress inutile.

- **Vous renforcez votre discipline et votre détermination.** En vous engageant sur trois actions, vous développez une habitude, vous agissez avec intention.

- **Vous avancez, même dans les journées chaotiques.** Trois actions, c'est faisable. Peu importe les imprévus, vous progressez, et vous vous rapprochez de votre objectif, de votre rêve, c'est tout ce qui compte.

Avec cet exercice, chaque jour est une petite victoire sur la procrastination et le chaos. Vous prenez le contrôle, vous construisez une dynamique et vous avancez vers votre rêve.

Alors, qu'attendez-vous ? Prenez un carnet ou ouvrez votre application de prise de notes immédiatement. Posez-vous la question : quelles sont mes trois actions essentielles pour demain ? Préparez votre liste de trois actions dès maintenant. Écrivez-les. Pas demain. Maintenant. Préparez-vous à agir. Vous venez de faire le premier pas vers une journée plus alignée et plus productive.

« Tout semble impossible jusqu'à ce qu'on le fasse. »

Citation attribuée à Nelson Mandela (1918-2013), homme d'État sud-africain et figure emblématique de la lutte contre l'apartheid.

CHAPITRE 7

TRANSFORMEZ L'OBSTACLE EN OPPORTUNITÉ

OBSTACLE = OPPORTUNITÉ

Vous avez fait le premier pas, vous êtes passé à l'action. Bravo ! Vous êtes sorti de l'inertie et vous avez osé avancer. Mais laissez-moi partager avec vous une vérité universelle : quand on agit, il y a une chose que l'on ne peut pas éviter, ce sont les obstacles. Ils vont surgir, c'est inévitable. Peu importe à quel point votre plan est béton, réfléchi ou millimétré, la réalité vous réserve toujours des surprises. Parce que, sur le terrain, la perfection n'existe pas. Ce qui existe, ce sont les imprévus, les résistances, et, parfois, les coups durs.

Ces obstacles, ce ne sont pas des murs infranchissables. Ce ne sont pas des signes qu'il faut abandonner. Non ! Ce sont des tests. Des opportunités. Des invitations à grandir et à révéler ce que vous avez vraiment au plus profond de vous !

Chaque défi qui se dresse devant vous est comme un coach personnel qui vous pousse à donner le meilleur de vous-même. Ces situations, où vous trébuchez, où vous doutez, ce sont elles qui forgent votre capacité d'adaptation. C'est là, dans l'adversité, que vous découvrez des forces insoupçonnées, que vous affinez vos compétences, que vous développez votre créativité. Un obstacle n'est pas une impasse. C'est un tremplin. Une occasion de changer de perspective, d'innover, de vous adapter. C'est ce que je veux vous transmettre dans ce chapitre.

Ensemble, nous allons métamorphoser votre façon de voir les choses. Vous allez apprendre à ne plus voir les obstacles comme des freins, mais comme des leviers. Et à chaque fois qu'un défi se présentera, vous saurez le transformer en moteur de croissance.

Car, au final, ce n'est pas l'obstacle qui compte, mais la manière dont vous choisissez de réagir face à cet obstacle !

« Tout est possible à qui rêve, ose, travaille et n'abandonne jamais. »

Xavier Dolan (né en 1989), réalisateur, scénariste et acteur québécois. Tiré de son discours lors de la cérémonie de clôture du Festival de Cannes (2014).

QUAND UN OBSTACLE NATUREL DÉFIE LA STRATÉGIE : FACE AUX COURANTS POUR TRAVERSER LE PLUS GRAND LAC D'EUROPE À LA NAGE

Traverser le plus grand lac d'Europe à la nage en longueur, au programme : 30 heures de nage pour relier les 72 kilomètres qui séparent les deux rives. Un défi titanesque que seulement une quinzaine de personnes dans le monde ont réussi. Sur un défi d'une telle envergure, on sort du cadre. Au-delà du dépassement physique, il s'agit d'une véritable exploration mentale. Au bout d'une dizaine d'heures d'efforts intenses, c'est de toute façon le mental qui prend les commandes à 100 %. Il s'agit de repousser une nouvelle fois mes limites, mais c'est surtout un rêve de gosse : affronter ce titan de 72 kilomètres pendant 30 heures. Trente heures à combattre jour et nuit contre les courants, l'eau froide et le soleil parfois brûlant pour continuer à inspirer ceux qui croient que l'impossible est inaccessible.

Pendant plus de 12 mois, je suis une préparation physique et mentale rigoureuse. Chaque détail est anticipé et pensé avec minutie. L'entraînement physique, la gestion mentale, l'alimentation, les conditions météorologiques idéales. Tout est calculé pour mettre toutes les chances de mon côté. Je suis prêt.

Mais, parfois, peu importe à quel point on se prépare, l'imprévu s'invite. La veille du départ, tout bascule. La nature ne suit pas de plan. Les conditions climatiques changent brutalement. Une brusque inversion des courants menace de rendre la traversée très difficile, voire impossible ! Une décision s'impose : avancer le départ à 1 h 30 du matin. Un départ précipité, sans une nuit de sommeil réparatrice, avec du stress qui me noue le ventre. Je suis inquiet, j'ai peur, j'ai envie de vomir et je suis incapable de manger et même de boire. Mais je refuse d'abandonner. Je suis dans la cabine du bateau avec mon ami Andrea (triple champion du monde de natation-sauvetage). En véritable coach, il me parle doucement, avec fermeté mais bienveillance, pour m'apaiser et me permettre de rester focalisé sur ce défi gigantesque qui m'attend ! Un défi d'une durée estimée à 30 heures débute.

La nuit est noire, éclairée par une incroyable lune bleue. Le lac est froid, imposant et immense. Ce n'est pas le départ que j'ai imaginé. Je prends une grande inspiration et je me jette à l'eau. Sauter dans cette eau noire et silencieuse, en pleine nuit, c'est une sensation brute, presque irréelle. L'eau glacée s'infiltre immédiatement dans mes muscles. Je ressens une montée d'adrénaline mêlée à un sentiment de détermination presque inexplicable. Malgré la fatigue, le manque de nourriture et mes maux de ventre, je nage.

Les premières heures sont à la fois magiques et éprouvantes. Elles sont un combat silencieux contre le froid, l'obscurité et les douleurs. Malgré tout, nager sous la lune bleue dans la nuit, avec pour seul bruit le clapotis de l'eau, crée une atmosphère magique et totalement surnaturelle. Le temps s'arrête et laisse place à une connexion profonde avec moi-même. À ce moment-là, seul l'instant présent existe, il n'y a plus de triche, plus d'excuses ! Mais l'absence de repos et de nourriture se fait sentir. Je rentre dans le dur !

Puis, enfin, l'aube. Les premiers rayons du soleil amènent une énergie renouvelée. Mon moral remonte et reprend le dessus. Je prends conscience des 18 kilomètres déjà parcourus et puise dans cette première victoire une énorme motivation. J'y crois.

Mais, très vite, un nouvel ennemi invisible se dresse sur mon chemin : le courant. Nous avions anticipé ce danger en avançant le départ, mais la nature reste imprévisible. Pendant sept longues heures, je lutte. Chaque coup de bras semble dérisoire face à la force du lac qui me repousse sans relâche. L'eau est plus froide que prévu, avec une chute à 14,8 °C au lieu des 22 °C du départ du château de Chillon. Elle s'attaque progressivement à mon corps, provoquant un début d'hypothermie.

Entre chaque mouvement, je cherche à capter du regard les visages de l'équipe qui me suit en bateau. Les visages sont graves. Les relevés sont mauvais, ma progression ralentit drastiquement. Presque à la moitié du lac, la réalité est implacable. Les courants sont si forts que ma vitesse oscille alors entre 500 et 600 m/heure, au lieu de 3,3 km/heure. Le verdict de l'équipe technique sur le bateau tombe sans appel : « Il faut que tu nages encore au minimum 45 heures pour espérer pouvoir atteindre l'autre rive à Genève. » Mon corps s'épuise, mes muscles se raidissent, ma température corporelle chute drastiquement dans une eau à 15-16 °C en moyenne. Mon rêve semble s'éloigner à mesure que mes bras s'engourdissent.

C'est l'un des instants les plus difficiles de toute ma vie. Dois-je continuer, au risque de me mettre en danger ? Ou dois-je accepter que, cette fois-ci, la nature ait le dernier mot ? Cette même nature qui m'a gâté et fait vivre des moments hors du commun aux quatre coins du monde depuis près de quarante-cinq ans !

L'acceptation ne vient pas immédiatement. Elle est douloureuse, frustrante. Mais elle est aussi nécessaire. À ce moment, il me faut accepter l'inacceptable. Moi qui suis programmé depuis toujours pour ne jamais abandonner, je dois prendre la décision d'arrêter. Non pas abandonner mon rêve, mais comprendre que la nature en a décidé autrement cette fois-ci ! Et même si c'est un combat interne violent, je dois l'accepter !

J'ai osé l'impossible, mais la nature a le dernier mot, pour cette fois-ci du moins. Loin de ressentir une défaite, je comprends que la véritable force ne réside pas seulement dans la persévérance, mais aussi dans la sagesse d'accepter ce qui dépasse notre contrôle. Ce n'est pas un abandon, mais un report. Pas un échec, mais une leçon de résilience. Ce que je découvre ce jour-là, c'est que même la meilleure des stratégies ne peut pas tout prévoir. J'apprends à embrasser l'imprévu, à accepter que certains éléments échappent à notre contrôle.

Je réalise aussi que l'échec n'existe que si l'on décide de le voir ainsi. Au lieu de sortir de l'eau, je veux transformer ce moment en réussite. Et c'est là qu'il faut avoir la capacité de changer de point de vue, de se dire : « OK, vers quoi je re-focalise mon objectif ? Puisque je ne peux pas atteindre l'autre rive aujourd'hui, quel est mon objectif maintenant ? »

Dans mes précédents défis, j'avais déjà nagé 22 kilomètres et je n'avais jamais nagé plus de 7 h 55 d'affilée en eau libre. Je peux donc au moins battre mes propres records. Je continue alors à nager, poussant mon corps au-delà de ce qu'il n'a jamais connu. Je bats deux records personnels, 35 kilomètres parcourus et 15 h 15 minutes de nage doublant mon précédent record. Des chiffres au-delà de tout ce que j'ai accompli auparavant. Et vous savez quoi ? Si improbable que cela puisse paraître, je sors de l'eau avec une dynamique positive, dans une belle énergie, mais surtout avec la certitude que ce n'est qu'une étape. Cet obstacle n'est pas un mur, mais une marche vers un futur succès. La nature m'a défié, mais elle m'a aussi appris. Cette tentative ne m'a pas brisé, elle m'a construit, elle m'a permis de progresser, de devenir plus fort et plus résilient.

Face à un obstacle, il faut redéfinir le succès. Même dans l'interruption, j'ai trouvé une richesse d'enseignement et un carburant pour continuer. J'ai appris que même la meilleure des préparations ne peut tout anticiper, que chaque épreuve est une opportunité de grandir, et que la vraie victoire ne se mesure pas toujours en kilomètres parcourus, mais en enseignements tirés. C'est pour moi une formidable réalisation. Probablement l'une des plus belles de ma vie à ce stade. Si on focalise son attention sur la réussite, ça change complètement le rapport à l'objectif principal qu'on s'est fixé. Face à une difficulté, même lorsque notre route initiale prend un virage à 180 °C, il faut avoir la capacité à se fixer un nouvel objectif, cela donne une force puissante pour se dépasser et réussir à l'atteindre.

Enfin, j'ai compris que l'échec n'est en réalité qu'une perception de ce que je considère être une défaite. Cette tentative avortée n'a pas éteint mon rêve, au contraire, elle l'a décuplé. Je ne me suis pas éloigné de mon rêve. Ce que j'ai appris ce jour-là m'en a rapproché. Je traverserai ce lac un jour, peu importe le temps ou les essais nécessaires. Il n'y a aucun doute dans mon esprit. Ce jour-là, je n'ai peut-être pas atteint l'autre rive, mais j'ai franchi une limite bien plus grande, celle de mes propres croyances sur ce que je pensais être capable d'endurer. L'obstacle n'est pas une fin. C'est une étape. Une opportunité d'apprendre, de grandir, et de revenir plus fort. Et la prochaine fois, je le sais, ce sera la bonne.

VIDÉO :
Ma traversée du lac Léman à la nage

« Je ne perds jamais, soit je gagne, soit j'apprends. »

Citation attribuée à Nelson Mandela (1918-2013), homme d'État sud-africain et figure emblématique de la lutte contre l'apartheid.

RÉFLEXION ET INTROSPECTION : « COMMENT PERCEVEZ-VOUS LES OBSTACLES ? »

Les obstacles sont partout. Que vous soyez au tout début de votre parcours ou déjà en pleine action, ils se présenteront sous mille formes. Un échec inattendu, une limite personnelle, un imprévu extérieur, ou même une croyance que vous traînez depuis des années. Mais la clé, ce qui compte vraiment, ce n'est pas l'obstacle lui-même. C'est votre perception de cet obstacle et la manière dont vous choisissez d'y répondre. Ces questions ne sont pas seulement des exercices de réflexion. Ce sont des projecteurs, prêts à éclairer des zones que vous n'avez peut-être jamais explorées en vous-même. Et, parfois, ce qu'elles révèlent peut surprendre, déstabiliser… mais c'est précisément là que réside leur puissance.

Comme d'habitude, créez un espace pour vous. Installez-vous dans un espace calme, avec de quoi noter, et répondez sincèrement aux questions. Cet exercice est là pour vous aider à avancer.

VOTRE RAPPORT ACTUEL AUX OBSTACLES : EXPLOREZ VOS RÉACTIONS FACE AUX DIFFICULTÉS

Quand un obstacle surgit sur votre chemin, quelle est votre première réaction ? Prenez un instant pour y réfléchir.

- Avez-vous tendance à l'ignorer, espérant qu'il disparaisse avec le temps ?
- Essayez-vous de le contourner, de chercher une échappatoire ?
- Ou bien vous sentez-vous prêt à l'affronter, déterminé à trouver une solution ?

Replongez-vous dans une situation récente

Pensez à une difficulté que vous avez rencontrée dernièrement.

- Quelle a été votre réaction immédiate ?
- Quels ont été vos premiers mots, vos premières pensées face à cette difficulté ?
- Avez-vous ressenti de la peur, du stress, de la colère, de la résignation… ou de la motivation, de la curiosité, un défi à relever ?

Allez plus loin

- Lorsque l'inattendu se présente, comment l'interprétez-vous instinctivement ?
- Le voyez-vous comme une menace ? Quelque chose qui vient contrarier vos plans, réveiller vos peurs et vos doutes ?

- Ou bien avez-vous le réflexe de vous demander : qu'est-ce que cette situation essaie de m'apprendre ?
- Vous êtes-vous déjà dit qu'un obstacle pourrait cacher une opportunité ?

Écoutez votre dialogue intérieur. Dans ces moments-là, que vous dites-vous à vous-même ? Entendez-vous cette petite voix qui murmure : « Je n'y arriverai jamais... Je ne suis pas assez bon... » ? Ou bien vous encouragez-vous avec : « OK, ce n'est pas facile, mais je vais trouver une solution » ?

- Comment vos pensées influencent-elles votre réaction face aux difficultés ?

Prenez le temps de noter vos réponses. Soyez précis, soyez sincère. Ce premier pas est essentiel pour transformer votre rapport aux obstacles et commencer à les aborder différemment.

VOTRE EXPÉRIENCE AVEC LES OBSTACLES : CE QUE VOTRE PASSÉ VOUS RÉVÈLE

Prenez un instant pour vous retourner sur votre parcours. Pensez à ces situations où tout semble bloqué, où la frustration, le doute ou l'envie de tout abandonner vous ont envahi.

Regardez ces souvenirs en face

- Quels sont les obstacles marquants qui vous reviennent en mémoire ?
- Y a-t-il un projet que vous avez laissé tomber parce que l'obstacle vous paraissait insurmontable ?
- Quels sont les défis qui vous semblaient trop grands à l'époque ?
- Quelles émotions ressentez-vous en y repensant ? De la colère ? De la frustration ? Peut-être même un peu de honte ?

Maintenant, prenez du recul.

- Si vous revisitiez ces moments avec un regard neuf, que pourriez-vous en retirer ?
- Derrière chaque obstacle, il y a une empreinte. Quelle leçon vous ont laissé ces expériences ?
- Avez-vous déjà connu un échec qui, après coup, s'est révélé être une étape nécessaire pour avancer dans votre vie ?

Allez encore plus loin

- Y a-t-il une expérience où vous avez réussi à transformer un obstacle en opportunité ?
- Une situation ou un imprévu, que vous perceviez comme un problème, s'est finalement transformé en un avantage inattendu ?
- Comment avez-vous réagi à ce moment-là ? Qu'est-ce que cette expérience a changé en vous ?

Prenez le temps d'écrire vos réponses. C'est dans cette prise de conscience que commence votre transformation.

REPROGRAMMEZ VOTRE PERCEPTION DES OBSTACLES : CHANGEZ DE REGARD, CHANGEZ DE RÉALITÉ

Posez-vous cette question essentielle :

- **Qu'est-ce qui me freine réellement face à un obstacle ?** L'obstacle en lui-même… ou la manière dont je choisis de l'interpréter ? Ou de l'affronter ?

Interrogez vos pensées

- Avez-vous tendance à vous dire qu'un obstacle est forcément une limite ?
- Pourquoi voyez-vous cet obstacle comme un mur infranchissable ?

- Est-ce réellement vrai ? Ou est-ce une histoire que vous vous racontez ?
- Est-ce une habitude, une croyance ancrée, un automatisme que vous avez adopté sans même en être conscient ?
- Si vous changez d'histoire, que pourriez-vous voir à la place ?

Regardez en arrière

- Combien de fois avez-vous surmonté des défis qui vous semblaient insurmontables au départ ?
- Quelles compétences avez-vous développées précisément lorsqu'un obstacle vous a obligé à vous dépasser ?

Cherchez vos ressources

- Quelles compétences avez-vous déjà acquises grâce aux défis passés ?
- Qui, dans votre entourage, pourrait vous soutenir et vous aider à franchir cet obstacle ?
- Comment pouvez-vous percevoir les obstacles comme une opportunité d'apprendre, d'innover, de vous réinventer ?

Parce que changer de perception, ce n'est pas juste un exercice intellectuel. C'est une décision.

- Êtes-vous prêt à aborder chaque obstacle avec curiosité et ouverture d'esprit plutôt qu'avec crainte ?
- Êtes-vous prêt à vous demander, non pas « pourquoi ça m'arrive ? », mais « qu'est-ce que cela peut m'apporter ? » ?

Parce que chaque obstacle, si frustrant soit-il, a quelque chose à vous enseigner.

Aujourd'hui, que voulez-vous faire de votre passé ?

- Voulez-vous continuer à voir ces obstacles comme des échecs... ou choisir d'en extraire la force qui vous fera avancer ?

▸ Et si, désormais, vous décidiez de voir chaque difficulté non plus comme un mur, mais comme une opportunité ?

Les obstacles ne sont pas là pour vous stopper. Ce sont des invitations à vous dépasser et à découvrir de nouvelles facettes de vous-même. À travers cette réflexion, vous avez l'opportunité de reprogrammer votre rapport à l'adversité ; ce ne sont plus des freins, mais des moteurs de transformation. Car ce n'est pas l'obstacle qui vous limite, mais la manière dont vous choisissez de le percevoir. Comme le formule mon ami, auteur et conférencier international, Fred Colantonio, **chaque PÉPIN peut devenir un TREMPLIN.** Mais, pour cela, il faut accepter de le regarder autrement.

APPRIVOISER LE DOUTE

Le doute fait partie du voyage. Peu importe votre détermination, il viendra un moment où vous vous demanderez si vous êtes à la hauteur, si vous avez fait le bon choix ou si tout cela en vaut la peine. Ce n'est pas un signe d'échec, mais une étape normale de toute progression. Le doute peut être paralysant, mais il peut aussi devenir un véritable allié, un moteur de remise en question, une opportunité de changement et de renforcement.

Quand le doute s'installe, prenez une pause. Respirez et retrouvez votre chemin avec ces stratégies :

1. Revenez à votre « pourquoi » (voir chapitre 2). Votre « pourquoi » est la boussole qui vous recentre. Lorsque vous vous sentez perdu, recentrez-vous sur ce qui vous anime profondément.

Quand tout vacille, rappelez-vous : pourquoi avez-vous commencé ? Revisitez cet instant où tout a commencé, car c'est là que se trouve votre énergie vitale et profonde.

2. Différenciez le doute rationnel du doute émotionnel. Demandez-vous si votre peur est fondée sur des faits ou si elle est le fruit de l'incertitude et de la peur. Posez des éléments concrets sur la table.

3. Relisez vos victoires. Rappelez-vous : au chapitre 5, vous avez commencé votre liste des petites victoires. Lorsque le doute surgit, relisez-la pour vous rappeler à quel point vous avez déjà avancé. Votre passé est la preuve que vous pouvez avancer même dans les passages difficiles.

4. Entourez-vous des bonnes personnes. Votre entourage influence votre mental. Nous sommes la somme des cinq personnes les plus proches qui nous entourent. Parlez à ceux qui vous soutiennent et partagent vos valeurs. Évitez les voix négatives qui amplifient vos incertitudes.

5. Prenez du recul. Parfois, le doute vient d'un trop-plein. Offrez-vous une pause, une marche, une journée loin des contraintes. Ces moments permettent de clarifier vos pensées.

6. Votre « pourquoi » est-il toujours valide ? Le doute est aussi une opportunité de réajustement. Si votre « pourquoi » a évolué, c'est normal. Adaptez votre trajectoire. Ce n'est pas trahir votre mission, c'est l'affiner pour qu'elle reste en phase avec qui vous êtes devenu.

Souvenez-vous que le doute ne disparaîtra jamais complètement, mais il ne doit pas être un frein. Utilisez-le pour vous interroger, ajuster votre trajectoire et repartir plus fort.

Chaque doute surmonté renforce votre résilience. Chaque fois que vous utilisez votre « pourquoi » pour avancer, vous vous rapprochez de vos rêves. Alors, ne craignez pas le doute. Accueillez-le. Il est là pour vous rappeler que vous êtes humain, mais aussi pour tester la force de vos convictions.

Gardez à l'esprit que les plus grandes réussites sont souvent nées dans des moments où tout semblait perdu. Vous êtes capable de traverser cette tempête, car votre « pourquoi » est plus fort que vos doutes. Faites confiance à votre boussole intérieure.

OUTIL : LA « MÉTHODE DES 3 SCÉNARIOS »

Lorsque les obstacles surgissent, ils peuvent sembler immenses, presque impossibles à surmonter. La peur de l'inconnu, l'incertitude et un manque de préparation mentale peuvent amplifier cette sensation d'impuissance. Mais imaginez une méthode qui vous permet non seulement de voir ces difficultés sous un autre angle, mais aussi de les dédramatiser et de les maîtriser. La « méthode des 3 scénarios » vous offre cette possibilité. En visualisant différentes issues possibles pour chaque défi, vous créez des alternatives concrètes et vous vous équipez mentalement pour avancer avec confiance. Il s'agit ici de transformer l'incertitude qui vous paralyse en action proactive qui vous propulse. Quand l'obstacle se présente, activez cet outil et visualisez les trois scénarios suivants.

SCÉNARIO 1 : LE PIRE CAS POSSIBLE ET COMMENT LE GÉRER

Vous êtes face à un obstacle, celui qui vous fait frémir. Vous voyez l'impasse, la situation la plus désastreuse qui pourrait arriver. Vous avez peur, vous vous dites : et si tout foire ? C'est exactement là que vous devez aller, dans ce scénario le plus sombre, celui que vous redoutez tant. Parce que l'une des premières étapes pour reprendre le contrôle est de déconstruire cette peur qui vous paralyse. C'est dans cet instant où vous vous confrontez à l'inconnu que vous allez trouver une forme de pouvoir. Regardez votre obstacle droit dans les yeux. Quelles seraient les conséquences si tout se passait mal ? Dans le pire des scénarios ? Imaginez ce qui pourrait arriver si vous échouiez. Allez-vous mourir ? Tomber malade ? Perdre votre emploi ? Votre réputation ? Un contrat important ? Une relation clé ? Affronter en face ce scénario catastrophe permet de se rendre compte réellement que ce n'est pas « si grave » que ce que l'on imaginait !

Une fois que vous avez mis le doigt sur ce scénario catastrophe, respirez. Posez-vous cette question fondamentale : et si ça arrive ? Que vais-je faire ?

Oui, ce qui compte, ce n'est pas ce qui va se passer, mais ce que vous allez mettre en place pour y faire face. Maintenant, vous allez l'affronter. Que pouvez-vous mettre en place dès aujourd'hui pour minimiser les dégâts, pour vous préparer à la situation la plus extrême ? Quels sont vos plans d'urgence ?

> *Exemple concret : votre partenaire de vie veut divorcer ; l'annonce du divorce est un choc. Vous imaginez le pire. Une bataille sans fin, des disputes incessantes, la garde des enfants qui vous échappe, une guerre financière qui vous épuise. Tout semble s'effondrer autour de vous. L'angoisse monte, l'impression de perdre pied est intense. Ce scénario vous hante, et l'idée même de l'affronter vous paralyse. Mais, au lieu de subir cette peur, vous pouvez l'anticiper et vous y préparer. Comment ? En vous informant sur vos droits. En consultant un avocat pour comprendre les enjeux. En cherchant du soutien auprès d'un proche ou d'un professionnel pour canaliser vos émotions. En trouvant des solutions pour préserver un dialogue avec votre partenaire, si difficile soit-il, afin d'éviter que la situation ne dégénère. Vous avez identifié le pire, vous l'avez regardé en face. Ensuite vous pouvez agir pour ne pas en arriver là.*

Ce n'est pas la gravité du scénario qui compte, mais votre capacité à réagir.

Le but de ce pire scénario est évident :
❶ **Dédramatiser** : car dans la grande majorité des cas le scénario catastrophe n'est jamais aussi grave que nos peurs.
❷ **Se préparer** : si le pire se produit, vous ne serez pas pris de court. Votre conscient mais surtout votre inconscient a déjà envi-

sagé et imaginé des options, des solutions de secours ! Vous aurez une certaine maîtrise de la situation, pas l'inverse.

Vous voyez ? Ce n'est pas une question de chance. C'est une question de préparation. Parce qu'en anticipant le pire, vous vous donnez une chance d'agir, de réagir et de garder votre sang-froid, même dans la tempête.

SCÉNARIO 2 : LE CAS PROBABLE ET SES SOLUTIONS

Ce n'est pas le scénario catastrophe, mais celui qui, en toute logique, risque de se matérialiser. C'est un défi qui ne relève ni de l'impossible ni de l'imprévisible, mais qui peut néanmoins vous demander des efforts pour le surmonter.

Quelles difficultés sont susceptibles de surgir à cause de cet obstacle ? Prenez un instant pour visualiser les situations les plus courantes qui peuvent compromettre vos progrès. Il ne s'agit pas de dramatiser, mais de mettre en lumière les défis que vous pouvez prévoir. Vous allez peut-être rencontrer des résistances, des imprévus ou des retards. Le but ici est de répertorier les conséquences probables de cet obstacle, celles qui sont à la fois possibles et plausibles.

Ensuite, l'objectif est d'élaborer des solutions concrètes. C'est une étape où vous devez passer à l'action avant même que l'obstacle ne survienne. Plutôt que de vous laisser emporter par l'incertitude, commencez à planifier. Quels ajustements pouvez-vous anticiper pour éviter ou réduire l'impact de ces complications réalistes ? Ce qui est essentiel ici, c'est de ne pas vous laisser surprendre par les difficultés prévisibles. Préparez-vous, de manière stratégique.

Il est important de garder à l'esprit que ce scénario n'est pas celui d'un échec total, mais bien celui où vous devez être réactif et pragmatique. Vous êtes en train de bâtir une stratégie proactive qui vous permet de faire face aux obstacles avec confiance et efficacité. Car l'essentiel ici est d'être prêt à agir, de savoir quoi faire quand la situation se concrétise. Ce n'est pas la peur de l'imprévu qui doit guider vos actions, mais la certitude que vous avez anticipé ce qui est probable et que vous êtes déjà prêt à intervenir.

Reprise de l'exemple précédent : cette fois, vous imaginez le scénario probable : le divorce est une épreuve, mais il ne se transforme pas en guerre. Après les premières émotions fortes, vous et votre partenaire acceptez l'idée de trouver un terrain d'entente. La garde des enfants sera partagée, et vous cherchez à maintenir une communication saine, même si elle reste parfois tendue. Ce n'est pas un scénario idéal, mais c'est une issue réaliste et gérable. Pour que cela fonctionne, vous pouvez anticiper les défis à venir : en définissant dès maintenant des règles claires sur l'organisation de la garde, les priorités pour chacune des deux parties, les décisions importantes et la communication entre vous ; en cherchant un médiateur si nécessaire, pour faciliter les échanges et éviter les conflits inutiles ; en mettant en place des outils concrets, comme un calendrier partagé ou un canal de communication dédié, pour éviter les tensions et fluidifier l'organisation. Vous savez que certaines discussions seront difficiles, que des désaccords surgiront. Toutefois, en vous préparant avec des solutions concrètes, vous abordez cette transition avec plus de sérénité et de maîtrise. Vous ne subissez plus la situation. Vous l'accompagnez et la construisez avec intelligence.

Le but de ce scénario probable est simple :

❶ **Relativiser** : en regardant objectivement les obstacles, vous réalisez que la situation probable est gérable.

❷ **Anticiper** : en envisageant les solutions concrètes, vous êtes prêt à affronter cette situation probable. Cette attitude n'est pas défaitiste ou pessimiste mais stratégique et prudente.

SCÉNARIO 3 : LE MEILLEUR CAS POSSIBLE OÙ L'OBSTACLE SE TRANSFORME EN OPPORTUNITÉ

Passons ensuite à un scénario que vous n'avez peut-être pas envisagé. Si cet obstacle n'est pas une fin en soi, mais une porte ouverte vers quelque chose d'inattendu et de bénéfique ? Imaginez un instant que cette situation difficile se transforme en une opportunité. Que se passerait-il si, au lieu de vous laisser freiner, vous parveniez à en tirer un avantage insoupçonné ? Visualisez les possibles retombées positives de cet obstacle. Quelles opportunités cachées pourraient surgir ? Quels apprentissages pourriez-vous en tirer ? Parfois, la difficulté d'une situation nous pousse à nous dépasser, à trouver des solutions plus créatives et plus ingénieuses que celles que nous aurions imaginées si tout avait été facile. **L'obstacle, loin de nous bloquer, peut en réalité nous propulser vers un résultat bien plus grand que ce que nous attendions au départ**. Il s'agit ici de changer de perspective, de voir l'obstacle comme une chance déguisée. Il ne s'agit pas d'être naïf ou de minimiser la difficulté, mais de vous concentrer sur ce que vous pouvez en tirer. Et si ce que vous percevez comme une contrainte devient un tremplin pour grandir, pour développer de nouvelles compétences, ou pour renforcer votre position dans une situation ? Imaginez l'impact de cette transformation sur vous, mais aussi sur les autres.

> <u>Retour sur l'exemple précédent</u> : *imaginez que ce divorce annoncé ne soit pas une fin, mais un tournant. Au lieu de vous enfermer dans la douleur et le ressentiment, vous prenez du recul. Vous vous interrogez sur ce qui n'a pas fonctionné, sur vos propres comportements, vos attentes, vos besoins profonds. Vous réalisez que votre*

partenaire traverse aussi cette tempête avec ses propres blessures et frustrations. Plutôt que de laisser cette crise tout emporter, vous décidez d'en faire une opportunité de transformation. Ensemble, vous entamez un travail, accompagnés par un professionnel spécialisé en thérapie de couple, pour comprendre les failles de votre relation et tenter de reconstruire votre couple sur des bases plus solides. La communication s'ouvre, des vérités se disent, parfois difficiles, mais essentielles. Peu à peu, un nouveau dialogue s'installe, plus sincère, plus authentique. Et, contre toute attente, ce qui semblait être une séparation inévitable devient un renouveau. Votre couple en ressort plus fort, plus uni. Vous ne reproduisez plus les mêmes erreurs, vous vous comprenez mieux. Ce qui aurait pu être la fin d'une histoire devient le départ d'une relation renouvelée, une nouvelle aventure, plus riche et plus épanouissante. Vous avez transformé l'obstacle en une occasion de grandir, d'évoluer, et d'être plus heureux.

Le but de ce meilleur scénario est fondamental :
❶ **Changer votre regard et votre *mindset*** : en regardant l'obstacle autrement, vous ouvrez la porte à de nouvelles possibilités.
❷ **Adopter une attitude proactive** : vous passez à l'action pour reprendre le contrôle de la situation et transformer ces difficultés en opportunité.

L'obstacle cesse d'être une menace et devient un catalyseur pour vos progrès. Dans les moments difficiles, il existe un potentiel inexploité. Ce changement de perspective est une clé pour transformer les épreuves en tremplins vers de nouvelles opportunités. Un obstacle surmonté avec brio va naturellement renforcer votre confiance en vous, faire naître un nouvel élan créatif et vous offrir des opportunités que vous n'aviez pas envisagées. En explorant ces scénarios, vous dédramatisez l'obstacle rencontré. Vous tracez la voie vers des solutions concrètes, renforçant ainsi votre capacité à rebondir face à l'imprévu.

À chaque épreuve, vous progressez, vous apprenez, et vous renforcez votre capacité à transformer chaque difficulté en un pas vers la réussite. Plutôt que de vous laisser submerger par la peur de l'inconnu, vous commencez à voir chaque barrière comme une opportunité de croissance. Vous disposez désormais des outils pour transformer l'incertitude en une véritable occasion pour rebondir avec stratégie et assurance. Peu importe ce qui se présente, vous avez la capacité non seulement de le surmonter, mais aussi d'en sortir plus fort, avec des leçons à tirer et des compétences à développer. Vous ne subissez plus les situations, vous les maîtrisez.

« La différence entre l'impossible et le possible réside dans la détermination. »

Citation attribuée à Tommy Lasorda (1927-2021), joueur et manager de baseball américain.

RETOUR D'EXPÉRIENCE

KATERINA ET L'OBSTACLE DU VIDE : UNE TRANSFORMATION EN MONTAGNE

Katerina intègre mon programme d'aventure « Osez l'impossible[4] » pour réaliser sa première ascension de sommet avec une étincelle dans les yeux, mais aussi avec une certaine appréhension. Elle veut repousser ses limites, se confronter à ses peurs et vivre une expérience qui allait la marquer à jamais. Dès le départ, un obstacle majeur apparaît, celui auquel elle avait choisi de se confronter : la peur du vide, une phobie ancrée au plus profond d'elle-même depuis des années.

Au fur et à mesure de l'ascension, le défi devient de plus en plus réel. Les sentiers, déjà escarpés, sont plus raides, les arêtes plus

4. Pour en savoir plus sur cette aventure : https://nicolasfelger.com/aventure-depassement-de-soi

fines, et chaque pas semble la rapprocher d'un vide béant. Plus elle avance, plus la peur monte, la paralysant dans certaines situations. Le sol sous ses pieds semble se dérober, et une panique grandissante envahit son esprit. Soudain, elle se fige : « Je ne bougerai plus. C'est trop pour moi. » La crise de panique est là. Ses jambes tremblent, son cœur bat plus vite, elle pleure et la peur la ronge. À cet instant-là, tout semble insurmontable.

Mais ce qu'elle ne sait pas encore, c'est que cette peur, loin d'être une barrière, est une occasion de grandir. Elle est là, au pied du défi, figée, mais, au fond d'elle, elle sait qu'elle ne peut pas rester là. C'est un moment décisif. Un point de bascule. Je m'approche d'elle, calmement. Je l'invite à respirer avec moi pour faire retomber son rythme cardiaque. Puis je lui propose une autre approche : « Et si on envisageait trois scénarios ? Le pire, le probable et le meilleur ? » Elle hésite, puis elle accepte de me suivre dans ce raisonnement. D'abord, nous regardons la pire des issues. L'impossibilité de continuer. Abandonner. Et si elle décidait de redescendre ? Elle a toujours cette option, si elle le souhaite.

Ensuite, nous réflechissons à ce qui est le plus probable, le fait que, même si c'est difficile, c'est peut-être une difficulté passagère. Elle peut avancer, pas à pas, en se concentrant uniquement sur l'étape suivante. Pas sur le sommet, mais juste sur ce bout de chemin devant elle. Chaque pas, chaque respiration. Nous parlons de l'importance de ne pas se laisser submerger par l'ampleur de la tâche et de se laisser aussi porter par l'énergie et la force du groupe. Il y a toujours des ajustements à réaliser en chemin, et elle peut trouver des solutions en avançant.

Enfin, nous osons imaginer le meilleur, le troisième scénario : si, malgré tout, elle atteint le sommet. Si cet obstacle devient une opportunité. Si cette montée, qu'elle redoute tant, lui révèle une force insoupçonnée. Si elle arrive au bout de ce qu'elle croit impossible, pour ressentir une fierté immense et un sentiment de libération. Je lui suggère de se concentrer sur cette possibilité, non pas comme une pression, mais comme une opportunité de transformer cette expérience en un tournant, un déclic pour sa confiance en elle.

Je lui propose alors quelque chose de simple. « Et si, au lieu de voir cet obstacle comme une menace, tu le considérais comme une étape nécessaire ? Une occasion d'apprendre quelque chose sur toi-même et de trouver la réponse à ta question sur ta peur profonde ? »

Elle accepte de changer de point de vue. Elle prend une grande inspiration. L'obstacle est toujours là, mais son regard sur lui commence à changer. Plutôt que de lutter contre sa peur, elle l'observe, l'accepte, et décide de sa réponse. Ce n'est plus une barrière infranchissable, mais un défi à apprivoiser. Petit à petit, son corps se détend. Elle lève les yeux, non plus avec appréhension, mais avec une forme de curiosité. « Que m'enseigne cet obstacle ? » C'est avec cette nouvelle perspective qu'elle reprend son ascension, non plus en subissant la difficulté, mais en choisissant la façon dont elle va la traverser.

Et, à chaque pas, la peur, bien qu'elle soit encore là, perd peu à peu son emprise. Les tremblements diminuent, le vide sous ses pieds devient moins menaçant. Elle se surprend à franchir des arêtes, à traverser des passages vertigineux, et à le faire avec une concentration intense. Chaque mètre gagné est une victoire. Non seulement elle avance, mais, en même temps, elle apprend à maîtriser sa peur, à la dompter.

Lorsque nous atteignons enfin ce sommet du mont Toubkal à 4 165 mètres dans le Haut Atlas marocain, une vue spectaculaire s'étend devant nous. Katerina s'effondre en larmes. Or, cette fois-ci, ce ne sont pas des larmes de peur, mais des larmes de fierté et de libération. Elle réalise que ce qu'elle pensait impossible est devenu possible. En quelques heures, elle a franchi un obstacle qui l'avait longtemps paralysée. Ce n'est pas qu'une victoire physique. C'est une victoire personnelle. Une victoire profonde sur sa peur.

Cette expérience a changé Katerina. Elle a compris que sa peur du vide n'est pas une barrière insurmontable. Au contraire, elle est devenue une opportunité d'apprendre à gérer l'inconnu, à reprendre le contrôle de ses pensées, à avancer malgré l'incertitude.

Désormais, chaque fois qu'elle se trouve face à un obstacle, elle peut repenser à cette ascension et se dire : si j'ai réussi à surmonter ma peur du vide et à réaliser cette ascension de sommet, je peux surmonter tout ce qui se présente. Katerina est désormais armée d'une confiance nouvelle. Elle a pris conscience que certains obstacles ne sont pas des murs, mais peuvent être des tremplins. Derrière chaque peur se cache une opportunité de révéler notre potentiel. Les obstacles ne sont pas là pour nous arrêter. Ils sont là pour nous pousser à grandir. Ce n'est pas en fuyant qu'on progresse, mais en affrontant nos défis, un pas à la fois.

EXERCICES PRATIQUES

EXERCICE 1 : LE JOURNAL DES OPPORTUNITÉS CACHÉES

Cet exercice est conçu pour vous aider à transformer chaque obstacle en une source d'apprentissage et d'opportunité. À chaque fois que vous rencontrez un défi ou un blocage au lieu de vous laisser submerger par la frustration ou la peur, vous allez le regarder sous un angle nouveau pour en tirer des enseignements.

Voici comment procéder

Tenez un journal quotidien où vous écrivez chaque obstacle rencontré. Notez-le de manière détaillée : quand il apparaît, dans quel contexte, et quel impact il a sur vous. Une fois cette première étape réalisée, utilisez les quatre questions suivantes pour explorer ce que cet obstacle peut vous apprendre et comment il peut devenir une opportunité :

❶ La première question à vous poser est : **que m'enseigne cet obstacle ?**
Quelle est la leçon cachée dans cette situation ? Chaque obstacle, si difficile soit-il, a quelque chose à vous apprendre. Peut-être qu'il met en lumière une compétence que vous devez développer, une habitude à changer, ou un comportement limitant que vous devez abandonner. Prenez un instant pour réfléchir à ce que cette situation peut vous enseigner, et notez-le de manière précise et détaillée dans votre journal.

❷ Ensuite, interrogez-vous : **que m'apprend cet obstacle sur moi-même ?**
Que révèle cet obstacle sur mes peurs, mes limites ou mes réactions face à l'adversité ? Me pousse-t-il à faire face à des émotions difficiles, à des croyances limitantes, ou à des comportements automatiques ? Ces questions vous aideront à mieux comprendre vos mécanismes internes. Peut-être découvrirez-vous une force que vous ne soupçonniez pas, ou une faiblesse à surmonter. Identifiez cette prise de conscience et notez-la.

❸ Maintenant, changez de regard. Demandez-vous : **quelle opportunité se cache derrière cet obstacle si je change de perspective ?**
Si cet obstacle était en réalité une occasion déguisée, quelle opportunité pourriez-vous en tirer ? Imaginez que cet obstacle soit un

tremplin pour aller plus loin, plus haut. Peut-être vous pousse-t-il à explorer une nouvelle méthode, à sortir de votre zone de confort, ou à prendre une direction que vous n'auriez pas envisagée autrement. Notez toutes les idées qui vous viennent à l'esprit, sans jugement. Souvent, les solutions les plus créatives et les plus puissantes naissent de ce type de réflexion.

❹ Enfin, passez à l'action et demandez-vous : **quelle action pourrais-je entreprendre pour avancer malgré cet obstacle ?** Quelle est la première action concrète que vous pouvez entreprendre pour contourner ou surmonter cet obstacle ? Il ne s'agit pas de tout résoudre d'un coup, mais d'avancer d'un pas vers la solution. Cela peut être aussi simple que de prendre un moment pour respirer profondément, de demander conseil à un collègue, ou de modifier légèrement votre approche. Notez cette action précise et engagez-vous à la mettre en œuvre immédiatement.

Pratiquez cet exercice régulièrement. Dressez une liste de vos obstacles actuels et appliquez ces quatre questions à chacun d'eux. Vous serez étonné de voir à quel point chaque situation, même la plus frustrante, peut se transformer en une occasion d'apprentissage et de progrès. L'objectif de cet exercice est de cultiver un réflexe positif face aux défis. Chaque obstacle devient une opportunité de grandir, de développer de nouvelles compétences et de renforcer votre résilience. En intégrant cette pratique dans votre quotidien, vous commencerez à voir des solutions là où d'autres ne voient que des problèmes. Bientôt vous n'aurez plus besoin de ce journal, vous aurez acquis cette compétence comme un réflexe. Vous ne vous contenterez plus de subir les obstacles, vous les maîtriserez et les transformerez en tremplins vers votre succès.

Cet exercice vous aidera à adopter un état d'esprit de croissance continu. Vous verrez alors chaque défi sous un jour nouveau, et chaque pas que vous ferez, même petit, vous rapprochera de vos objectifs et de votre rêve ultime.

EXERCICE 2 : LE « DÉFI DES 48 HEURES », DE L'OBSTACLE À L'ACTION

Grâce à cet exercice, vous allez passer à l'action immédiatement, même face à un obstacle qui vous semble insurmontable ou qui vous paralyse. L'objectif est de briser l'immobilisme, d'amorcer un changement concret et de commencer à transformer une difficulté en une opportunité de progression. En quarante-huit heures, vous allez faire un pas décisif et passer du blocage à l'action.

Voici comment procéder

Identifiez un obstacle qui vous bloque actuellement. Prenez un instant pour réfléchir à une difficulté précise, grande ou petite, qui vous freine. Quel est ce défi, que vous repoussez depuis trop longtemps ? Cela peut être un problème dans votre vie professionnelle, personnelle, ou même émotionnelle. Ce peut être une tâche que vous procrastinez, une peur qui vous paralyse (comme parler en public, changer de poste, apprendre une langue ou encore commencer l'écriture de votre livre), ou un blocage dans un projet plus important. Quel est le premier obstacle qui vous vient à l'esprit, celui qui vous empêche d'avancer aujourd'hui ?

- **Fixez-vous un défi réalisable dans les quarante-huit heures.** La clé ici est de choisir une action concrète et accessible, mais qui vous permet d'avancer malgré l'obstacle. L'objectif n'est pas de tout résoudre en une seule fois, mais d'amorcer un mouvement. Vous devez rompre avec l'immobilisme et agir immédiatement. Posez-vous la question : quelle petite action puis-je accomplir dans les quarante-huit heures pour dépasser cet obstacle ? Cela pourrait être une tâche facile à mettre en place mais significative qui vous fait sortir de votre zone de confort. Ne cherchez pas la perfection, mais la progression.

- **Une fois votre action identifiée, il est temps de vous engager !** Décidez avec précision quand et où vous allez accomplir cette action. Bloquez la date dans votre emploi du temps comme un rendez-vous immuable. Ne remettez pas cela à plus tard, ne cherchez pas le « bon moment ». Le bon moment, c'est maintenant. Cette action, bien que petite, doit être concrète et prise au sérieux. Elle marque le début de votre transformation.

- **Une fois que vous avez réalisé cette action, prenez quelques minutes pour faire le bilan.** Notez dans votre journal ou dans votre téléphone vos impressions.
  — Qu'avez-vous ressenti avant de commencer ? Avez-vous ressenti (ou éprouvé) de la peur, de la résistance ?
  — Comment vous êtes-vous senti après avoir agi ? Quel a été l'effet de l'action sur vos émotions et votre énergie ?
  — Qu'avez-vous appris de cette expérience ? Quelles idées, découvertes ou prises de conscience en avez-vous tirées ?

Cet exercice vous permet de rompre avec l'immobilisme et de déclencher l'élan : en agissant, même sur une petite action, vous créez un mouvement positif, vous sortez de la paralysie et vous reprenez le contrôle. Il transforme la peur en énergie. Passer à l'action réduit la force du blocage et renforce votre confiance en vous. Vous le savez désormais, l'action crée un cercle vertueux. Chaque action réussie vous prouve que l'obstacle est surmontable. Cela vous motive à poursuivre et à vous attaquer à d'autres défis.

*Exemple. **L'obstacle** : vous reportez sans cesse le lancement d'un projet important, par peur de l'échec.*

L'action *: plutôt que de vous précipiter dans la perfection, vous décidez d'écrire une première page, de contacter un ami pour avoir son retour ou de planifier un rendez-vous pour poser les premières bases.*
Le résultat *: vous avez brisé la paralysie. Même si l'action n'est pas parfaite, elle vous a permis d'initier le mouvement et de commencer à donner vie à votre projet. Vous avez franchi la première étape « cruciale », car vous venez de transformer ce cercle vicieux en cercle vertueux !*

IMPORTANT

Aucune action n'est trop petite. Ce qui compte, c'est de commencer. L'obstacle ne disparaît pas par la réflexion seule ; l'action est la clé qui ouvre la porte aux solutions et à la progression. Fixez-vous un défi pour les prochaines quarante-huit heures et passez immédiatement à l'action.

CHAPITRE 8

ÉVALUEZ, AJUSTEZ ET CÉLÉBREZ

ÉVALUATION + AJUSTEMENT = CÉLÉBRATION

Vous avez osé. Vous avez fait ce premier pas, celui qui transforme les idées en actions. Puis, avec courage et persévérance, vous avez avancé pas à pas, relevant les défis sur votre chemin. Chaque obstacle surmonté a été une opportunité de croissance, chaque erreur une leçon précieuse. **Il reste une toute dernière étape pour accéder à votre rêve : prendre le temps d'évaluer où vous en êtes, de vérifier si vous êtes encore sur la bonne route.** Sinon vous risquez de tourner en rond et même de vous éloigner de votre objectif. C'est ici qu'intervient le trio gagnant : évaluer, ajuster, célébrer.

ÉVALUER, c'est prendre le temps de faire le point, comme on consulte une carte en pleine randonnée. Savoir où nous en sommes, repérer ce qui marche ou ce qui demande un recalibrage.

AJUSTER, c'est le pouvoir de corriger votre trajectoire avant qu'il ne soit trop tard. Trop souvent, nous persévérons dans une voie parce qu'on l'a choisie, sans se demander si elle nous mène encore où nous voulons vraiment aller. Parfois, c'est un simple détail à modifier. D'autres fois, c'est un virage à 180 °C à prendre, voire, parfois, un chemin à abandonner. L'important, c'est de ne pas attendre d'être dans l'impasse pour le faire.

CÉLÉBRER, c'est la dimension souvent négligée et pourtant essentielle de prendre conscience des victoires et de s'accorder le droit d'en être fier. Chaque pas compte. Reconnaître vos efforts, c'est nourrir la motivation qui vous fera avancer encore plus loin. Célébrer, ce n'est pas s'arrêter, c'est prendre de la force pour la suite !

C'est ce cycle – évaluer, ajuster et célébrer – qui vous permet de progresser continuellement.

Dans ce chapitre, nous allons plonger dans ce processus cyclique qui transforme vos efforts en succès durables. Vous allez découvrir comment faire un bilan honnête et constructif de votre progression, sans vous juger. Adapter intelligemment vos stratégies pour rester aligné avec vos objectifs et votre raison d'être. Insuffler de la joie et de la fierté dans votre parcours en célébrant chaque étape franchie avec intention. **Ce chapitre est une invitation à ralentir pour mieux avancer.** Parce que évaluer, ajuster et célébrer, ce n'est pas un luxe, c'est une nécessité. C'est la dernière clé du trousseau pour transformer vos actions en accomplissements durables.

« Ils ne savaient pas que c'était impossible, alors ils l'ont fait. »

Citation attribuée à Mark Twain (1835-1910), écrivain et humoriste américain.

L'ÉVALUATION ET L'AJUSTEMENT COMME CLÉS DE LA RÉUSSITE

Ma traversée de l'Asie à l'Europe à la nage

Lorsque je me lance dans le projet de relier l'Asie à l'Europe à la nage, je savais dès le départ que le niveau d'engagement et de préparation serait très élevé. Chaque défi comporte sa part d'inconnu, et, malgré toute la préparation du monde, il y a toujours une part d'imprévu à embrasser. Ce jour-là, les capacités à évaluer la situation, à ajuster la stratégie en temps réel et à célébrer chaque victoire ont fait toute la différence entre l'échec et la réussite.

Dès mon arrivée sur l'île de Rhodes, en Grèce, la réalité me rattrape. L'équipe d'organisation avait prévu plusieurs jours pour attendre la meilleure fenêtre météo pour le départ de la traversée, mais cette opportunité s'est présentée immédiatement, avant même que je ne me prépare mentalement. Il est tard, presque 23 heures, quand la décision est tombée : demain, à l'aube, ce sera le départ.

La fatigue du voyage pèse sur moi, je n'ai pas le temps de me reposer suffisamment ni de préparer mon ravitaillement. Rien n'est idéal. Je suis frustré, en colère, mais, une fois de plus, je dois comprendre et surtout accepter de m'adapter. L'opportunité est là, et je sais qu'elle ne se représentera peut-être pas. Il faut y aller.

Le matin du départ, très tôt au port, une nouvelle réalité s'impose à nous et nécessite une évaluation immédiate. Les courants sont plus forts que prévu. Poursuivre dans le sens initialement déterminé serait une erreur. Le risque d'échec est trop grand. Plutôt que de s'accrocher à un plan qui ne fonctionne plus à cet instant, nous faisons le choix de changer de cap et d'inverser le sens de la traversée. Nous n'allons plus nager de l'Europe (Grèce) vers l'Asie (Turquie) mais de l'Asie vers l'Europe.

Cette décision implique une traversée en bateau de deux heures pour rejoindre l'autre rive avant même de commencer à nager. Deux heures à tanguer dans une mer agitée, à lutter contre le mal de mer. Et malgré des exercices de concentration, de méditation et de respiration, je sens mon énergie commencer à baisser, l'épuisement monte. Mais je sais qu'accepter cet ajustement est la seule option pour maximiser mes chances de succès.

J'y suis. Je pars des côtes turques. Je me jette à l'eau. La traversée débute. Je commence à nager. Assez vite, au bout d'environ deux heures, la mer me rappelle à l'ordre. L'eau est plus chaude que prévu, et ma combinaison, elle, est trop épaisse. J'ai vraiment chaud. Chaque coup de bras devient un effort de plus en plus intense. Les vagues compliquent mon avancée. Mes épaules et ma nuque commencent à brûler. J'arrive à un ravitaillement. Sur le bateau, on me dit : « OK, Nicolas, tu es à peu près à 40 % de ta course. » Sauf que, dans mon corps, je me sens à cet instant précis à 80 % de mon potentiel. Je n'ai même pas fait 11 kilomètres. Je vois encore les côtes turques. J'ai l'impression qu'elles sont à côté alors que je suis parti il y a presque quatre heures. Toucher la Grèce, mon objectif, ma ligne d'arrivée, me semble à des années-lumière. À cet instant, seulement deux options s'offrent à moi : forcer contre les éléments et m'épuiser, ou lâcher prise, changer de stratégie et **m'adapter**.

Je choisis l'adaptation. Plutôt que de me battre contre les vagues et les difficultés, je change mon *mindset* : je modifie ma technique de nage, pour rendre mes mouvements plus fluides, je lâche prise et je me laisse presque porter pour être en harmonie avec l'océan. J'arrête de me focaliser sur la douleur. Je me concentre sur ce qui me porte et ce sont mes proches qui me soutiennent. Chaque coup de bras est pour une personne qui compte dans ma vie. Quand on veut réussir à sortir d'une peur, d'un stress, d'une douleur, changer totalement son attention est un outil puissant pour changer d'état interne. Me focaliser sur autre chose transforme mon expérience.

Les vagues ne sont plus des obstacles, elles font partie du voyage, elles me portent et j'ai l'impression de voler dessus. Mais, après quelques heures, les douleurs physiques reviennent, de plus en plus fort. Je dois à nouveau m'adapter pour pouvoir aller au bout. Je décide d'appliquer une technique que je pratique rarement, mais qui est terriblement forte. Je me dissocie de mon corps, je prends de la hauteur comme si je montais dans le ciel, et je lui parle : « Écoute, je sais que c'est dur et que tu es en train de souffrir, je vais t'écouter et t'aider du mieux que je peux, mais sache que, quoi qu'il se passe, moi, le mental, j'irai au bout, il n'y a aucun doute là-dessus. Donc, si tu ne veux pas encore plus souffrir, je te propose de nous allier et de me faire confiance. Nous savons tous les deux que j'ai la force et l'expérience pour t'emmener au bout ! »

Cette technique de visualisation m'emmène presque à toucher mon objectif. À 2 kilomètres de l'arrivée, l'Europe est en vue, mais chaque mètre parcouru me demande une énergie folle. Les vagues sont encore plus intenses et la fatigue accablante. C'est le moment où beaucoup abandonneraient. J'ai mal, j'ai des crampes, je suis épuisé, brûlé par l'eau salée et par le soleil.

J'applique une autre technique simple que j'aime pratiquer : je prends le temps de me retourner. Je regarde derrière moi, vers l'Asie. Je vois tout le chemin parcouru, toutes les épreuves déjà surmontées. Ce geste ravive en moi une fierté immense. Je suis déjà allé si loin, je ne vais pas m'arrêter maintenant ! Célébrer mon parcours en plein effort me donne l'énergie nécessaire pour les derniers kilomètres.

Enfin arrive ce moment de grâce, quand je vois pour la première fois les rochers et les cailloux au fond de l'eau après presque 8 heures de grand bleu… À cet instant précis, j'ai la même sensation qu'un enfant qui voit ses cadeaux sous le sapin de Noël. Je tape dans les mains de mon binôme. Les larmes montent, mes émotions me dépassent et je pleure comme un gosse. Quand mes pieds foulent le sol européen, mes jambes vacillent, c'est la délivrance et je ressens au plus profond de moi, cette sensation que « TOUT EST POSSIBLE ». Épuisé, vidé, mais triomphant. Ce n'est pas que l'accomplissement d'un défi sportif ou une simple victoire en plus à mon palmarès, c'est une nouvelle expérience d'adaptation et de dépassement.

La célébration ne s'arrête pas là. Il y a les cris de victoire sur la plage, les accolades avec l'équipe, le repas partagé, les retrouvailles avec mes proches. Et, aujourd'hui encore, il y a le partage de cette aventure, dans mes conférences, mes formations et mes coachings.

Célébrer, c'est prolonger la réussite. C'est l'ancrer en soi et dans le cœur des autres.

Cette traversée m'a enseigné une vérité fondamentale : la réussite est un processus dynamique. Il ne s'agit pas d'exécuter un plan parfait, mais de savoir évaluer chaque situation, adapter en cours de route et célébrer chaque progrès.

VIDÉO : Ma traversée de l'Asie à l'Europe

Évaluer et ajuster, ce n'est pas douter. C'est faire preuve de sagesse. Célébrer, ce n'est pas s'arrêter. C'est se donner la force d'aller toujours plus loin.

RÉFLEXION ET INTROSPECTION : « PRÊT À VOUS ÉVALUER ET À AJUSTER ? »

Voici quelques questions qui vont vous aider à ouvrir le chemin vers votre futur. Mais, avant de nous y plonger, prenez un instant pour ressentir ce que cette réflexion peut vous procurer. Chaque réponse que vous apporterez est un pas vers une meilleure maîtrise de vous-même et de vos objectifs. Ces questions ne sont pas là pour vous bousculer inutilement, mais pour vous permettre de mettre en lumière vos freins, vos forces et vos véritables besoins. Chaque question est une clé, chaque réponse une porte qui s'ouvre vers une meilleure compréhension de votre fonctionnement. Plus vous serez sincère dans cet exercice, plus vous découvrirez des leviers d'action concrets. Prenez cet exercice comme une opportunité. Approchez-le avec lucidité, curiosité et détermination.

Comme pour chaque introspection, prenez ce moment pour vous. Installez-vous confortablement dans un endroit calme, loin des distractions. Inspirez profondément et laissez votre esprit s'apaiser. Cet espace est précieux. Il est là pour vous permettre de poser un regard sincère et bienveillant sur votre parcours, d'adapter votre trajectoire si besoin, et, surtout, de reconnaître tout ce que vous avez accompli jusqu'à présent.

MON RAPPORT À L'ÉVALUATION

Imaginez que vous êtes un observateur extérieur qui cherche simplement à comprendre.

- **Avez-vous l'habitude de faire le point sur vos progrès régulièrement ?**
- Prenez-vous le temps d'observer où vous en êtes, ou avez-vous tendance à avancer sans vraiment regarder en arrière ?
- Quand avez-vous fait votre dernier bilan personnel ou professionnel ?
- À quelle fréquence prenez-vous réellement le temps de regarder où vous en êtes dans vos projets ou défis ?
- Vous arrive-t-il de vous arrêter pour reconnaître tout le chemin parcouru, ou êtes-vous plutôt focalisé sur ce qu'il reste à faire ?
- Comment mesurez-vous vos progrès ? Est-ce à travers des résultats concrets, ou votre évolution intérieure, vos apprentissages, et vos efforts ?

Faire le point régulièrement, c'est s'offrir la possibilité de constater ses avancées, mais aussi d'identifier ce qui fonctionne et ce qui mérite d'être ajusté. C'est une habitude qui change tout.

MA CAPACITÉ À AJUSTER

- **Êtes-vous prêt à ajuster vos objectifs, votre plan ou vos méthodes si vous constatez que ça ne fonctionne pas ?**
- Quand quelque chose ne donne pas les résultats espérés, prenez-vous du recul ou renforcez-vous vos efforts ?
- Êtes-vous du genre à persévérer coûte que coûte ou à adapter votre stratégie ?
- Qu'est-ce qui vous empêche, parfois, de changer d'approche ? La peur du jugement ? L'envie de prouver que vous aviez raison ? La difficulté à lâcher prise sur une idée qui vous tenait à cœur ?
- À quand remonte la dernière fois où vous avez changé de plan ? Était-ce un changement que vous avez décidé ou que vous avez subi ? Avez-vous ressenti cela comme un échec ? Était-ce libérateur ou frustrant ?

Beaucoup hésitent à changer de cap par peur d'échouer, de perdre quelque chose ou d'admettre qu'ils se sont trompés. Il est parfois difficile de modifier une trajectoire, même quand on sent qu'elle nous mène droit dans le mur. Être capable d'adapter ses plans, c'est reconnaître que la vie est en mouvement et que la flexibilité est une force. **Ajuster n'est pas abandonner, c'est évoluer.**

MES HABITUDES DE CÉLÉBRATION

- **Célébrez-vous vos avancées, vos réussites, même les plus banales ?**
- Quand avez-vous célébré une victoire pour la dernière fois ?
- Était-ce un grand succès, ou un pas en avant ?

- Avez-vous tendance à passer immédiatement au défi suivant sans profiter de ce que vous venez d'atteindre ?
- Quelle place donnez-vous à la reconnaissance de vos efforts au quotidien ?
- Imaginez que votre meilleur ami réalise ce que vous avez accompli, comment le féliciteriez-vous ?

Prendre le temps de célébrer, c'est reconnaître la valeur de ce que l'on accomplit. Pourtant, on a souvent tendance à minimiser ses réussites ou à attendre un « grand moment » pour se permettre de savourer. **Se féliciter, ce n'est pas de l'ego mal placé, c'est du carburant pour continuer à avancer**. Chaque pas mérite d'être reconnu et honoré, c'est même essentiel.

INTERPRÉTEZ VOS RÉPONSES

Après avoir pris le temps de répondre à ces questions, analysez vos réponses.

Si elles révèlent une démarche déjà ancrée de réflexion

Bravo ! Vous avez déjà intégré une approche consciente de votre évolution. Vous savez observer vos progrès, ajuster votre trajectoire quand c'est nécessaire et célébrer vos succès. Ce *mindset* vous permet de rester motivé et d'avancer avec confiance. Continuez sur cette voie en ancrant ces pratiques dans votre routine. Plus elles seront naturelles pour vous, plus elles porteront leurs fruits.

Si elles montrent que vous êtes sur la bonne voie, mais qu'il reste un cap à franchir

Vous avez conscience de l'importance de ces étapes, mais ces habitudes ne sont peut-être pas régulières ou fréquentes. Vous avez conscience de leur importance, mais elles restent occasionnelles ou aléatoires. Ce chapitre va vous aider ; trouvez ce qui vous parle le plus et engagez-vous à l'appliquer régulièrement. Vous verrez rapidement la différence sur votre motivation et votre clarté d'action.

Si elles indiquent que ces pratiques ne font pas encore partie de votre routine

C'est le point de départ d'une belle transformation ! Ne pas évaluer ses progrès ni ajuster ses actions ne signifie pas que vous échouez, mais peut indiquer que vous fonctionnez en mode automatique, sans prendre le recul nécessaire. Or, avancer sans jamais faire le point, c'est comme rouler sans vérifier son cap : vous risquez de vous égarer.

L'outil BAC (Bilan-Action-Célébration) que je vais vous présenter dans un instant vous aidera beaucoup. Vous verrez rapidement à quel point ces gestes, si basiques soient-ils, peuvent éclairer votre parcours et raviver votre niveau de motivation. Rappelez-vous que ce processus n'a pas pour but de vous juger, mais de vous guider. Chaque prise de conscience est une opportunité d'évolution. Vous êtes en chemin. Et **célébrez**, c'est votre dernière introspection de ce livre !

> *Un dernier conseil : l'évaluation et l'ajustement ne sont pas des signes de doute ou de faiblesse, mais des preuves de sagesse et de résilience. Ceux qui réussissent le plus sont ceux qui savent s'adapter.*
> *Avancer, ce n'est pas seulement atteindre un objectif, c'est aussi savoir apprécier tout le chemin parcouru.*

OUTIL : LA MÉTHODE BAC (BILAN-ACTION-CÉLÉBRATION)

La méthode BAC est un outil conçu pour vous aider à avancer avec intention et nourrir votre motivation à chaque étape. Elle repose sur un principe simple qui est de prendre régulièrement le temps de faire le point, d'adapter vos actions et de célébrer vos progrès.

Ce cycle, à la fois structuré et adaptable, vous permet de rester pleinement conscient de votre évolution. Il ne s'agit pas seulement d'atteindre un but, mais de développer une proactivité vis-à-vis de votre progression. Nous allons explorer ensemble chaque étape de cette méthode pour que vous puissiez l'intégrer facilement dans votre quotidien et en tirer tous les bénéfices.

LES TROIS ÉTAPES CLÉS

1. BILAN : évaluer ce qui a été accompli

Le bilan, dans la méthode BAC, est une étape d'analyse constructive orientée vers l'action. C'est le moment de prendre du recul pour mesurer vos progrès. Ici, il ne s'agit pas seulement de réfléchir, mais de structurer vos observations pour en tirer des enseignements pratiques. En évaluant ce que vous avez accompli, vous dégagez des informations précieuses qui orienteront vos prochaines actions.

Les questions clés pour faire votre bilan

Commencez par faire un inventaire clair de vos progrès.

- Quels progrès avez-vous réalisés récemment ?
- Qu'avez-vous réussi à mettre en place ?
- Quelles étapes avez-vous franchies depuis le début de votre démarche ?

- Avez-vous remarqué une amélioration, même minime, dans votre façon d'agir, de penser ou de gérer certaines situations ?

Il ne s'agit pas de faire une liste générale, mais de vous concentrer sur les actions qui vous ont permis d'avancer. Pas seulement les grandes victoires, mais aussi les petites avancées qui passent parfois inaperçues.

> *Exemple : si vous avez lancé un projet, quelles tâches essentielles avez-vous terminées ? Si votre objectif est sportif, combien de séances d'entraînement avez-vous réalisées ?*

Ensuite, évaluez les résultats obtenus.
- Quels résultats avez-vous obtenus ?
- Ont-ils été à la hauteur de vos attentes ?

Il n'est pas question de jugement, mais bien d'objectivité. Si vos résultats sont conformes à vos objectifs, alors félicitez-vous et prenez note de ce qui a fonctionné : **identifiez précisément les actions qui ont vraiment porté leurs fruits**, celles qui ont eu un impact direct et positif sur vos résultats – que ce soit une méthode particulière, une approche stratégique ou un changement d'habitude.

- Qu'est-ce qui a réellement fonctionné ?
- Quelles stratégies, quelles habitudes, quelles décisions vous ont permis d'avancer ?
- Quels sont les choix qui ont eu un impact positif ?

Cela vous permettra de savoir ce qu'il faut continuer à faire et même à intensifier dans la suite de votre parcours.

Si vos résultats ne sont pas à la hauteur de vos attentes, ne vous arrêtez pas à la déception : **cherchez les causes, prenez en compte les obstacles que vous avez pu rencontrer.**

- Pourquoi ça n'a pas donné les résultats escomptés ? Est-ce un problème de méthode ? De timing ? De motivation ?
- Quels ont été les freins qui vous ont ralenti ou empêché de progresser comme vous l'aviez prévu ?
- Quels obstacles avez-vous rencontrés ?
- Quels moments de doute ou de blocage avez-vous traversés ?

Ces difficultés peuvent être externes – comme un manque de ressources ou des imprévus –, ou internes – comme la procrastination, un manque d'organisation ou de motivation. Le but ici n'est pas de culpabiliser, mais d'identifier les causes avec clarté. Une fois ces causes identifiées, il sera beaucoup plus facile de trouver des solutions concrètes pour les surmonter dans la suite du processus.

> *Exemple : si votre objectif est de préparer un marathon, faites un bilan précis. Notez combien de séances d'entraînement vous avez réalisées et comparez-les à ce que vous aviez prévu. Cela vous permettra de savoir si vous êtes sur la bonne voie.*
> *« Cette semaine, j'ai réalisé trois séances sur quatre prévues. Mon endurance s'est améliorée, mais j'ai rencontré des difficultés sur les côtes, où je suis moins performant. » Un bilan comme celui-ci vous aide à visualiser vos progrès tout en identifiant les domaines à améliorer.*

Le bilan est un acte stratégique. C'est une étape clé dans la méthode BAC, car il vous permet de constater ce que vous avez accompli de façon factuelle, mais aussi de repérer les points sensibles qui nécessitent un ajustement. Il s'agit de faire un diagnostic précis qui va vous aider à prendre des décisions éclairées pour la suite. Un bon bilan vous fournit des informations claires et actionnables, qui guideront vos choix pour la prochaine étape.

Le but ici est d'être honnête et objectif, sans se laisser influencer par des jugements émotionnels. Le bilan est une étape du processus qui vous permet de repartir sur de bonnes bases, armé des enseignements tirés de vos réussites comme de vos difficultés.

2. ACTION : ajuster et avancer plus efficacement

L'étape d'action dans la méthode BAC est primordiale, car elle permet de transformer le bilan en un plan concret pour la suite. Une fois que vous avez pris le temps d'analyser vos réalisations et les obstacles rencontrés, l'étape suivante consiste à adapter et à définir les actions à mettre en place pour ajuster votre trajectoire. C'est ici que vous passez directement du diagnostic à l'action. Fini l'analyse, il est temps d'agir pour corriger, améliorer et avancer.

Commencez par ce qui ne fonctionne pas et les obstacles que vous avez identifiés

- Quelles actions, habitudes ou stratégies devez-vous modifier ou même arrêter ?
- Quelles stratégies concrètes pouvez-vous mettre en place pour surmonter les obstacles rencontrés ?

Parfois, certaines de vos approches n'ont pas donné les résultats attendus, sont contre-productives à long terme ou encore ralentissent votre progression. Soyez prêt à les abandonner ou à les modifier.

L'action consiste ici à ajuster votre trajectoire, même si cela signifie abandonner certaines méthodes. Cette étape vous permet d'adopter une posture proactive face à ces freins. L'important est de comprendre que cette flexibilité est un atout pour votre évolution.

Exemple : reprenons notre exemple du marathon où vous avez constaté, après avoir fait votre bilan, que les montées étaient votre point faible. Vous pouvez ajuster votre stratégie d'entraînement. Un des sous-objectifs pourrait être de travailler spécifiquement sur les montées en intensifiant une séance chaque semaine. Vous pouvez aussi réduire le rythme sur certaines sessions pour éviter la fatigue accumulée. Ces ajustements permettent de rendre votre préparation plus efficace et mieux alignée avec votre objectif.

Dirigez votre attention sur les actions qui ont porté leurs fruits

- Parmi ces réussites, lesquelles pouvez-vous reproduire ?
- Qu'est-ce qui, concrètement, vous a aidé et que vous pourriez systématiser dans votre quotidien ?

Reprenez les forces et les stratégies qui vous ont déjà apporté des résultats et voyez comment les exploiter davantage pour accélérer votre évolution. Il est probablement temps de les amplifier !

Réfléchissez à ce que vous pouvez mettre en place de nouveau

- De quoi avez-vous réellement besoin pour avancer ?
- Quelles sont les nouvelles actions à introduire ?
- Si vous pouviez obtenir une seule chose pour progresser plus rapidement, quelle serait-elle ? Un mentor ? Un outil ? Plus de clarté sur votre objectif ?

Un simple ajustement peut débloquer une situation. Mais encore faut-il identifier ce qui vous manque. Parfois, l'ajustement ne consiste pas seulement à corriger, mais à enrichir votre approche. Cela peut être une nouvelle habitude à instaurer, une compétence à développer ou un changement dans la façon dont vous vous organisez. L'idée est de trouver des leviers efficaces pour renforcer votre progression.

Exemple : si votre emploi du temps ne vous permet pas d'être aussi assidu que prévu, vous pouvez repenser votre organisation en intégrant des actions plus courtes mais plus régulières. Adapter, c'est aussi ajouter des pratiques qui viendront renforcer votre progression, comme une nouvelle approche, une technique plus ciblée ou même un changement dans votre mindset.

L'étape d'action, c'est cette phase où vous ne laissez pas les obstacles définir vos limites, mais où vous adaptez votre plan pour mieux avancer. L'action consiste donc à ajuster, à transformer les informations du bilan en décisions concrètes et à planifier intelligemment les prochaines étapes. Elle est d'autant plus importante que c'est elle qui vous permet de faire évoluer votre stratégie, d'adapter vos efforts, et de repartir avec une nouvelle dynamique. C'est un moment de réinvention de votre approche pour rendre chaque action plus efficace et plus en phase avec vos objectifs.

3. CÉLÉBRATION : reconnaître vos réussites pour renforcer votre motivation

La célébration est une étape trop souvent négligée, alors qu'elle est essentielle pour entretenir la flamme de la motivation. Régulièrement, on se concentre uniquement sur les étapes à venir, sur ce qui reste à accomplir. Pourtant, il est indispensable de prendre une pause et de marquer chaque victoire en chemin. **Célébrer n'est pas juste une récompense, c'est un moyen de renforcer votre confiance et de maintenir votre élan**. Reconnaître vos progrès, si modestes soient-ils, est la clé pour rester motivé et continuer à avancer.

Lorsque vous célébrez, vous valorisez votre cheminement. C'est une manière de prendre du recul pour apprécier le travail réalisé et de vous rappeler que chaque petite étape vous rapproche de votre objectif final. Célébrer, ce n'est pas seulement une question de gratification, c'est aussi un moyen d'ancrer votre progression comme un moteur pour la suite.

Les étapes clés pour célébrer vos réussites

Dressez votre liste de réussites

À la fin de chaque semaine ou mois, prenez quelques minutes pour écrire tout ce que vous avez fait, aussi bien sur le plan professionnel que personnel.

Peut-être avez-vous franchi une marche déterminante, ou peut-être avez-vous maintenu votre engagement malgré les défis. Peu importe la taille de l'accomplissement, il est important de le reconnaître. Posez-vous la question : qu'ai-je fait qui mérite d'être célébré ?

Cela peut être :

- une étape concrète franchie (finaliser une tâche importante, tenir un engagement) ;
- l'acquisition d'une nouvelle compétence (apprendre un outil, développer une capacité) ;
- une leçon tirée d'une erreur (avoir identifié une amélioration possible, appris d'un échec) ;
- une échéance respectée ;
- ou tout simplement d'avoir persévéré malgré les difficultés.

> *Astuce : soyez indulgent avec vous-même. Chaque petit pas compte et mérite d'être noté !*

Appliquez la rétrospective positive

Pour chaque réussite de votre liste, posez-vous ces questions :

- Quel effort ai-je fourni pour y parvenir ? Prenez conscience du travail effectué.
- Quel impact positif cela a-t-il eu sur mon projet ou sur moi-même ? Mesurez la valeur de votre progression.

- Comment cela me rapproche-t-il de mon objectif final ? Renforcez votre vision à long terme.

Astuce : prenez quelques notes sur vos ressentis, cela vous aidera à ancrer encore plus vos réussites.

Récompensez-vous de manière symbolique

Cette récompense vous est propre, c'est un choix important, que vous pouvez ritualiser pour encore plus d'ancrage dans vos célébrations. Si vous cherchez de l'inspiration, je vous accompagne dans le dernier exercice de ce chapitre pour créer votre rituel de célébration personnalisé.

Astuce : si, comme dans notre exemple, après une semaine d'entraînement réussie, vous vous offrez un bon repas, vous vous rappelez que chaque effort compte. Vous célébrez ce que vous avez concrétisé, et cette reconnaissance nourrit votre envie de continuer.

Visualisez votre progression

Relisez régulièrement vos anciennes listes de réussites. Ce rappel vous aide à :

- Voir le chemin parcouru et constater votre évolution.
- Vous remotiver en période de doute.
- Prendre conscience que chaque effort compte.

La célébration doit devenir une habitude, un réflexe.

Célébrer est capital. Ce n'est pas seulement marquer une réussite spectaculaire. Chaque effort mérite d'être reconnu. Même celui qui vous paraît insignifiant aujourd'hui. C'est dans cette reconnaissance que vous puiserez l'énergie nécessaire pour aller plus loin. Célébrer, c'est honorer le chemin parcouru, et cela vous permet de garder le moral, d'entretenir votre motivation et de garder une perspective positive sur votre progression.

Intégrez la méthode BAC (Bilan-Action-Célébration) dans votre routine

Intégrer la méthode BAC dans votre routine, c'est avant tout créer un espace régulier pour évaluer votre progression et ajuster votre trajectoire. Pour être efficace, cette méthode doit devenir une habitude, un moment que vous vous accordez régulièrement pour faire le point et avancer de manière continue. Que vous choisissiez de le faire chaque semaine ou chaque mois, l'important est de vous engager à y consacrer du temps. Cela devient un rituel qui vous permet de rester aligné avec vos objectifs.

- **Commencez par fixer un créneau précis dans votre agenda, un créneau où vous êtes tranquille et où vous pouvez vous concentrer sur vous-même et sur vos progrès.** Pas de distractions, juste un espace dédié à votre évolution. Ce moment doit devenir sacré, un rendez-vous avec vous-même. En l'intégrant dans votre emploi du temps, vous garantissez que ce processus ne soit pas relégué au second plan.

- **Ensuite, visualisez vos progrès.** Utilisez un carnet, un tableau, ou même une application pour suivre vos bilans, ajustements et célébrations. L'idée est d'avoir une vue d'ensemble de votre parcours, un outil où vous pouvez noter vos réussites, vos difficultés, et les actions que vous avez mises en place. La visualisation permet de renforcer votre prise de conscience de vos avancées et de vous rappeler régulièrement ce que vous avez accompli. Cela vous aide à rester motivé et à ne pas perdre de vue vos objectifs.

ÉTAPE	QUESTIONS CLÉS	EXEMPLE
BILAN	Qu'ai-je accompli ? Quels résultats ? Qu'est-ce qui a fonctionné ? Quels obstacles ?	*3 séances sur 4 réalisées* *Endurance améliorée* *Régularité des entraînements* *Difficultés sur les côtes*
ACTION	Quels ajustements ? Quelles nouvelles actions ?	*Ralentir le rythme pour récupérer* *Intégrer une séance pour les montées*
CÉLÉBRATION	Comment marquer mes progrès ?	*Me féliciter avec un bon repas et une soirée détente*

- **Enfin, célébrez immédiatement après chaque étape.** Ce n'est pas seulement lorsque vous atteignez un objectif final que vous devez célébrer, mais chaque victoire en chemin. Après chaque action ou ajustement, prenez un instant pour marquer l'étape franchie. Ce geste symbolique renforce votre engagement, nourrit votre motivation et vous encourage à continuer d'avancer.

La méthode BAC n'est pas juste un outil, c'est une arme redoutable pour accélérer votre progression. En l'intégrant à votre quotidien, vous créez une dynamique de progrès constant. Vous avancez avec clarté. Plus de stagnation, plus d'actions en pilote automatique.

Utiliser BAC, c'est choisir d'être aux commandes, même dans les situations difficiles. C'est accepter de prendre du recul pour mieux avancer. Vous verrez rapidement les bénéfices sur votre motivation et vos résultats !

Avec BAC, vous ne subissez plus votre évolution, vous la créez. Parce que la réussite ne réside pas seulement dans le résultat final, mais surtout dans le chemin que vous parcourez pour y arriver. À vous de jouer !

**« Ce qui est possible est fait,
l'impossible est en cours ;
pour les miracles, prévoir un délai. »**

Charles-Alexandre de Calonne (1734-1802), homme politique français[5].

SAVOIR S'ADAPTER… MÊME AUX BONNES SURPRISES !

Quand on parle d'adaptation, on pense souvent à la gestion des obstacles, aux imprévus qui viennent compliquer nos plans. Mais l'inattendu n'est pas toujours une difficulté. Parfois, c'est une opportunité. Une porte qui s'ouvre, un chemin que l'on n'avait pas envisagé, mais qui peut nous mener bien plus loin que prévu. Encore faut-il être prêt à ajuster son plan, à sortir du cadre initial. Savoir s'adapter, savoir saisir une chance, une opportunité même si elle bouscule le plan et l'organisation.

J'en ai fait l'expérience avec ce livre. Il n'était pas dans le plan de l'année, ni même dans le plan des trois prochaines années. J'avais une stratégie bien définie, des objectifs clairs. Puis l'éditeur est venu frapper à ma porte. Une réelle opportunité, tout le plan a été revu. J'aurais pu dire : « Ce n'est pas le moment », rester fixé sur ma feuille de route. Mais j'ai choisi de modifier ma trajectoire, d'embrasser l'inattendu. Et, aujourd'hui, ce livre existe. L'agilité ne sert pas qu'à surmonter les difficultés, elle permet aussi de saisir ce qui, au départ, n'était même pas envisagé.

5. Cette phrase aurait été prononcée en 1784 en réponse à une requête de la reine Marie-Antoinette.

RETOUR D'EXPÉRIENCE

L'ÉVALUATION ET L'AJUSTEMENT DE CÉSAR POUR CRÉER UNE NOUVELLE DYNAMIQUE AUPRÈS DE SON ÉQUIPE

Lorsque César me contacte, j'identifie immédiatement chez lui un mélange de frustration et de détermination. En tant que fondateur, il a bâti son entreprise avec passion, réuni les meilleures compétences autour de lui, traversé les tempêtes du marché, surmonté les crises. Mais, depuis quelque temps, quelque chose s'est enrayé. Il se trouve face à un mur invisible, bien plus redoutable que la concurrence.

Son équipe est dans une spirale négative. Depuis plusieurs mois, il observe une inertie grandissante. Ses collaborateurs, autrefois dynamiques et engagés, semblent fatigués, démotivés et avancent en pilote automatique, sans enthousiasme et sans perspective claire. Les projets stratégiques patinent, la communication interne est rompue, et un climat de lassitude s'est installé. Les départements travaillent en vase clos, avançant machinalement, sans synergie, sans direction commune. Les objectifs fixés en début d'année sont toujours là, figés, mais plus personne ne semble y croire.

L'ambiance générale en dit long. Lors des réunions, les visages sont fermés. Chacun reste dans son périmètre, sans chercher à comprendre les enjeux globaux. Les collaborateurs semblent subir leur quotidien, exécutant leurs tâches sans conviction. César sent monter une frustration sourde, une lassitude qui étouffe l'énergie de l'entreprise.

Pourtant, il sait que ses équipes sont compétentes et engagées, mais il faut rallumer la flamme, identifier les causes racines des problèmes et surmonter les obstacles. Il est persuadé d'avoir identifié le problème majeur de son entreprise, une mauvaise gestion du temps par ses collaborateurs. Selon lui, c'est cela qui freine la performance de son équipe, et il veut que je les accompagne sur ce point précis.

Sauf que, dès nos premiers échanges, je sens que quelque chose cloche. J'ai un gros doute sur le fait que la gestion du temps soit réellement le problème de fond. Mais César insiste. Je commence donc par une première session d'accompagnement sur cette thématique, mais je sais pertinemment que le problème de fond est ailleurs. Je dois donc creuser pour l'identifier.

Et là, sans surprise, la problématique de gestion du temps est simplement « l'arbre qui cache la forêt ». Oui, il y a bien quelques difficultés sur ce point, mais, en creusant, je découvre une forêt entière de problématiques bien plus profondes.

Je lui propose un accompagnement structuré, avec plusieurs interventions, pour évaluer précisément la situation, lever les blocages, adapter les pratiques et célébrer les avancées.

Première étape : tout mettre sur la table pour évaluer

On commence par un atelier spécifique que j'ai conçu pour faire émerger les non-dits. Un vrai électrochoc. L'objectif est d'offrir un espace guidé d'expression aux collaborateurs, de leur donner la parole pour qu'ils puissent vider leur sac autour de questions et avec une orientation définie. Et autant vous dire que ça remue… des tensions accumulées depuis des années ressortent, parfois même dans l'émotion la plus brute.

Et là, le vrai problème apparaît. Ce n'est pas un problème spécifique de gestion du temps, mais une problématique importante de communication interne, un management défaillant, des équipes peu responsabilisées et un déficit de prise de décision. Autrement dit, la source du blocage n'est pas dans l'organisation du travail, mais dans la dynamique même de l'entreprise.

Deuxième étape : ajuster et transformer

Une fois que l'ensemble des collaborateurs a pris la parole et que nous avons identifié les causes racines des problèmes, quelques semaines plus tard nous passons au deuxième atelier. Là, place à l'intelligence collective, avec un *brainstorming* structuré autour de six axes de réflexion spécifiques, l'objectif est de transformer ce diagnostic en actions concrètes.

Les collaborateurs eux-mêmes définissent des préconisations claires, des axes d'amélioration précis, et, surtout, des décisions sur ce qui doit être mis en place. Résultat : ils ne subissent plus le changement, ils en deviennent acteurs.

César, lui, est excellent sur la phase d'action. Il mobilise ses équipes et fait en sorte que les ajustements décidés soient réellement mis en action.

Troisième étape : souder et célébrer

Une fois les premiers changements lancés, il reste une dernière séance essentielle : renforcer la cohésion d'équipe et de célébrer les avancées. Parce que, après avoir remué autant de choses, il est indispensable de ressouder l'équipe et de capitaliser sur les victoires, même les plus petites. C'est le moment de l'atelier de cohésion d'équipe. Une étape clé pour solidifier tout ce qui a été mis en place, reconnaître les progrès et donner l'élan pour la suite.

En fin de compte, si César s'était arrêté à son premier diagnostic, il aurait juste appliqué un pansement sur une fracture. En osant aller plus loin dans l'évaluation, il a révélé les vrais enjeux, ajusté profondément et renforcé son entreprise sur des bases bien plus solides.

EXERCICES PRATIQUES

EXERCICE 1 : LE *FEEDBACK* EXTERNE, UN REGARD NEUF POUR UNE ÉVALUATION OBJECTIVE

Objectif

Il est parfois difficile de prendre du recul sur ses propres actions. Nous avançons avec nos croyances, nos perceptions et nos émotions, ce qui peut nous empêcher de voir nos véritables progrès, nos forces et les ajustements nécessaires. Cet exercice vous invite à utiliser un regard extérieur pour obtenir une vision plus large de votre évolution et avancer plus efficacement vers vos objectifs.

Le *feedback* externe consiste à demander à une personne de confiance de vous donner un avis honnête sur vos actions, vos progrès, et votre approche. Cette personne, parce qu'elle a un regard extérieur et moins impliqué émotionnellement, peut souvent **voir des aspects que vous ne percevez pas**. Grâce à cet exercice, vous avez une vue plus complète sur votre situation et la possibilité de découvrir des axes d'amélioration que vous n'aviez pas envisagés.

Instructions pour recueillir un *feedback* efficace

1. Choisissez la bonne personne

Sélectionnez une personne compétente pour vous donner un retour honnête et bienveillant. Cela peut être :

- un mentor ou coach professionnel ;
- un collègue de confiance ;

- un ami proche qui vous soutient mais qui n'a pas peur d'être franc.

Attention ! Évitez les personnes trop complaisantes ou trop critiques. Vous avez besoin d'un *feedback* constructif, ni trop indulgent ni trop dur.

2. Préparez les questions clés

Pour structurer le *feedback* et en tirer un maximum de valeur, posez ces trois questions :

- **Quels progrès remarques-tu chez moi ?** Cela vous permet de prendre conscience de vos avancées et de célébrer vos réussites.
- **Quels points dois-je améliorer ?** Vous identifiez les ajustements nécessaires pour franchir un nouveau palier.
- **Quelles forces puis-je exploiter davantage ?** Vous apprenez à capitaliser sur vos compétences et à les utiliser plus efficacement.

> *Astuce : vous pouvez reformuler ces questions selon votre situation spécifique. L'important est de guider votre interlocuteur pour obtenir des retours utiles et actionnables.*

3. Accueillez le *feedback* avec ouverture

Une fois que la personne vous donne son avis :

- Écoutez-la attentivement sans l'interrompre ni vous justifier.
- Prenez des notes pour pouvoir y revenir plus tard.
- Acceptez le *feedback* avec intérêt, même s'il est parfois inconfortable. L'objectif est d'apprendre et de progresser, pas de se défendre.

4. Clarifiez les points importants

Si un élément reste flou, n'hésitez pas à poser des questions pour approfondir, par exemple :

- Peux-tu me donner un exemple concret ?
- Comment verrais-tu une amélioration sur ce point ?

5. Remerciez

Recevoir un *feedback* de qualité est une vraie chance. Exprimez votre gratitude, cela renforce votre relation et encourage cette personne à continuer de vous soutenir.

6. Transformez le *feedback* en actions concrètes

Passez en revue vos notes et classez les retours en trois catégories :

- Forces à exploiter davantage.
- Axes d'amélioration prioritaires.
- Suggestions d'actions concrètes.

Ensuite, définissez des ajustements pour chaque point. Fixez-vous une action concrète et mesurable. L'objectif est de transformer chaque *feedback* en une démarche proactive qui vous rapproche de votre progression.

> *Exemple : si votre interlocuteur remarque que vous avez du mal à gérer votre temps, vous pouvez tester une méthode comme le* time-blocking[6] *pour structurer vos journées. Déterminez précisément comment et quand vous allez l'appliquer (exemple : bloquer des plages horaires dédiées chaque matin et évaluer l'impact après une semaine). Cette approche vous permet de passer du constat à l'action et d'intégrer progressivement les changements nécessaires.*

6. Le *time-blocking* est une méthode de gestion du temps qui consiste à diviser sa journée en blocs horaires dédiés à des tâches précises. Cette technique permet d'améliorer l'organisation, de limiter les distractions et d'augmenter la productivité en réservant un temps spécifique pour chaque activité.

7. Suivez vos progrès

Ne laissez pas ce *feedback* dans un carnet sans y revenir ! Programmez un nouveau point de *feedback* dans quelques semaines pour mesurer vos avancées et ajuster si nécessaire.

Cet exercice vous apporte des clés essentielles :

- Il vous donne une perspective nouvelle sur votre progression.
- Il favorise une amélioration continue en identifiant vos points de blocage.
- Il renforce votre confiance en vous en mettant en avant vos forces et vos réussites.

> *Votre challenge : cette semaine, osez demander un* feedback *à une personne de confiance et appliquez une action concrète issue de cet échange. Vous serez surpris du résultat !*

EXERCICE 2 : CRÉER SON RITUEL DE CÉLÉBRATION PERSONNALISÉ

Sacraliser la célébration pour ancrer le succès

Objectif

Nous avons souvent tendance à minimiser nos réussites ou à les oublier trop vite, focalisant notre attention sur ce qu'il reste à accomplir. Cet exercice vous invite à sacraliser la célébration en créant le rituel qui vous ressemble et vous fait plaisir, afin d'ancrer durablement vos succès et renforcer votre motivation sur le long terme.

Instructions pour créer votre rituel de célébration

1. Créez plusieurs niveaux de célébration

Toutes les victoires ne se valent pas. Certaines méritent un instant de reconnaissance rapide, d'autres un moment plus marqué. **Définissez trois niveaux de célébration selon l'importance de votre réussite** :

- **Une petite victoire** (une avancée modeste, un effort maintenu) → **Un geste symbolique** (se dire *bravo*, sourire, prendre quelques minutes pour ressentir sa fierté).

- **Une moyenne victoire** (un cap franchi, une étape atteinte) → **Un moment plus marqué** (une pause détente, un repas plaisir, partager la nouvelle avec un proche).

- **Une grande victoire** (un accomplissement majeur, un objectif clé atteint) → **Une célébration plus marquante** (une expérience spéciale, un voyage, un cadeau significatif).

2. Choisissez votre mode de célébration

Un rituel de célébration doit être **plaisant, authentique et aligné avec ce qui vous motive réellement**. Il ne s'agit pas seulement d'une récompense, mais d'un moyen conscient de **renforcer votre confiance et votre engagement**.

Quelques grandes façons de célébrer (à adapter selon votre sensibilité)

Un moment de partage – Exprimez votre réussite à quelqu'un qui compte pour vous pour ancrer le sentiment de fierté.

- Annoncez votre succès à un proche ou à une personne qui vous soutient.
- Partagez votre expérience et vos apprentissages sur un carnet, un blog ou un réseau social.
- Organisez un moment convivial : un repas, une sortie spéciale, un moment festif avec ceux qui vous accompagnent dans votre parcours.

Un instant d'introspection et d'intégration seul – Appréciez pleinement votre réussite, sans distraction extérieure.

- Fermez les yeux, respirez profondément et ressentez **pleinement** votre accomplissement.
- Écrivez dans un carnet ce que cette réussite signifie pour vous et en quoi elle vous rapproche de votre objectif final.
- Faites une pause symbolique : une marche seul pour savourer le moment, une méditation sur votre progression.

Une récompense alignée avec votre parcours – Marquez symboliquement votre réussite par un geste tangible.

- Accordez-vous un temps de plaisir (un bon repas, un moment de détente, une activité que vous aimez).
- Offrez-vous un petit cadeau significatif en lien avec votre avancée (un carnet pour noter vos progrès, un objet inspirant).
- Planifiez un moment de repos pour savourer pleinement la satisfaction du travail mené à bien.

Un ancrage émotionnel et symbolique – Créez une habitude qui renforce la motivation.

- Trouvez un mantra personnel à vous dire à voix haute, comme : « Je suis fier de ce que j'ai accompli et prêt pour la suite. »
- Créez un geste symbolique qui marque la célébration (un verre levé, un *high five* avec soi-même, une lettre à son futur soi).
- Visualisez le chemin parcouru et remémorez-vous la progression depuis le début.

Astuce : créez un rituel qui vous fait plaisir et donnez-lui du sens. Plus vous prendrez plaisir à célébrer, plus vous serez motivé à avancer !

3. Associez une ancre émotionnelle à votre rituel

Il est essentiel de réellement **prendre le temps d'apprécier** ce qui a été réalisé, sans penser immédiatement à la suite. S'accorder cette reconnaissance permet de renforcer sa motivation et d'ancrer ses succès comme des repères positifs.

Prenez un moment pour :

- Ressentir pleinement la fierté et la satisfaction de votre réussite.
- Observer votre évolution : où étiez-vous au départ, et où en êtes-vous aujourd'hui ?
- Exprimer votre gratitude envers vous-même et les efforts accomplis.

Votre challenge : cette semaine, créez votre façon unique de fêter vos réussites. Trouvez votre première victoire ou votre premier progrès à célébrer et profitez de votre rituel !

Le petit plus : la répétition de votre rituel va ancrer vos réussites, plus profondément. Votre cerveau va créer une association entre ce rituel, quel qu'il soit, et la récompense. Les effets en seront décuplés... car notre cerveau a une addiction à la récompense !

Pourquoi cet exercice est important

Un rituel de célébration permet d'intégrer durablement la réussite dans votre mental et de créer une dynamique positive qui vous poussera à avancer avec enthousiasme. La célébration devient une habitude naturelle, une source de motivation et un ancrage puissant pour continuer à progresser avec énergie et confiance.

Prenez dès maintenant un moment pour réfléchir et écrire votre propre rituel pour chaque niveau de célébration. Quelle forme de célébration vous parle le plus ? Comment allez-vous marquer vos réussites à partir d'aujourd'hui ?

Célébrez votre grand objectif

Vous l'avez fait ! Ce grand objectif, ce rêve que vous avez nourri pendant des mois, même probablement des années, est enfin atteint, ou dans la dernière ligne droite pour l'être. Je vous félicite et je vous partage toute ma gratitude d'être allé jusqu'au bout de ce livre ! Je sais que c'est un grand moment pour vous, peut-être même un tournant pour une nouvelle vie. J'imagine aussi que vous avez peut-être déjà l'envie d'aller plus loin, de vous attaquer à de nouveaux défis, de gravir la prochaine montagne. Mais, avant de repartir à l'aventure, je vous le demande : arrêtez-vous un moment. Savourez et prenez le temps de célébrer dignement cette grande victoire !

Célébrer, c'est honorer le chemin parcouru, les efforts fournis, les échecs surmontés, les ajustements faits. C'est reconnaître la personne incroyable que vous êtes devenue au fil de ce parcours. Chaque pas, chaque difficulté, chaque victoire vous ont transformé. Et cette transformation, cette évolution, c'est ce qui mérite d'être vraiment célébré.

Félicitez-vous ! Faites de ce moment un moment de joie et de partage avec ceux que vous aimez, ceux qui vous ont soutenu, qui ont cru en vous, et qui ont fait partie de cette aventure à vos côtés. C'est la plus belle des célébrations. Prenez également du temps pour vous recueillir et intégrer, pour un tête-à-tête avec vous-même totalement déconnecté, pour faire une vraie pause et apprécier le chemin parcouru. Une occasion de se reconnecter à soi, de sentir la force et la beauté de tout ce que vous avez accompli.

L'essentiel, c'est que cette célébration soit sincère et authentique. Elle doit être à la hauteur de ce que vous avez accompli. Peu importe la forme, c'est l'intention qui compte.

Car cette célébration va vous permettre :

- d'ancrer votre réussite et de vous rappeler que vous êtes capable de grandes choses ;
- de renforcer votre motivation, votre confiance, pour les nouveaux défis à venir ;
- de clore un chapitre avec gratitude, avant de vous lancer dans un nouveau défi, toujours plus grand, toujours plus audacieux.

Célébrez pleinement, avec le cœur, l'âme et toute votre énergie. Puis, quand vous vous sentirez prêt, lancez-vous dans la prochaine aventure, avec une énergie renouvelée, une conviction plus forte que jamais.

Vous l'avez fait. Vous pouvez recommencer. Et chaque fois que vous le ferez, vous serez encore plus fort, plus confiant, plus déterminé. Parce qu'à chaque objectif atteint vous apprenez, vous grandissez, et vous devenez une meilleure version de vous-même. Vous êtes capable de tout.

Alors OSEZ L'IMPOSSIBLE… parce que l'impossible est maintenant à portée de main !

« Crois en l'impossible. Le monde est rempli d'impossibilités possibles. »

Lewis Carroll (1832-1898), écrivain anglais.
Citation librement inspirée de passages de *Through the Looking-Glass* (1872).

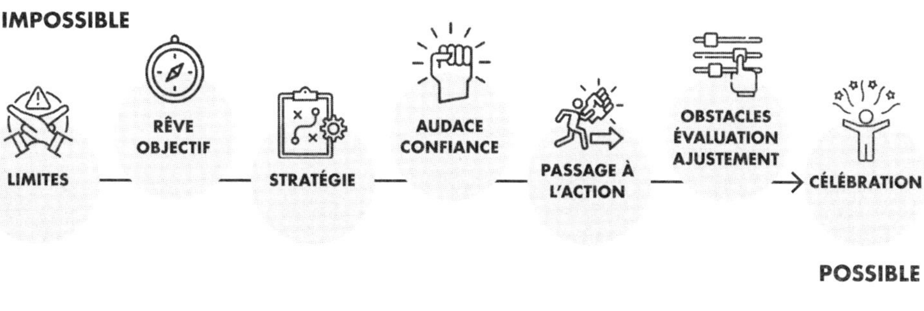

CONCLUSION

CRÉER UN IMPACT QUI RÉSONNE

Nous ne nous connaissons pas, mais je sais que j'ai beaucoup de chance de vous avoir comme lecteur. Votre persévérance et votre courage d'être arrivé jusqu'ici sont la preuve de votre désir profond de grandir et d'évoluer.

Vous avez traversé ce voyage intérieur. Vous y êtes. Ce n'était pas juste un livre, c'était une véritable expérience, un parcours audacieux de dépassement et de transformation, et vous l'avez fait. Regardez tout ce que vous avez réalisé et gardez en vous cette satisfaction et ce sentiment de fierté pour toujours. Vous êtes allé chercher au fond de vous-même des ressources que vous ignoriez posséder. Vous avez prouvé que vous pouviez rêver grand et avancer, pas à pas, vers une meilleure version de vous-même !

Mais ce n'est pas fini. Non. Ce que vous avez accompli ici, c'est bien plus qu'une victoire personnelle. **C'est un impact qui résonne bien au-delà de vos propres limites.** C'est le principe de l'effet papillon. Chaque peur surmontée, chaque pas accompli, chaque obstacle transformé en opportunité est un message pour ceux qui vous entourent. « Rien n'est impossible. » Vous inspirez. Vous pensez que quelqu'un, quelque part, vous regarde et se dit : si cette personne a pu le faire, je peux aussi. En osant l'impossible, vous n'élevez pas seulement votre propre vie, mais vous montrez aussi à d'autres que tout rêve mérite d'être poursuivi avec passion et conviction.

C'est ça, l'impact. Ce n'est pas simplement ce que vous gagnez ou accomplissez. C'est ce que vous inspirez. Ce que vous transmettez. Vous n'avez pas besoin de changer le monde pour créer de l'impact. Parfois un mot bienveillant, une main tendue, un encouragement à persévérer peut transformer une vie. **Vous avez cette puissance en vous.**

Ce que vous avez franchi avec ce livre est une première réalisation. Vous avez pris conscience de votre potentiel et l'avez affirmé. Désormais, vous êtes prêt à incarner cette énergie nouvelle pour influencer et peut-être même transformer les autres.

Laissez-moi vous dire une chose : l'impact que vous créez ne s'arrête jamais. Il grandit, il résonne, il se propage, comme le battement d'ailes d'un papillon peut créer un ouragan. Tout comme vos victoires, votre impact ne connaît pas de limite.

Être fier de vos échecs, autant que de vos réussites. Porter vos cicatrices comme des médailles. Montrer que, même dans vos moments les plus vulnérables, vous êtes capable de vous relever et d'avancer. Partager vos forces et vos vulnérabilités, et montrer le chemin, avec simplicité et sincérité. C'est ça, le vrai courage. C'est ça, être un exemple et une source d'inspiration pour le monde.

Alors, qu'allez-vous faire maintenant ? Vous avez le choix. Vous pouvez refermer ce livre et revenir à votre routine… ou décider d'élever votre vie à un tout autre niveau. Vous avez été témoin de votre transformation à travers cette méthode, et certains des outils et exercices que vous avez découverts ici deviendront vos nouveaux réflexes. Ils guideront vos actions au quotidien, presque inconsciemment, sans même y penser. D'autres vous attendront patiemment, prêts à être redécouverts et ré-explorés lorsque vous en ressentirez le besoin – quand un obstacle surgira ou qu'une nouvelle ambition s'invitera dans votre vie.

Rappelez-vous que vous n'êtes pas seul dans ce voyage. La table des matières de ce livre est votre boussole. Elle vous aidera à retrouver, à tout moment, la clé spécifique dont vous avez besoin. Un rappel, une idée, une stratégie, tout est là, à portée de main. Maintenant que vous maîtrisez cette approche globale, vous êtes libre. Libre de choisir, de piocher, d'adapter. Ce livre n'est pas une fin en soi, c'est un compagnon de route. Une ressource toujours disponible pour vous soutenir, vous propulser et vous inspirer, à chaque étape de votre évolution.

Je suis aussi à vos côtés, pour continuer le chemin ensemble, que ce soit à travers mon spectacle, mes formations, mes aventures, je suis prêt à vous accompagner à l'étape suivante. J'espère sincèrement que nous aurons un jour l'occasion de nous rencontrer dans une salle de spectacle, dans la montagne, en plein désert ou pourquoi pas dans un bain d'eau glacé !

Que vous réserve l'avenir ? De nouvelles aventures, des défis audacieux, des objectifs encore plus ambitieux, et évidemment d'autres obstacles à surmonter. Mais vous savez à présent que chaque défi est une opportunité, chaque épreuve une occasion d'aller plus loin. Vous avez désormais les clés et les outils, mais surtout cette confiance en vous qui vous permettra d'affronter l'inconnu avec sérénité et détermination.

Osez sortir des sentiers battus, osez affronter l'inconnu, osez rêver si grand que cela fait peur. Parce que cette peur est la preuve que vous êtes sur le bon chemin.

Ce livre se ferme, mais votre voyage commence vraiment maintenant. Vous êtes prêt. Et n'oubliez jamais :

« Si vous voulez ce que vous n'avez jamais eu, vous devrez oser ce que vous n'avez jamais osé ! »

Allez-y. Marchez avec audace. Inspirez. Transformez. Impactez. C'est ce qui donne une nouvelle dimension à vos réussites. L'impact que vous créez en poursuivant vos rêves est bien plus puissant que ce que vous pouvez imaginer. Transformer sa vie, c'est bien plus que réaliser ses objectifs. C'est changer pour inspirer, motiver, et éveiller le potentiel de tous ceux qui croiseront votre chemin. Osez créer un impact. Ne vous arrêtez pas. L'aventure ne fait que commencer.

OSEZ L'IMPOSSIBLE.

EN APARTÉ

POUR ALLER PLUS LOIN

PLONGEZ DANS LA FORMATION EN LIGNE « OSEZ L'IMPOSSIBLE »

Vous avez aimé ce livre. Vous avez commencé à remettre en question vos limites, à identifier vos croyances, à poser des actions… Mais peut-être ressentez-vous le besoin d'un cadre, d'un accompagnement structuré, d'un vrai plan d'action semaine après semaine pour aller plus loin et rester engagé dans votre réussite.

C'est exactement pour cela que j'ai conçu la formation en ligne « **Osez l'Impossible** ». Un programme **pratique et immersif de douze semaines** pour vous guider, vous challenger et vous aider à implémenter chaque clé de ce livre et des clés nouvelles dans votre quotidien.

COMMENT ÇA FONCTIONNE ?

- Un accompagnement sur douze semaines avec une progression claire, du dépassement des croyances limitantes à la mise en action durable.
- Chaque semaine, une vidéo immersive pour explorer un concept clé, accompagné d'outils concrets et de stratégies actionnables.

- Un challenge hebdomadaire : des exercices à réaliser en sept jours pour sortir de la théorie et passer réellement à l'action.
- Un accès à une communauté privée pour rester motivé en étant entouré de personnes qui, comme vous, veulent dépasser l'impossible.

POURQUOI CETTE FORMATION PEUT TRANSFORMER VOTRE TRAJECTOIRE ?

Parce que seul, on avance, mais accompagné, on brise le plafond de verre. Ce programme est une plongée dans l'action, conçu pour vous donner un cadre clair et garantir des résultats concrets.

Pour en savoir plus sur la formation

Osez passer du livre à l'action. Osez vous engager pleinement dans votre transformation.

VIVEZ L'AVENTURE « OSEZ L'IMPOSSIBLE »

Vous avez pris goût à repousser vos limites ? À aller plus haut, plus loin ? Préparez-vous à une expérience qui changera votre vie.

Chaque hiver, j'accompagne des petits groupes dans une aventure de coaching unique et hors du commun, **l'ascension d'un sommet**, accessible même aux débutants (sous réserve d'un questionnaire et d'un certificat médical).

Vous affronterez le froid, l'altitude, la glace et vos propres limites. Mais, surtout, vous découvrirez des ressources en vous dont vous ignoriez l'existence.

POURQUOI CETTE AVENTURE EST UNIQUE ?

- Trois jours d'immersion totale, loin du confort habituel, pour vous reconnecter à votre puissance intérieure et vivre une transformation profonde.
- Une montée progressive vers le sommet, où chaque pas est un défi, une transformation en temps réel.
- Un accompagnement tout au long de l'expérience, pour que chaque difficulté devienne une opportunité de dépassement grâce au coaching.
- Un groupe engagé, où chacun se soutient et où l'énergie collective vous pousse à aller plus loin.
- Une métamorphose en quelques jours : vous ne reviendrez pas le même.

Comme Katerina et Fadel, évoqués dans cet ouvrage, osez vous prouver que vous êtes capable de bien plus que vous ne l'imaginez.

Je serai là, à vos côtés, pour vous guider, vous challenger et vous aider à révéler votre plein potentiel pendant cette aventure de trois jours et trois nuits. Êtes-vous prêt à transformer vos rêves en réalité ? Votre sommet vous attend. Et il n'attend que vous.

Pour en savoir plus sur l'aventure

REMERCIEMENTS

Écrire un livre est une aventure. Mais aucune aventure ne se vit seul. Derrière chaque page, chaque idée, chaque mot posé dans ces lignes, il y a des rencontres, des âmes précieuses, des piliers invisibles qui ont façonné celui que je suis aujourd'hui. Ce livre est le fruit d'un chemin de vie, nourri par l'amour, le soutien, les défis et les leçons que j'ai reçus. Il est avant tout le reflet de toutes ces personnes qui, à leur manière, m'ont inspiré, challengé, porté, et parfois même relevé. Alors il était essentiel pour moi de leur rendre hommage et de leur dire du fond du cœur : merci.

Lucie, mon amour, ma lumière, ma boussole

Tu es celle qui éclaire mon chemin, qui m'apprend chaque jour, qui me pousse à voir plus grand, à être meilleur. À travers chaque épreuve, chaque réussite, chaque doute, tu es là, toujours, avec cette présence inébranlable qui apaise et élève à la fois. Ce livre, nous l'avons écrit ensemble, comme nous construisons notre vie : avec passion, intensité et cette inaltérable envie de créer. Tu es la force douce qui donne du sens à mes rêves, l'origine de tant de projets qui n'auraient jamais vu le jour sans toi. Ton regard posé sur le monde transforme l'ordinaire en extraordinaire. Merci d'être ma source d'inspiration inépuisable, et quelle magnifique aventure que de marcher à tes côtés, je l'espère, pour le reste de notre vie ! Je t'aime.

Luna et Melia, mes diamants bruts, mes deux étoiles les plus précieuses

Vous êtes la plus belle preuve que la vie est un miracle à savourer chaque seconde. Grâce à vous, j'ai appris que le seul instant qui compte, c'est maintenant. Vous me mettez au défi chaque jour, surtout quand il s'agit de dépasser vos peurs et d'explorer l'inconnu. Votre insouciance est une véritable leçon de vie : avancer sans crainte, avec confiance et émerveillement. Et je vous en suis infiniment reconnaissant. Merci de m'aider chaque jour à devenir la meilleure version de moi-même, à me dépasser, à aimer sans retenue et à embrasser pleinement ce rôle de Père, la plus belle mission qui soit. Grâce à vous, je ne cherche plus à comprendre le sens de la vie : il est là, dans chaque regard complice, chaque éclat de rire qui résonne, chaque instant précieux que nous partageons. Vous êtes mon plus grand trésor, mon plus beau voyage, et je chéris chaque seconde à vos côtés.

Annick et Maurice, mes parents, et Marcel, mon deuxième papa

Sans vous, je ne serais pas là. Merci d'avoir cru en moi même quand j'étais ce petit garçon insaisissable, avide d'explorations, de folies, de rêves sans limites. Vous avez été d'une patience exemplaire, vous m'avez transmis tant de valeurs, le goût de l'effort et la liberté d'écrire mon propre chemin. Je vous serai éternellement reconnaissant d'avoir résisté à la facilité de brider mes ambitions, de ne jamais avoir éteint ma flamme de vouloir créer une vie extraordinaire, une vie différente et sur-mesure. Il fallait y croire et vous n'avez jamais abandonné. Grâce à vous, je suis devenu cet homme qui ose l'impossible.

René et Frédéric, mes grands-pères

Tellement fier d'avoir eu ces deux « Hommes » dans ma vie, deux hommes d'exception, deux modèles d'inspirations. René, « Papapa », l'entrepreneur visionnaire, généreux et profondément proche des gens. Frédéric, la rigueur, l'ordre et la justice. Grâce à vous, j'ai hérité d'un équilibre unique, un mélange de passion et de discipline. Vous êtes partis trop tôt, mais vous êtes toujours là, à mes côtés, dans chacune de mes grandes décisions, dans chaque défi relevé et dans chaque pas vers l'inconnu. Merci d'avoir fait l'homme que je suis aujourd'hui, avec une partie de chacun de vous. Je vous aime pour l'éternité !

Suzanne, ma grand-mère, ma souffleuse, mon ancre alsacienne ! Jusqu'à 98 ans, tu t'es accrochée à la vie avec une détermination qui force l'admiration. Tu as toujours incarné à mes yeux l'amour inconditionnel, un modèle absolu de générosité et de persévérance, et ton héritage continue de vibrer en moi. Ce que tu m'as transmis est inestimable dans la construction de l'homme que je suis devenu. Merci de m'avoir légué ton feu sacré, cette énergie profonde qui m'anime et qui fait battre mon cœur avec la même intensité que la tienne. Ton empreinte est gravée en moi, indélébile, et tu resteras profondément ancrée dans mon être, jusqu'à mon dernier souffle.

Stéphanie, Julie et Pauline, mes sœurs
Trois piliers, trois âmes précieuses qui illuminent ma vie. Merci pour votre amour indéfectible, pour cette présence sans faille qui traverse le temps et les épreuves. Ce lien que nous avons est gravé à jamais, inaltérable, puissant, une évidence qui ne s'effacera jamais. Votre soutien dans mes challenges et tous les défis de ma vie est une force aussi solide que la roche, un ancrage qui me permet d'avancer, de repousser mes limites, de me relever encore et toujours. J'ai une chance inouïe de vous avoir à mes côtés, et je le mesure chaque jour. Je sais que nous serons toujours là les uns pour les autres. C'est un trésor inestimable.

Maxime et Antoine, mes neveux adorés
Vous avez toujours été comme mes propres fils, je vous ai vu grandir, évoluer, vous affirmer, et en retour, vous m'avez aussi tant apporté. Chaque étape de votre parcours a été un privilège

à observer, et aujourd'hui, je suis profondément fier de vous, de vos choix, de votre détermination, et des hommes exceptionnels que vous êtes devenus. Merci d'être une source d'inspiration pour moi aujourd'hui, alors que vous marchez à votre tour vers vos propres sommets, portés par la force et les valeurs que vous incarnez si bien.

Chabane Kaci, mon « grand » frère de cœur

Un lien qui s'impose comme une évidence. Tu es le frère que je n'ai jamais eu, celui que l'on rêve d'avoir, un cadeau inestimable que la vie m'a offert. Quinze ans d'une amitié indéfectible, tissée de rires, de défis, d'épreuves et de souvenirs gravés à jamais. Bien plus qu'une amitié, c'est une fraternité, une relation unique. Tu es la générosité incarnée, un roc sur lequel je peux toujours compter. Dans la tempête comme sous le soleil, tu es là. Sans calcul, sans condition. Et puis, il y a ce lien encore plus fort : tu es devenu le parrain de ma fille. Une place réservée aux cœurs immenses, aux âmes sincères. Alors merci, chaque jour, je mesure la chance de t'avoir dans ma vie ! L'aventure continue, le meilleur reste à venir.

Andrea Bono, mon « petit » frère italien

Il y a des rencontres qui bouleversent une vie. La nôtre en fait partie. Tu es devenu bien plus qu'un ami, tu es une âme fraternelle qui éclaire ma vie. Nos échanges, souvent profonds, parfois déroutants, toujours sincères, m'élèvent et me poussent à me dépasser. Tu es de ceux qui inspirent sans chercher à briller. Ta force, ton humilité, ton amour inconditionnel de la vie imposent le respect. Tu es entré dans ma famille en acceptant d'être le parrain de ma deuxième fille. Un lien indélébile, une preuve d'amitié qui dépasse les mots. *Grazie mille.* Ton parcours est une inspiration, ton amitié une richesse, et ta présence un cadeau inestimable.

Rodolphe Bled, un homme rare, un ami d'exception
Certaines âmes marquent une vie à jamais. La tienne a laissé une empreinte indélébile sur la mienne. Nous avons été un binôme de « choc » dans une autre vie. Tu m'as appris à voir le bonheur autrement, à penser différemment, à regarder la vie sous un prisme plus vaste, plus lumineux. À tes côtés, j'ai grandi, évolué, et découvert une forme de sagesse que peu savent transmettre. Ta bienveillance, ton regard affûté sur le monde et ton amitié sans faille sont des trésors. Et aujourd'hui, ton talent fige l'essence de ce livre à travers son image de couverture. Un instant suspendu dans le temps, témoin de cette aventure, de ce chemin parcouru, et de tout ce qui nous lie. Merci pour tout ce que tu es. Merci d'être là, toujours.

Fred Colantonio, mon « FR-HEROS » belge, un roc, un guide
Au fil des années, notre relation de confrères est devenue une véritable fraternité. D'une rare loyauté, d'une générosité sans détour, tu es toujours prêt, sans faille, sans limites pour moi. Malgré ton statut d'auteur reconnu, tu n'avais rien à prouver, et pourtant, tu as plongé tête la première dans cette aventure de relecture avec un enthousiasme débordant. Tu m'as challengé, corrigé, inspiré, poussé à aller encore plus loin, encore plus juste. Tu es un modèle de rigueur, de passion, mais aussi une véritable bouffée d'oxygène. Ton humour, ta joie de vivre et ta capacité à croquer la vie sont du bonheur à l'état brut. Merci pour ta présence, ton regard affûté et cette amitié qui dépasse tout. Ne change rien, grande licorne.

Alexis, Élodie, Julius, Marie-Isabelle, Tuncay, mes amis d'enfance alsaciens
Plus de 30 ans d'amitié, c'est bien plus qu'un simple lien, c'est une vie partagée, une histoire tissée au fil du temps. Vous avez été là à chaque grande étape de ma vie, dans les joies comme dans les tempêtes, et vous faites partie intégrante de moi, de mon ADN. Vous

avez contribué à l'homme que je suis aujourd'hui. Vous avez laissé une empreinte indélébile dans mon cœur et dans mon parcours. Merci pour cette loyauté inébranlable, pour cette amitié précieuse qui ne cessera jamais d'exister.

Stéphane, Samir, Hamza, Kacem, Yohan, Boubker et Alain, mes partenaires de défi

Merci de m'avoir suivi dans ces challenges, merci d'avoir vécu avec moi ces défis insensés, ces moments d'efforts et de transcendance, ces expériences de dépassement de soi qui resteront à jamais gravés dans ma mémoire !

Mes coachs, entraîneurs et partenaires sportifs, qui ont forgé mon mental

Snoopy, mon coach de hockey sur glace à Mulhouse. Joëlle, mon entraîneuse de natation à la SNS de Strasbourg. Franck, mon coach de boxe. Florent, le guide de haute montagne à Chamonix qui m'a accompagné sur l'ascension du mont Blanc. Dino, grand nageur marocain qui m'a inspiré à faire la traversée du détroit de Gibraltar à la nage. Jean-François, mon instructeur Wim Hof et expert de l'eau froide. Vous avez tous laissé une empreinte dans mon parcours, chacun m'a aidé à gravir une nouvelle montagne, à affronter la tempête, la glace, et la peur. Merci pour cet héritage de dépassement et de résilience.

César, Fadel, Françoise, Julien, Katerina, Paul, Samuel et Sophie, ceux qui ont osé

Huit personnes « extraordinaires » qui ont accepté de partager leur expérience dans ce livre pour illustrer mes propos et inspirer d'autres vies. Merci de m'avoir permis d'impacter votre vie, car cela donne du sens à la mienne. Merci d'avoir ouvert votre cœur, d'avoir osé témoigner, sans pudeur et avec une profonde authenticité, pour à votre tour impacter d'autres vies.

Denis Brogniart, mon préfacier au grand cœur

Vingt ans après ma participation à *Koh-Lanta* à tes côtés, quel formidable cadeau que de recevoir ta confiance. Tu es un homme de défis, un aventurier dans l'âme, et tu le prouves une fois de plus. Quand je t'ai demandé d'écrire la préface de ce livre, cela paraissait impossible. Pourtant, sans hésiter, avec une réactivité et une générosité incroyables, tu as répondu présent. Tu as pris le temps, tu as trouvé les mots justes, avec cette passion qui t'anime et cette énergie qui inspire. Du fond du cœur, merci !

Caroline Bapt, ma rédactrice, la plume de l'ombre

Tu as vécu ce livre avec moi, tu es sortie de ta zone de confort et tu as dépassé tes limites pour le porter. Merci pour ton écoute, ta gentillesse et ton engagement. Cette aventure ensemble restera gravée dans mon cœur, toute ma vie.

Marie-Cécile Germiyanoglu et Sophie Descours, mes éditrices

Merci d'avoir cru en ce livre, d'avoir osé l'impossible et d'être sorties de votre zone de confort avec moi. Marie-Cécile, merci d'être venue me chercher, sans toi, ce livre n'existerait pas. Sophie, merci d'avoir parié sur un ouvrage différent. Merci à toute l'équipe Leduc et Alisio, d'avoir rendu ce projet possible grâce à votre engagement.

Merci à tous

À tous ceux que je n'ai pas cités dans ces remerciements, vous êtes nombreux et j'espère que vous me pardonnerez. Mais je sais que ce que nous avons pu vivre ensemble est gravé dans nos cœurs et nos souvenirs. Chaque nom, chaque visage et chaque instant partagé avec vous a contribué à faire de moi celui qui « ose l'impossible ».

Ce livre est aussi le vôtre.

INDEX DES OUTILS ET EXERCICES

CHAPITRE	OUTIL / EXERCICE	OBJECTIF
1	Les types de limites	Comprendre ses blocages
1	Se libérer de ses croyances limitantes	Remplacer une croyance limitante par une croyance libératrice
1	Briser ses limites	Passer à l'action malgré ses limites perçues
2	La boussole du Pourquoi	Aligner ses rêves avec ses motivations profondes
2	Lettre à soi-même dans 10 ans	Projeter ses ambitions à long terme
2	Autorisez-vous un rêve impossible	Explorer sans filtre ses ambitions profondes
3	La méthode SMARTER	Définir des objectifs clairs et motivants
3	Le *vision board* des objectifs SMARTER	Rendre ses objectifs visuels et inspirants
3	La visualisation de l'objectif réalisé	S'imprégner du succès pour renforcer la motivation
4	Les 7 étapes pour une stratégie gagnante	Structurer un plan d'action efficace
4	Divisez votre objectif en micro-objectifs	Simplifier la mise en action
4	Cartographiez vos ressources	Identifier et optimiser ses moyens d'action

OUTIL EXERCICE

CHAPITRE	OUTIL / EXERCICE	OBJECTIF
5	Le cercle de l'audace et de la confiance	Renforcer l'audace par l'expérience
5	La liste de Mes petites victoires	Renforcer la confiance avec des succès passés
5	L'action Audacieuse	Oser sortir de sa zone de confort
6	L'énergie de la Première Action et du « Maintenant »	Démarrer immédiatement pour éviter la procrastination
6	L'avancée quotidienne	Créer une habitude d'action constante
6	La liste des 3 Actions	Éviter la dispersion et la procrastination
7	La Méthode des 3 Scénarios positifs	Transformer les obstacles en opportunités
7	Journal des opportunités cachées	Repenser ses échecs comme des apprentissages
7	Le défi des 48 h : de l'obstacle à l'action	Agir rapidement face aux obstacles
8	La méthode BAC	Faire le point, ajuster et célébrer
8	Le *feedback* externe	Prendre du recul grâce à un regard extérieur
8	La liste de célébration	Ancrer les réussites pour nourrir la motivation

OUTIL | EXERCICE

RAPPEL	PÉRIODICITÉ	PAGE
Chaque action alimente la confiance, qui elle-même nourrit l'audace	Hebdomadaire	162
Listez vos réussites, même minimes, et relisez-les régulièrement	Hebdomadaire	172
Choisissez une action audacieuse à réaliser cette semaine	Hebdomadaire	174
Prenez la première action disponible pour enclencher le mouvement	À chaque projet ou blocage	186
Identifiez une petite action que vous pouvez réaliser chaque jour	Quotidien	194
Définissez chaque jour 3 actions prioritaires à accomplir	Quotidien	195
Anticipez le pire, le probable et le meilleur scénario	À chaque difficulté rencontrée	212
Notez une difficulté vécue et trouvez-y un aspect positif	Hebdomadaire	221
Prenez une action concrète pour dépasser un blocage en 48 h	Ponctuel	224
Bilan, ajustement et célébration pour maintenir la progression	Mensuel	237
Demandez à quelqu'un un retour constructif sur vos progrès	Ponctuel	251
Listez vos victoires et célébrez-les de manière significative	Hebdomadaire	254

TABLE DES MATIÈRES

FSC
www.fsc.org
MIXTE
Papier | Pour une gestion forestière responsable
FSC® C022829

Cet ouvrage est composé de matériaux issus de forêts bien gérées certifiées FSC®, de matériaux recyclés et de matériaux issus d'autres sources contrôlées.
Le Forest Stewardship Council® est une organisation internationale non gouvernementale qui encourage une gestion écologiquement adaptée, socialement bénéfique et économiquement viable des forêts de la planète.
Pour en savoir plus, consultez le site www.fsc.org

Achevé d'imprimer en mars 2025
sur les presses de la Nouvelle Imprimerie Laballery
58500 Clamecy
Dépot légal : avril 2025
N° d'impression : 502046

Imprimé en France

La Nouvelle Imprimerie Laballery
est titulaire de la marque Imprim'Vert®